플랫폼적 사고를 펼쳐라

성경과 경영을 연결하는 16가지 이야기

플랫폼적 사고를 펼쳐라

성경과 경영을 연결하는 16가지 이야기

강 병 서

Unleash Your Platform Thinking

책머리에

최근 제4차 산업혁명과 함께 플랫폼 개념이 혁신적으로 활용되고 있다. 플랫폼은 여러 사람이 공동 목적으로 사용하기 위해 만들어진 유형무형의 구조물을 뜻한다. 플랫폼 비즈니스로 성업 중인 미국 기업에는 FAANG(Facebook, Amazon, Apple, Netflix, Google)이 있고 우리나라에는 네쿠카라배(네이버, 쿠팡, 카카오, 라인, 배달의민족) 등이 있다. 이들 기업은 연결, 번영, 검색, 발견 등을 통해 이 세상을 더 즐겁고 자신감 넘치는 곳으로 고취시키고 있다. 이 비즈니스는 기업이 직접 자신의 제품이나 서비스를 제공하는 것이 아니라 외부의 생산자 그룹과 소비자 그룹을 서로 연결한다. 사업자는 두 그룹이 정보기술 플랫폼 내에서 다양하게 참여하여 쌍방향으로 연결하고 활발한 거래가 이루어지도록 함으로써 가치를 창출한다. 이 아이디어는 컴퓨터 지능이 인간 지능과 맞먹고 인간 사이의 교류에 끼어들어 옴을 의미한다. 근로자들이 인간관계뿐만 아니라 인공(기계) 관계에도 능숙해져야 하는 시대가 왔다.

경영에서 중시하는 '시스템적 사고'는 사업을 개별 사안으로 보지 않고 전체를 통합적으로 조망할 것을 요구한다. 부분적인 분석이 아니라 전체적인 관점에서 맥락 중심의 사고를 제안한다. 이런 폭넓은 사고 능력은 장기적인 결과와 불확실성에 대한 예측을 가능하게 한다. 사업에서 성공하고 싶은가? 시스템적 사고와 함께 이를 지원하는 플랫폼을 구축할 필요가 있다. 본서에서는 정체성 개념을 도입하여 플랫폼을 새롭게 정의한다. 이를 사업에 적용하고 확장해 나가는 사고 능력이 있다면 성공할 것이다. 이 확장적 사고를 '플랫폼적 사고'라고 명명한다.

본서의 플랫폼적 사고는 다음과 같은 특징을 가진다. 첫째, 사명, 비전, 핵심가치로 플랫폼을 구축한다. 사명은 우리 회사가 왜 존재해야 하는가를 선언한다. 비전은 창대한 미래를 앞당겨서 본 모습이다. 구성원들은 비전이라는 한 방향을 바라보며 과업을 수행한다. 이때 핵심가치는 공유된 가치관으로서 일하는 방식 및 원칙을 뜻한다. 플랫폼은 전 사원이 참여하는 철학적 틀이다. 플랫폼적 사고를 하는 기업은 이 플랫폼 기반에서 사업을 수행한다.

둘째, 플랫폼에 지식을 중시하고 축적, 활용한다. 이것은 단편적인 사업 지식과 차원이 다른 확장된 사고다. 지식은 대상에 관한 것으로서 인간과 물질뿐만 아니라 신에게까지 확장된다. 인간을 대상으로 하는 인성지식은 덕목 함양에 목적을 두면서 인문학적 · 사회학적 지식을 취급한다. 과학지식은 이 세상에 존재하는 물질을 어떻게 인식하고 활용할 것인가를 다룬다. 보이지 않는 신에 대한 신성지식은 대자연과 경전에서 경외심을 갖고 지혜를 제공한다. 지식혁명은 다양성과 창의성을 요구한다. 제품과 서비스는 더욱 경쟁적이고 새로운 시장이 창출되고 있다. 플랫폼적 사고는 세 지식에 대해 균형적인 학습을 수행한다.

셋째, 플랫폼에 영성을 불어 넣는다. 경영자에게는 기업가 정신뿐만 아니라 영성이 요구된다. 교회에만 영성이 있는 것이 아니다. 회사에도 있다. 영혼을 초대하면 저 멀리서 온다. 조직도 법인으로서 실존적 존재이므로 영혼이 있음을 인식해야 한다. 이것은 사랑의 에너지이다. 유물론적 사고에 매달리면 사람을 수단화한다. 경계해야 한다. 종교적 어프로치는 영성을 인식하는 귀중한 방법론이다. 플랫폼적 사고의 기업은 사랑과 겸손을 고객과 공유한다.

인간은 육체적으로 정서적으로 경험하는 영적인 존재이다. 인생에도 수많은 지식과 감정이 오가고 방문객도 수시로 드나든다. 이에 효과적으로 응대하려면 친절함과 유식함으로 새로운 체계를 구축해야 한다. 과거의 경험과 가치만 고집하고 수동적으로 반응한다면 좌절감을 맛볼지 모른다. 인간이 변화하는 세계에 대응하는 체계를 '인생 플랫폼'이라고 부르기로 하자. 이 플랫폼 또한 사명, 비전, 핵심가치의 삼합이다. 여기에 지식과 영성을 결합한다. 플랫폼적 사고의 주체는 인간이다. 사람은 조직을 위해서 일하고, 조직은 사람을 위해서 존재한다. 양자의 존립은 플랫폼적 사고를 필요로 한다.

제4차 산업혁명은 지식과 표현의 과제를 던진다. 이 과학혁명의 특징은 언제 어디서나 누구에게나 연결이 가능하며 상상력이 표상화된다. 모든 것이 데이터화하고 표현된다. 숫자는 말할 것도 없고, 문자, 소리, 색깔 등이 디지털로 자료화된다. 오늘의 인공지능 기술은 컴퓨터 공학뿐만 아니라 철학, 심리학, 수학, 생명공학 등 거의 모든 학문을 아우르는 문자 그대로 만물상자가 되었다. 인공지능 수준은 인간의 상상력을 초월해가고 있다. 컴퓨터 머신이 스스로 학습할 수 있기에 인공지능은 지속적으로 발전하고 있다. 이 무인(無人) 시대에 공부할 것이 많아졌다. 현대인에게 지식은 과거 어느 때보다 중요해지고 있다.

사람은 물질과 영혼의 이중적인 세계를 사는 것 같다. 앞에서 물질적 지식에 관해서 설명하였다. 여기서는 영적 세계를 설명하기 위해 예수를 소개한다. 그분께서 2천여 년 전에 새로운 개념을 가지고 기존 시장에 도전하셨다. 그분은 "내가 곧 길이요 진리요 생명이니(요한복음 14 : 6)" 선언하시면서, 이 세상을 어떻게 살아야 하는가를 당시 사람들에게 가르치셨다. 마가복음은 그분이 어떤 영적인 파워를 가지고 플랫폼적인 사고를 수행하셨는가를 잘 서술하고 있다. 저자 마가는 극적인 요소를 도입하면서 간략하고 알기 쉽게 예수의 사역 활동을 설명한다. 성경의 영성은 삶에 통찰력을 제공한다.

여기에서는 물질 세계와 영혼 세계의 균형을 강조한다. 이를 위해 본서의 구조는 행동과학적인 관점에서 시작, 태도, 행동, 미래 등 네 편으로 나누었다. 그 안에 핵심 주제별로 16장이 들어가 있다. 각 장에서는 먼저 인문학적으로 개념을 설명하였고 다음으로 마가복음을 발췌해서 포함시켰다. 전통적인 '개역개정판'보다 '메시지성경'을 채택하였다. 후자가 더 현대적인 서술 양식을 보여주며 비기독교인들도 쉽게 읽을 수 있기 때문이다. 계속해서, 경영에 관한 사고와 개인들이 노력해야 하는 부분을 질문 형식으로 서술하였다. 질문은 성장의 시발점이다. 당장 해답을 얻지 못하더라도 지속적으로 질문에 살 수 있다면 언젠가 정답에 접근할 것이다.

경영은 여러 사람이 모여 공동 목표 달성을 위해 탁월함을 추구하는 기술이다. 경영을 이론적으로 공부하면 큰 이득이 있다. 먼저 큰 그림을 통해 이론적인 비즈니스 모델을 이해할 수 있다. 다음으로 경영 원칙을 배우고 얻은 지식으로 영리 또는 비영리 사업이 가능하고 공동체 조직을 성공적으로 이끌어 나갈 수 있다. 삶이나 사업에서 성공하려면 경영자처럼 생각하는 법을 배워야 한다. 그런데 본서에서 제시하는 경영에 대한 종교적 어프로치는 영성을 인식하는 귀중한 방법론이다. 열린 마음으로 성경을 접하면 예수라는 최고경영자의 행적에서 플랫폼적 사고의 지혜를 얻을 수 있다. 정작 성경은 잘 알지만 경영에 대한 지식이 없어 사업에 대한 이해가 적은 경우가 있다. 반대로, 조직에서 경영은 알지만 영성 부분을 등한시하는 경우가 비일비재하다. 경영과 성경의 접목은 의미가 크다고 하겠다.

우리 사회는 점점 개인화의 반대 방향으로 가고 있다. 이데올로기에 따라 패거리 군집 현상을 보이며 개인의 책임과 의무를 잊고 있다. 독자들은 본서가 제공하는 플랫폼적 사고를 통해 균형 잡힌 지식을 습득하고 영적 통찰력을 얻었으면 좋겠다. 직장이나 교회에서 본서를 학습 교재로 사용한다면 인생과 사업 성장에 큰 도움이 될 것이다.

끝으로, 본서가 완성되기 위해서는 많은 사람들의 격려와 도움이 있었다. 먼저 아내가 계속 관심을 가지고 읽어주며 수정하면서 함께 기도해주었다. 그의 친구 한정라 님은 첨삭 지도함으로써 원고가 거듭나게 했다. 또한 대구의 하늘담은교회 담임 남정우 목사님의 성경 이야기에 대한 검토는 본서의 완성에 기여하였다. 출판에 관련된 여러분들의 노고에 감사를 드린다.

2022년 9월
강병서

■■■ 차례

제2부 태도편 : 겸손하고 또 겸손하라

제3부 행동편 : 실천하고 또 실천하라

제4부 미래편 : 성장하고 또 성장하라

제1부

시작편

준비하고 또 준비하라

01

사명, 비전, 핵심가치로 플랫폼을 구축하라

집은 지혜로 말미암아 건축되고 명철로 말미암아 견고하게 되며 또 방들은 지식으로 말미암아 각종 귀하고 아름다운 보배로 채우게 되느니라. 지혜 있는 자는 강하고 지식 있는 자는 힘을 더하나니 너는 전략으로 싸우라. 승리는 지략이 많음에 있느니라.

— 잠언 24:3~6

개념 이해하기

우리는 매일 일터에 가기 전에 거울 앞에서 얼굴과 옷차림새를 매만진다. 그리고 마음의 각오도 새롭게 하면서 그날을 준비한다. 거울 대신에 여기서는 인생의 목적을 질문하고 대답하기 위해 틀을 구축하고 이를 '인생 플랫폼'이라고 부르기로 한다.

이 플랫폼은 사명(왜), 비전(무엇), 핵심가치(어떻게)를 삼층으로 구축한 구조물이다. 개인적으로 인생 플랫폼을 만들면 내가 누구인지를 알게 해주며, 이를 기반으로 정체성을 확립할 수 있다. 자기 정체성은 일에 대해 목표를 세우고 전략을 수행하는 동기유발의 기초이다.

다음은 인생 플랫폼을 예시한 것이다.

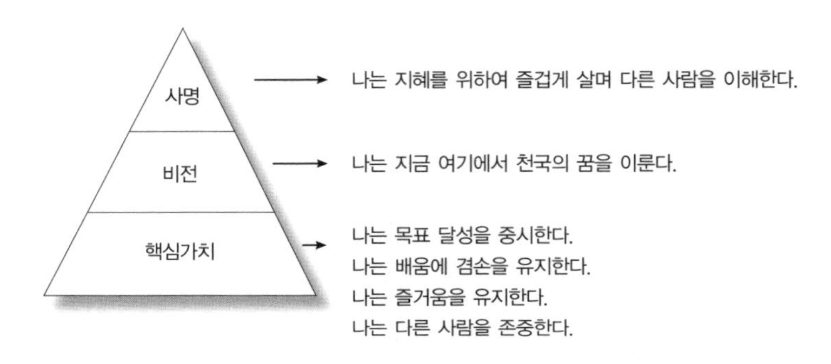

[그림 1-1] 인생 플랫폼

사명은 "○○을 위하여 ○○을 하겠다"라고 진술할 수 있으며, 비전은 궁극적인 자신의 모습을 그려보는 것이다. 사후 모습이 아니라 실존에서 "천국의 꿈을 이룬다"고 말하고 있다. 이것은 애매하게 표현하고 있는 것 같지만 명확하게 마음속에 그리고 있다. 마치 가수 남진의 "저 푸른 초원 위에 그림 같은 집을 짓고" 사는 모습과 같은 것이다. 이 비전은 다분히 공동체 사상을 포함하기도 한다. 그리고 핵심가치는 사명과 비전을 달성하기 위하여 준수하는 생활 지침 또는 원칙으로서 이미 자신에게 익숙하게 몸에 배어 있는 가치관이다.

인생의 목적 다시 말해서 사명은 즐거움(joy)을 얻는 것이다. 즐거움은 목표를 달성하기 위해 자신의 능력을 설계하는 삶에서 표출된다. 이것은 열린 가능성에서 시작된다. 내가 진정 바라는 것이 무엇인가를 파악하고 실천하는 과정에서 얻어진다. 즐거움은 사실 물질에 정신을 더한 것이다. 참 즐거움은 지혜이지만 악기 연주나 자전거 타기처럼 일부러 익혀야 하는 기술이며, 애써 연습할수록 늘어나는 삶의 습관이다.

인생에서 무엇을 하든 철학자가 되어야 한다. 철학은 삶에 질문을 던지는 과목이다. 전형적인 질문은 "나는 누구인가?"이다. 이 질문에 대해 답을 구하는 과정에서 삶의 목적을 의식하게 된다. 우리 삶에 목적을 세운다는 것은 의미를 부여하는 일이다. 목적은 일이나 활동에 근본적인 이유를 부여한다. 예컨대, 나는 지금 왜 여기에 있으며 어디로 가는가? 이 물건은 왜 팔아야 하는가? 공부는 왜 해야 하는가? 등의 질문을 던지다 보면 답에 대한 궁리가 생길 것이다. 질문은 인생의 바다에서 배의 노를 붙잡고 계속 저어나가는 일이다. 질문을 되풀이하다 보면 정답에 접안하는 것이 가능하다. 지혜를 얻을 수 있다.

만일 목적 없이 내일을 향해 서두른다면 나중에 후회와 권태를 맛보게 될 것이다. 정신없이 돈을 벌어 만족한 후에는 지나간 세월과 스쳐간 사람들에 대해 아쉬움이 있을지도 모르겠다. 외우기 방식의 공부에 안주하다 보면 나중에 평생 학습의 재미를 잃을 수도 있다. 타인을 경쟁 상대로 여기면서 짧은 시간 안에 성급하게 공부하다 보면 존중의 단어를 잊을 수 있다. 느긋함은 어디에서 찾을 것인지. 주위에서 배울 것이 조금도 없는 사람은 없다. 오만과 편견은 자신의 인생을 불만스럽게 만든다.

철학이 질문한 것에 답하는 과목이 신학이다. 철학자마다 수많은 질문을 내놓듯이, 세상의 수많은 종교는 제각기 답을 내놓는다. 진리에 대해 접근 방법이 수많은 것이다. 본서에서 언급하는 기독교도 하나의 방법이다. 『목적이 이끄는 삶』에서 저자 릭 워렌은 우리를 향한 하나님의 뜻이 무엇인지 깨닫도록 인도한다. 삶의 목적을 하나님께 향하라고 충고한다. 최고의 선을 선택한다면 목적이 명확해지고 원칙을 지킬 수 있다. 그리고 의미를 부여할 수 있다.

무슨 일을 하든지 그것이 무슨 문제인가? 판검사가 되든지, 선생이 되든지, 달고나를 팔든지, 지게차를 몰든지, 도배 일을 하든지 무엇이 문제인가? 모든 일은 동일하다. 하는 일이 나의 사랑이기 때문이다. 우리는 최우선으로 올바른 인생 플랫폼을 세워야 한다. 인생에 대한 의미는 자신만의 것이며 유일하다. 그렇다고 해서 의미 발견은 주관적이지 않다. 이것은 자기 자신을 버리고 신성으로 채우며, 객관적이고 통합적인 모습을 갖는 시도이다. 구체적으로 말해서, 존재의 목적을 명확하게 하며 행동을 결단하고 주위 환경과 조화를 구하는 것이다.

성경 이야기(마가복음 1장)

예수 그리스도의 복된 소식, 곧 메시지는 정확히 예언자 이사야의 책에 나온 대로 여기서부터 시작된다.

잘 보아라, 내가 네 앞에 내 설교자를 보낸다.
그가 네 길을 평탄하게 할 것이다.
광야에서 외치는 소리여!
하나님 오심을 준비하여라!
길을 평탄하고 곧게 하여라!

세례자 요한이 광야에 나타나서, 삶을 고쳐 죄 용서를 받는 세례를 선포했다. 유대와 예루살렘으로부터 사람들이 떼를 지어 그에게 와서 죄를 고백하고, 요단강에서 그에게 세례를 받고 삶을 고치기로 결단했다. 요한은 낙타털로 된 옷을 입고 허리에 가죽띠를 둘렀다.

그리고 메뚜기와 야생꿀을 먹었다. 요한은 이렇게 말했다. "진짜는 이제부터다. 이 드라마의 주인공은 너희의 삶을 바꾸어놓으실 것이다. 그분께 비하면 나는 잔심부름꾼에 지나지 않는다. 나는 너희의 옛 삶을 바꾸어 천국의 삶을 준비시키려고 이 강에서 세례를 주고 있다. 그러나 그분의 세례, 성령의 거룩한 세례는 너희를 완전히 바꾸어놓을 것이다." 그때, 예수께서 갈릴리 나사렛에서 오셔서 요단강에서 요한에게 세례를 받으셨다. 물에서 올라오시는 순간 예수께서는 하늘이 열리고 하나님의 영이 비둘기같이 그분 위에 내려오는 것을 보셨다. 성령과 더불어 한 음성이 들려왔다. "너는 내가 사랑으로 선택하고 구별한 내 아들, 내 삶의 전부다." (중략) 요한이 체포된 뒤에, 예수께서 갈릴리에 가셔서 하나님의 메시지를 전파하였다. "때가 다 되었다! 하나님 나라가 여기 있다. 너의 삶을 고치고 메시지를 믿어라." (마가복음 1 : 1~15)

마가복음의 저자 마가는 예수께서 이 땅에 오신 사명은 복된 소식을 가져와서 하나님의 나라가 임박함을 알리기 위함이라고 서술한다. 복된 소식은 간단히 복음(福音, good news)이라고 부른다. 이 선한 소식을 죄 많은 인간들에게 나누어주어 인생의 구원과 참 기쁨을 누리기를 바라는 사건이다. 첫줄에서 "예수 그리스도의 복된 소식은 여기서부터 시작된다"라고 선언한다. 이 사명 선언문은 마가복음의 첫 장뿐만 아니라 16개 장 전체를 대표한다.

예수의 제자 마가는 마가복음이 하나님의 아들 예수 그리스도의 생애와 가르침 그리고 행적에 관한 기록이라고 하지 않고 "복음의 시작"이라고 선언하였다. 마치 창세기의 "태초에 하나님이 천지를 창조하시니라"에 비유된다. 다시 말해서 복된 이야기를 시작할 것이므로 귀를 기울이라는 명령이다. 예수의 오심은 구약시대인 약 700년 전의 이사야 예언대로 수순을 밟으면서 새로운 역사를 열게 되었음을 선언하고 있다. 마치 유구한 역사를 계승하려는 3 · 1운동의 독립선언문과 같은 가슴 벅찬 선언서이다.

예수께서 본격적인 사역 완수를 위해 무엇을 준비하셨는가를 살펴보자. 먼저 기존 권력자들과 결탁하지 않고 세례자 요한(또는 세례 요한)을 만나서 준비를 갖추었다. 거짓과 허영에 물들지 않았다. 비록 요한의 행세는 기괴한 모습이지만 예수를 하나님의 아들로 인정하였다. 예수도 요한을 인정하고 물로 세례를 받고 깨끗한 몸으로 준비를 갖추었다. 물세례를 통해 죄사함을 받음으로써 구원자로서 성령의 세례를 제공할 수 있는 토대를 마련하게 되었다. 세례는 본격적으로 신앙생활에 들어선 사람에게 죄 씻음의 표시로 베푸는 의식이다. 이제 예수께서 복음, 회개, 구원의 사역을 시작할 수 있도록 요한은 길을 평탄하게 하고 곧게 펴 나가신다.

세례자 요한은 당대 영적 언더그라운드의 최고수이었다. 괴짜의 모습으로 다니면서 "회개하라"고 외쳤다. 그의 행색은 낙타털 옷과 가죽 띠의 부랑자 모습이며 또한 음식은 메뚜기나 야생꿀 같은 것이었다. 일반 사람들이 상상도 못 하는 생활을 하고 있었다. 깨달음을 얻고 난 그는 사람들 앞에 나서서 인생이 새로워지도록 영혼에 불을 지폈다. 사람의 비전은 땅에 있지 않고 하늘에 있음을 강조하였다. "땅의 것은 물질적이다. 육체는 풀과 같고 그 아름다움은 꽃과 같으니, 시간이 지나면 시든다. 그러나 하늘의 진리는 영원히 사라지지 않고 사람을 세운다." 많은 사람들이 그의 연설에 감동하면서 추종하였다.

열광적인 군중이 환호하며 따라 다녔지만, 그는 우쭐하거나 존재감을 과시하지 않았다. 자신은 메시아(기름부음을 받은 사람이라는 뜻)가 아니며, 새로운 영적 사역에서 이인자에 불과함을 사람들에게 주지시켰다. 그의 목적이 최고의 권력을 추구하는 것이 아님을 추종자들이 잊지 않기를 바랐다. 그의 할 일은 일인자를 세우는 것이었다. "정말로 나보다 능력 많은 이가 내 뒤에 있나니, 나는 별것 아니다. 나는 허리를 굽혀 그의 신발끈조차 풀기도 감당하지 못할 정도이다." 그는 자신이 심부름꾼에 지나지 않는다고 강조하였다. 이인자로서의 겸손을 보이며 헌신을 각오하는 순간이다. 겸손은 자신이 누구인지 알고 낮추면서 상대를 존중하는 것이다. 그의 헌신은 사명을 지키겠다고 결심하는 행동이다.

세례자 요한은 사실 이인자라기보다는 멘토라고 부르는 것이 합당하다. 그는 조직의 진정한 지도자를 세우고 비전을 알려주는 선생이다. 비전이 일치하면 추종하는 사람들은 새로운 바람을 느끼고 동기화된다. 요한은 자신의 역할을 명료하게 설명하였다. "그는 반드시 나보다 더 커야 한다. 나는 반드시 작아져야 한다." 여기서 그는 물론 예수이다. 이 땅에 진정한 하나님 나라를 세우는 사역에서 누가 지도자인지를 명확하게 밝힌다.

당시 사람들은 세례자 요한을 선구자로 인정하는 추세였다. 그런데 이 선구자가 소개한 사람은 예수였다. 사람들은 처음 들어보는 이름에 의아해 했고 나사렛이라는 시골 출신이라고 무시했으나 그는 이미 예수의 탁월함을 간파하였다. 하나님의 대리자로서 세례자 요한도 예수 못지않게 능력 면에서 만만치 않은 사람이었다. 그러나 그는 예수의 메시아적 사명을 잘 알고 있었기에, 동역자로 만족하고 예수를 내세웠다. 세례자 요한은 영적인 통찰력을 가지고 있었기 때문에 이것이 가능했다. 예수도 그를 알았기에, 그의 앞에 주저함 없이 무릎 꿇고 세례를 받았다.

이후 예수께서 사명과 비전을 선포하셨다. 예수와 세례자 요한의 만남은 이 땅에서 하나님의 나라를 세우기 위해 조직체가 만들어지는 역사적인 사건이었다. 비록 법적으로 약속된 조직이 아니고 느슨했지만, 명확한 사명과 비전을 함께 인식했다는 점에서 공동체가 형성된 것이다. 사명은 조직체가 존재하는 이유를 밝힌다. 왜 존재하여야 하는가에 대해 묻고 답하는 것이다. 그들은 자신이 누구이며 이 세상에 태어난 이유를 잘 알고 있었다. 그들의 사명은 사람들이 죄를 깨닫고 구원을 얻어, 행복한 삶을 누리게 하는 것이었다. 특히 억압받고 병든 사람들이 그렇게 되기를 바라고 있었다.

비전은 장차 최고의 모습이 되려는 현재의 꿈이다. 현재는 미약하더라도 가까운 미래에 창대한 그림으로 펼쳐질 것이라는 기대이다. 엉망으로 보이는 현실이 구성원들 노력 덕분에 아름다운 모습으로 곧 바뀔 것이라고 예상하는 것이다. 예수와 요한은 동일한 방향을 바라보며 하나의 그림을 그리고 있었다. 이 땅에 구원받은 사람들이 죄를 짓지 않고 아름답게 사는 천국의 모습을 함께 바라보았다. 약속의 성취로서 하나님 나라가 도래할 것을 예언했다.

두 사람 모두 하나님의 대리자로서 사명과 비전을 공유하고 있었으므로 강한 연대감이 솟아났다. 조직체에는 한 사람의 명령자만 필요하다. 세례자 요한은 예수의 대표성과 탁월성을 간파했기에 서슴지 않고 그의 오른팔을 들어주었고 자신은 예수 뒤에 머물며 지원 역할을 담당하였다.

예수께서 수많은 군중이 기다리고 있는 기차역 플랫폼에서 내려오듯이 홀연히 나타나 사람들에게 다가갔다. 하나님 나라가 임박했으니 복음을 믿고 회개하라고 외쳤다. 축복의 인생을 살 수 있다고 강조하셨다. 늦기 전에 새롭게 변화되기를 촉구하셨다. 지나가던 사람들은 놀라 멈추고 귀를 기울였다. 지금까지 들어왔던 내용과 다른 것이었다. 당시 유대인들은 정치 · 경제 · 사회 등 제반 환경이 열악하여 힘겹게 살고 있었다. 로마에 의한 식민지 전략, 식민 왕권의 로마 추종, 이방의 헬레니즘 문화, 과도한 세금 등은 사람들의 소망을 앗아가고 있었다.

제1장에서는 "곧"이란 의미의 단어가 여러 번 나오는데, 저자 마가는 사람들에게 예수의 가르침이 임박한 하나님 나라에 대해 필수라는 절박한 심정을 잘 나타내고 있다. 이것은 또한 그 가르침이 유대교 지도자들에게 위협이 되고 있음을 나타내기도 한다. 예수께서 구원의 말씀으로 그들과 대적하고 있었다. 이것은 기득권자들에 대한 선전포고이므로, 현행법과 질서를 무너뜨리려는 행위로 간주되었다. 그러나 복음의 탁월함과 이를 감사히 여기는 군중들의 추종은 새로운 나라가 임박하는 서곡이었다. 예수의 핵심가치는 기도, 자비, 공의(公義) 등을 들 수 있다. 이것들은 마르지 않는 강물처럼 흘렀다. 기회가 되는 대로 이에 대해 설명해 나갈 것이다.

경영 이야기

경영은 여러 사람이 모여 공동 목표를 달성하는 기술이다. 경영자는 기술자이며 철학자이다. 혼자 사업하는 자영업자는 목표 달성을 위해 본인 마음대로 결정하고 행동하면 된다. 홀로 이익도 챙기고 책임도 맡는다. 그러나 여러 사람이 모여 사업을 하는 경우에는 상황이 다르다. 경영에 철학이 필요하며 구성원 모두 함께 이익을 얻고 책임도 진다. 이때 경영자(또는 소유자)라 하더라도 독단적으로 혼자 의사결정을 내릴 수 없다. 소유와 경영은 별개이다. 전자는 주주에게 후자는 경영자를 포함한 전체 구성원들에게 속한다. 이중적 사고가 요구되는 것이 경영이다.

조직의 목표는 구성원들의 소관 사항이다. 오롯이 경영자의 몫이 아니다. 조직은 목적 설정과 목표 달성이라는 동일한 방향을 바라보며 함께 나아간다. 조직의 구성원들을 대표하는 사람을 경영자라고 부른다. 경영자는 앞장서서 한 무리를 이끌어가는 권한과 책임을 진다. 분위기를 조성하고 부하들에게 동기를 부여하면서 이끌어간다. 지나치게 앞서가면 아무도 따라가지 못하여 나 홀로 조깅에 그칠 것이다. 무조건 달리지 말아야 한다. 경영자는 조직원들이 준비되어 있는지 살펴봐야 한다. 다시 말해서 그들이 출발선에 제대로 서 있는지 확인해야 한다.

사업 프로젝트 수행에서 단체 운동 경기와 같이 참가자들의 준비 자세 점검이 필수적이다. 먼저 경영자는 누가 이 게임에 참가할 것인지 결정한다. 그는 조직에서 고수가 누구인지 잘 파악하고 있어야 한다. 지식 중에는 '누구'에 관련된 사항이 최고 수준이다. '왜' 또는 '어떻게'는 한 수 아래이다. 다음으로 선발된 그 '누구'에게 '왜' 이번 일에 참가하게 되었는지 충분히 설명해주고 참가자 본인이 '어떻게' 수행할 것인지 밝히도록 기회를 주어야 한다. 개인별로 조직을 위한 자신의 존재 이유를 확인한다는 뜻이다.

우리는 여기서 이 출발선을 간단히 사명과 비전이라고 부르자. 사명은 왜 이 일을 하려는가 하는 목적을 말한다. 비전은 목적이 성취되면 장차 어떤 모습이 되어 있을 것인지 현재 시점에서 그려본 모습이다. 이쯤 이해하면 출발선에서 시작해볼 만하다. 고상하게 말해서 사명과 비전은 목표 달성을 위해 탁월함을 추구하려는 준비 자세이다.

조직은 여러 사람이 모인 단체이다. 사람들은 다양하므로 생각이 각자 다르고 자기 방식대로 일한다. 오죽하면 조직이 구성원 각자의 머릿속에 있다고 했을까? 기업은 각자의 생각을 하나로 묶어주는 공통 사상이나 철학이 필요하다. 이것을 '경영 플랫폼'이라고 부른다.

경영 플랫폼을 구축해보자. 이것은 조직이 경영 목적 달성을 위해 콘크리트 구조물 같은 것을 세우는 것이며 기차역 승강장 같아서 여러 사람이 목적지로 향하는 출발이 가능하다. 경영 플랫폼은 우선 사명과 비전으로 만들고 여기에 핵심가치를 추가하면 완성된다. 이 세 요소에 대해 알아보자[2].

첫째, 사명(mission)은 조직의 존재 이유를 뜻한다. 우리 회사는 왜 존재해야 하는가, 우리 회사는 왜 그 제품을 만들어야 하는가 등에 대한 대답이다. 기업의 존재 이유는 돈 버는 것이 아니다. 고객 만족을 위한 가치 창출이다. 디즈니사는 "사람들을 행복하게 하기 위하여 존재한다"고 선언한다. 단지 오락물을 만들어서 판매하는 것이 아니라 사람들이 서비스를 즐기고 삶이 행복해지기를 원한다. 사우스웨스트 항공사는 "최고수준의 고객 서비스에 헌신한다"라고 선언한다. 이 회사는 자신이 항공사가 아니라 서비스업을 수행하는 회사라고 말한다. 여행자들에게 탑승 좌석만을 판매하는 것이 아니라, 이동에 필요한 모든 정보와 편의를 제공하겠다는 뜻이다. 사명은 기업 전체를 대표하는 간판이다.

그러면 사명은 어떻게 만들 것인가? 사명은 "왜"라는 질문에 답하는 것이다. "우리 회사는 왜 존재하는가?" 다시 말해서 "누구를 위해 존재하는 것인가?" 그 답은 "고객을 위해서"이다. 계속 질문하면, "왜 고객을 위해서 경영해야 하는가?" 이렇게 함으로써 회사가 제공하는 제품이나 서비스를 고객 중심 언어로 바꾸어 사명을 만들 수 있다. 다음에서 보듯이 계속적으로 "왜"라는 질문을 던져야 한다.

예를 들어, 자동차 제조회사가 있어 다음과 같이 첫 질문을 한다. “왜 SUV 자동차가 중요한가?” “왜냐하면 사람들이 이 자동차를 이용하면 여행에 편리하기 때문이다.” “왜 편리해야 하는가?” “왜냐하면 편리함으로써 여행에서 즐거운 이동을 경험할 수 있기 때문이다.” “왜 자동차가 즐거워야 하는가?” 등등 질문과 답을 계속하는 중에 이 자동차 회사의 사명은 “우리는 고객의 자부심을 위해 존재한다”라고 정의할 수 있다. 이렇게 “왜?”를 네댓 번 반복 질문함으로써 사명을 도출해낼 수 있다.

둘째, 비전(vision)은 “무엇”에 관한 것으로서 10~20년 후의 미래 모습이다. 이것의 달성 여부는 조직 구성원들의 현재 꿈에 달려 있다. 리더는 그림을 제시하고 이것을 구성원들과 공유해야 한다. 리더 혼자 비전을 만들고 아무도 동의하지 않으면, 혼자 걷는 산책에 불과하다. 탁월한 비전이 되는 조건은 다음과 같다.

- 명쾌한 사상으로 사업의 방향을 제시함.
- 장기적인 관점에서 시장을 봄.
- 전사원의 이해와 참여.

예컨대, “우리 회사는 이 지역에서 10년 내에 최고가 될 것이다”라고 제시할 수 있다.

월드 디즈니는 말했다. “무엇이라도 꿈꿀 수 있다면 그것을 실행하는 것 역시 가능하다.” 미국에서 디즈니랜드가 처음 개장하던 날 많은 사람들은 꿈에 그리던 곳이라면서 경이로워했다. 과학과 예술이 만나고, 회사 서비스와 고객 욕구가 함께 어울리는 새로운 개념의 놀이터였다. 한 신문기자가 월트 디즈니의 부인에게 다가와 위로의 말을 건넸다. "애석합니다. 디즈니 선생이 여기 계셨더라면 정말 기뻐하셨을 텐데요." 이에 부인이 단호하게 말했다. "무슨 말씀이세요? 그이는 이 모습을 이미 보고 세상을 떴습니다." 눈앞의 모습이 바로 살아생전 월트 디즈니의 비전이었다.

셋째, 핵심가치(core values)는 "어떻게"에 관한 것으로서 구성원들이 고객을 위해서 일할 때에 규범적으로 공유하는 안내 원칙이다. 간단히 말해서, 일하는 방식이다. 핵심가치는 기업이 억지로 만들어 제시하는 것이 아니다. 경영자나 구성원들이 공유하고 있는 가치관 중에서 절대 포기할 수없는 그 무엇을 발견한 것이다. 발견의 기준은 다음과 같다.

- 어린아이들에게 말할 가치가 있는가?
- 어른이 되어서도 이것을 지키겠는가?
- 경쟁에서 불리해도 이것을 지킬 것인가?
- 내일 새로운 사업에도 이것을 적용할 것인가? 등이다.

디즈니사의 핵심가치에는 냉소주의 금지, 건전한 미국인 가치관 주입, 창의성과 꿈, 일관성과 세부항목에 주의력 집중, 디즈니 매직 보존 등이 있다. 사우스웨스트항공은 따뜻함, 친근감, 개인 프라이드, 회사 정신 등을 가지고 있다. 구글에게는 학습능력, 리더십, 겸손, 주인의식, 전문 지식 등이 있다. 세계적인 회사의 핵심가치는 즐거움, 탁월함, 존중, 정직성, 팀웍, 혁신, 사회적 혜택 등에 여러 덕목에서 선택한다.

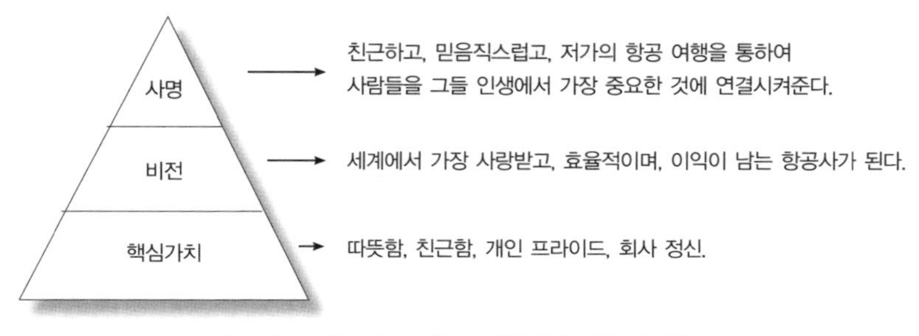

[그림 1-2] 사우스웨스트항공의 경영 플랫폼

조직들은 나름대로 경영 플랫폼을 가지고 있다. 이 플랫폼은 경영의 원리, 사상, 철학 그리고 정체성이다. 만일 그것이 사장실 액자에 머무르고 있다면 조직의 탁월함을 성취하기는 어렵다. 최근 코로나 팬데믹이 전 세계적으로 많은 산업에 타격을 주고 있듯이 테마파크 업계도 혹한기를 맞았다. 세계에서 가장 유명한 디즈니랜드조차 버티기 힘들었다. 처음으로 적자를 기록하면서 사업 부문을 크게 축소하고 직원 3만여 명을 2021년에 해고한다고 결정했다.

한편 사우스웨스트의 성공 이야기는 2021년 현재도 진행형이다. 이 팬데믹 상황에서 세계 항공산업도 막대한 타격을 입었지만 이 회사는 단 한 명의 직원도 해고하지 않고 미국 여객 항공업의 선두를 유지하고 있다. 2001년 9 · 11 테러 사건 때에도 미국 항공업계는 10만 명 이상을 해고했지만 한 명도 내보내지 않았다. "고객이 항상 옳은 것은 아니다"라고 말했던 전임 회장 켈러허는 직원 중심의 조직문화를 존중하면서 그 당시에 구축한 경영 플랫폼을 유지하고 있다. 조직이 탁월한 성과를 이루려면 견고한 플랫폼 사상과 함께 실천적인 노력이 필요한 것이다.

최근 플랫폼 비즈니스는 공급자와 수요자가 만나는 열린 생태계를 제공하고 있다. 예컨대 에어비앤비가 제공하는 비즈니스 모델은 호스트가 숙소를 제공하고 게스트가 머문다. 또한 반대의 경우도 있다. 이들은 모두 기업 외부에 존재하면서 서로가 서로를 격려하면서 가치를 증폭시키고 있다. 2020년 현재 220여 개국 400만여 개 숙소, 10억 회 이상의 누적 체크인을 기록했다. 직원은 5천여 명 정도가 회사 내부에서 일할 뿐이다. 회사는 직영 숙소가 하나도 없으며 고객 관리와 데이터 관리에만 신경 쓴다. 경영자는 이제 "경영 플랫폼"의 관심을 내부에서 외부로 돌려야 하는 시기를 맞이했다. 기업의 성공은 누가 먼저 개방하여 커뮤니티 네트워크를 구축하는가에 달려 있다.

더 생각해보기

1. 나의 인생 플랫폼은 무엇인가?

2. 나에게 인생 멘토는 누구인가?

3. 우리 회사의 경영 플랫폼은 무엇인가?

4. 사내에 멘토들이 많은가?

02

목표를 소유하고 전략적으로 사고하라

나는 오랫동안 명상한 결과 다음과 같은 확신을 스스로 얻었다. 확고한 목표를 지닌 인간은 그것을 반드시 성취하도록 되어 있으며 그것을 성취하고자 하는 그의 의지를 꺾을 만한 것은 아무것도 없다. 그리고 그대가 얻고 싶은 것을 가졌거든 그것을 얻기에 바친 노력만큼 그대로 노력하라. 이 세상의 모든 물건은 대가 없이 얻을 수 없는 일이다. 남이 노력해서 얻은 것을 그대는 어찌 팔짱을 끼고 바라만 보고 있는가?

— 라 로슈푸코

개념 이해하기

사람들은 목표에 대해 말하기를 좋아한다. 어떤 사람은 오늘 할 일을, 또 어떤 사람은 1년 후에 이루어질 결과에 대해 말한다. 무엇을 말하든 할 일이 목표이다. 목표는 이루고 싶은 것을 뜻한다. 이것이 있으면 의사결정 순위와 행동을 정할 수 있어 방향을 제시해준다. 그런데 주간 단위, 월 단위, 연 단위 등 기간이 길어질수록 목표를 자기 것으로 삼을 수 있는 사람은 많지 않아 보인다. 작심삼일의 약속은 부지기수이다. 오죽하면 “지옥 가는 길에는 지키지 못한 약속이 널려 있다”라는 말도 있지 않은가.

목표는 과정도 중요하지만 결과 중심으로 세워져야 한다. 이순신 장군의 전쟁 목표는 격파섬멸(擊破殲滅)이었다. 적의 배를 한 척도 돌려보내지 않겠다는 장군의 확고한 목표는 조선수군의 사기를 드높였다. 적군 배 숫자의 10분의 1밖에 되지 않았지만 물살이 급한 울돌목에서 잠복하고 있다가 거북선을 돌격선으로 선두에 세우고 격파한 전략은 대성공이었다. 이 전투 승리로 7년 동안 고통당하고 있었던 조선을 구했다. 이 이야기는 세계사에 길이 남을 해전으로 기억되고 있으며, 여러 나라의 해군사관학교에서 귀중한 사례 연구로 교육하고 있다.

그런데 목표와 목적의 구분은 중요하다. 목적은 왜 목표를 달성해야 하는가에 대한 근본적인 이유와 의미를 말한다. 자동차 내비게이터에서 목적지가 결정되면 중간 중간에 거쳐서 갈 곳을 보여준다. 이것이 목표들이다. 목표지라는 단어가 없듯이, 목표는 시간적이든 공간적이든 끝이 아니다. 지속적으로 도전하는 과제이다. 자동차가 목적지에 도달했을 때 비로소 목표 달성이라고 말할 수 있다.

다음 그림에서 보는 바와 같이 목표와 목적은 서로 대화하고 있다.

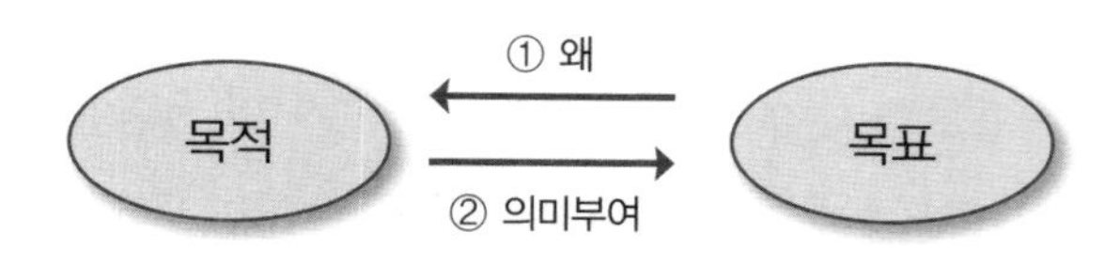

[그림 2-1] 목적과 목표의 대화

목표를 세우면서 목적에게 “왜”를 묻는다면 목적은 “의미부여”를 해줄 것이다. 이것에 동기부여가 되면 “어떻게 할 것인가” 하고 구체적으로 실행계획을 세운다. 목적 달성을 위해 구체적인 행동수단을 검토하는 것이다. 목표 소유는 이런 방식으로 진행된다.

가치 있는 목표를 소유하라. 내적으로 보람 있고 의미부여하기 쉬운 것을 목표로 정하라. 예를 들어, 요리하기, 청소하기, 책 읽기, 글쓰기 등은 돈 벌기, 명예 지키기 등보다 실천하기가 쉽다. 그림 그리기나 작곡하기 같은 취미는 동호인 및 전문가와 만나는 기회를 가질 수도 있다. 이런 모임은 전문성 있고 적절한 목표를 세우는 데에 도움을 받을 수 있다. 자기 주도적으로 목표를 소유하고 달성 능력이 있다면 성장할 수 있다.

일단 과감하고 명확한 목표를 소유하라. 목표는 자신을 단련시키며 자기 절제를 경험하게 한다. 충동적인 오락에 머무르지 말고 자기 공부가 되는 것에 의미를 부여하고 투자하라. 가치가 있어야 좋은 평가를 받을 수 있다. 이 평가는 나를 고양시킨다. 타인 평가를 두려워할 필요는 없다. 나의 길을 가면 된다. 실존 속에서 성취감이 생긴다. 그 목표는 고상하고 도전적이어야 한다. 쓸모 있는 사람이 되려면 아무도 관심 갖지 않은 일을 찾아라. 여기서 의미 있고 긍정적인 감정이 솟구친다. 이런 목표를 세우고 자신을 단련시켜라.

목표 실행은 과녁의 한가운데 10점을 향하여 화살을 날리는 것이다. 이것은 격파섬멸처럼 절실하게 성취하려는 이상적인 표적이다. 사격이나 활쏘기에서 사람들은 모두 한가운데 맞추기를 원한다. 그렇지만 어렵고 도전적이다. 강한 몸과 정신력을 갖추고 있어야 한다. 이뿐만 아니라 바람이 불거나 경기 상황이 나빠지면 유연하게 오조준할 줄 알아야 한다. 그러나 지나치게 벗어난 겨냥은 실패할 수 있다. 성경

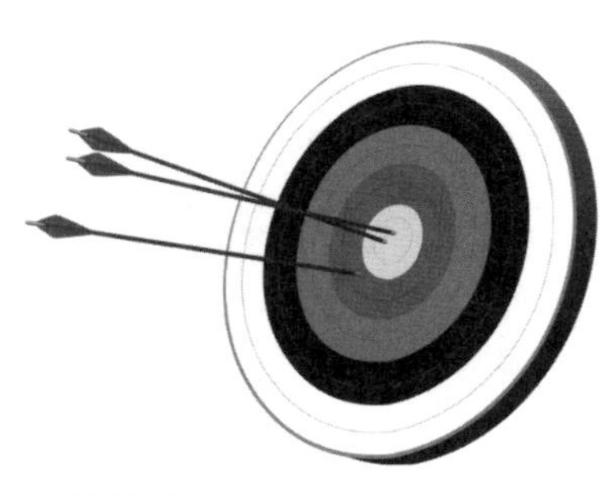

과감하고 명확한 목표를 소유하라. 목표 실행은 과녁의 한가운데 10점을 향하여 화살을 날리는 것이다. (이미지 출처 : pixabay)

에서 죄 짓는 것을 과녁에서 벗어난 것으로 비유하기도 한다.

목표를 달성하려면 전략적 사고가 필요하다. 막상 실행 단계에서는 게으름, 좌절감, 시간 부족, 가족 반대 등과 같은 장애물이 등장한다. 장애물은 넘어뜨리라고 서 있는 것이 아니다. 넘어설 대상이다. 고통과 스트레스를 경험하고 실패도 감수해야 한다. 목표 달성 능력을 키우려면 다음의 전략을 생각해볼 수 있다.

첫째, 전문성을 키운다. 선택한 전문 영역에서 능력을 향상시켜라. 이렇게 하려면 많은 시간과 노력이 요구되며 인내심이 필요하다. 운동이나 악기 같은 경우 밥 먹듯이 몸에 붙여야 한다. 반복이 기적을 낳는다. 자신의 적성에 맞는 목표를 소유하여야 하고 밤잠이 오지 않을 정도로 뜨거워져야 한다. 그리고 여러 사람 앞에서 약속하고 자발성을 말한다. 보여주기식이 아니라 진정 내가 원하는 목표임을 강조한다.

둘째, 장기 목표를 세우고 작은 목표로 쪼개서 계획한다. 작은 목표를 세우고 무엇을 언제 어디서 어떻게 실행할 것인지 구체적으로 세워라. 그러고서는 날을 잡아서 계속 실천하다 보면 불가능해 보이는 큰 목표를 정할 수 있는 용기도 생기고 달성 가능하다. 목표를 조금씩 더 어렵게 잡고 그것을 성취하면 다음 목표로 나아가는 데 힘과 여유가 생기기 때문이다. 예컨대, 당구를 배울 때 4구를 먼저 익히고 3구로, 중대에서 배우고 국제 대대로 옮겨간다면 기술이 발전한다. 수학이나 외국어를 배우는 경우에도 점차 높은 수준의 개념에 도전하면 학업 성취도가 높아질 것이다. 지속적인 노력을 통해 얻은 가시적인 성과는 성취감과 함께 자신감을 줄 것이다. 끊임없는 반복과 연습이 기적을 낳는다. 이에 따라 의지력은 날로 강화될 것이다.

셋째, 목표 달성의 비전을 그린다. 진행하는 도중에 목표를 수정하더라도 멋진 결과를 상상하면서 끈기 있게 추구한다. 새로운 기회에 눈과 귀를 열어두면서 정보를 지속적으로 수집 분석하고 유연하게 대처한다. 예컨대, 5년 후에 식당을 하나 내고 싶다면 매일 터득한 것을 적어 나가는 습관이 필요하다. 순간적인 스피드를 자랑하는 토끼가 부럽다. 느리지만 매일 습관적으로 꾸준하게 나아가는 거북이 노릇도 할 만하다. 매일 적은 노트를 보면서 꿈을 키울 수 있다. 이런 습관은 진실된 나의 목표를 소유하는 데 도움이 될 것이다.

장기 목표는 추상적이고 애매한 경우가 많다. 이런 목표 달성에는 자기 절제가 필요하다. 그 목표가 얼마나 고귀한가 하는 신념에 달려 있다. 예를 들어 "나는 연예인이 되고 싶다"라고 하자. 높은 수준의 생각은 "왜"라는 질문을 던지면서 미래를 고려한다. 이 생각은 나를 고귀하고 신중하게 만든다. 성공을 위해 자신을 절제하면서 집중할 수 있다. 그러나 낮은 수준의 생각은 "어떻게"에 관심을 가지면서 목표를 단순화시킨다. "누구 흉내를 내면 유명인사가 될까?" 하고 생각한다.

기억하자. 고귀한 의미부여는 자기 절제와 근면을 가져온다. 결과는 성공적일 것이다.

인생에서 장기 목표 계획은 5년 단위로 고려하기를 권하고 싶다. 첫 5년은 이전의 것을 실행하면서 다음 5년을 계획한다. 이렇게 진행하면 매 5년 동안 다음을 준비하면서 지금 목표 달성을 실행할 수 있다. 목돈 마련, 주식 투자, 학교 다니기, 저술하기, 사업하기 등과 같이 장기적인 일들은 5년 단위의 계획이 유용할 것이다. 오늘 시점에서 미래 계획을 세우며 동시에 목표 달성을 위해 노력한다면 인생이 즐거울 것이다. 원하는 것에 날짜를 넣어라. 그러면 목표가 구체화되면서 의욕적이게 되리라. 우리는 두 개의 자아를 가지고 있는 셈이다. 오늘의 이기적인 행동가로서 그리고 내일의 이타적인 계획가인 것이다.

현재에 머무르지 말라. 조직이 나를 보호하지 않는다. 퇴직하고 나면 그 배경이 일순간의 신기루였음을 알게 된다. 지금 자신에게 질문을 던져보자.

- 지금 내가 가장 원하는 것은 무엇인가?
- 나는 여유시간에 주로 무엇을 하는가?
- 나를 웃게 만드는 것은?
- 감탄하는 대상은 무엇이며 존경하는 사람은 누구인가?

질문을 생각하면서 인생 목표를 세워보자. 그리고 목표 실행 능력을 키우자. 이것은 습관적인 능력의 집합이다[20]. 이 능력은 지속적으로 배움으로써 가능하다. 그리고 더 중요한 것은 충실하게 유지하는 것이다. 구구단 외우듯이 반사적으로 몸에 익힌 실행 능력이 되어야 한다.

성경 이야기(마가복음 2장)

며칠 후에 예수께서 가버나움에 돌아오시자 그분이 집에 계신다는 소문이 퍼졌다. 무리가 문앞을 꽉 메워서 아무도 드나들 수 없었다. 예수께서는 말씀을 가르치고 계셨다. 사람들이 한 중풍병자를 네 사람에게 들려서 예수께 데려왔다. 사람이 많아서 안으로 들어갈 수 없자 그들은 지붕을 뜯고 중풍병자를 들것에 달아 내렸다. 그들의 담대한 믿음에 감동하신 예수께서 중풍병자에게 말씀하셨다. "아들아 내가 내 죄를 용서한다." 거기 앉아 있던 몇몇 종교학자들이 자기들끼리 수군거리며 말했다. "저렇게 말하면 안 되지! 저것은 신성모독이다. 오직 하나님만이 죄를 용서하실 수 있다." 예수께서 그들의 생각을 곧 바로 아시고 말씀하셨다. "너희는 어찌 그리 의심이 많으냐? 중풍병자에게 '내가 네 죄를 용서한다'고 말하는 것과 '일어나네 들것을 들고 걸어가라'고 말한 것 중에 어느 것이 더 쉽겠느냐? 내가 인자인 것과, 내가 어느 쪽이든 행사할 권리가 있다는 것을 분명히 보여주겠다." (그러고는 중풍병자를 바라보시며 이렇게 말씀하셨다.) "일어나거라. 네 들것을 들고 집으로 가거라." 그 사람은 그 말씀대로 일어나서, 들것을 가지고 모두가 보는 앞에서 걸어나갔다. 사람들은 도무지 믿기지가 않아 자신들의 눈을 비볐다. 그러고 나서 하나님을 찬송하며 말했다. "우리 평생에 이런 일은 처음 본다!" (마가복음 2 : 1~12)

마가복음 2장은 한 중풍병자의 병고침 이야기로 시작한다. 어느 중풍환자가 있었다. 용한 의사들에게 보였지만 별무효과였다. 이제 마지막이라는 심정으로 예수께서 거처한 곳에 찾아온 것이다. 모여든 사람이 너무 많아서 그는 현관으로 들어갈 수가 없었다. 예수께 접근하는 것이 불가능해 보였다. 얼마나 절실했던지, 들것을 멘 사람들이 아이디어를 내었다. "할 수 없어. 사람이 너무 많아. 기왓장이라도 들어내고 지붕을 뚫고 들어가야 해. 선생님이 곧 떠나실지도 몰라." 그들은 천장에서 들것을 내리 밀었다. 친구들은 당장의 병고침 목적을 위해 수단을 가리지 않았다.

예수께서 지붕 파손에 대해 짜증을 내지 않으셨다. 왜냐하면 환자와 친구들의 믿음을 먼저 보았기 때문이다. 환자 당사자에게는 건강 회복이 절대적으로 필요하다. 그의 필요는 이미 함께 온 사람들도 모두 알고 있었다. 비록 그 환자는 자신의 믿음을 말하지 않았지만 예수께서 이미 간파하셨다. "그대는 죄사함을 받았느니라." 그분의 본질적 치유는 영적인 것이다.

이때 옆에서 지켜보던 서기관들이 수군거렸다. 일개 인간이 어떻게 감히 죄를 용서할 수 있는가 하면서 예수를 향하여 불만을 터뜨렸다. 죄를 용서하는 일은 오직 하나님만 할 수 있는 특권이라는 것이다. 그러자 예수께서 날카롭게 질문하셨다. "중풍병자에게 '내가 네 죄를 용서한다'고 말하는 것과 '일어나 네 들것을 들고 걸어가라'고 말한 것 중에 어느 것이 더 쉽겠느냐?" 서기관들에게 전자는 본질적이지만 더 쉽다. 말로 하면 그만이고 하나님이 알아서 하시기 때문이다. 후자인 병고침은 결과로 사람들에게 보여줘야 한다.

서기관들은 하나만 알고 둘은 몰랐다. 예수께서 이미 신적인 권위에 도달해 있었고 중풍병자의 죄사함은 식은 죽 먹기 식의 간단한 일이었음을 그들은 인식하지 못했다. 예수께서 하나님과 인간의 단절을 연결하기 위해 '험한 세상에 다리'가 되어 이 땅에 오신 것이다.

예수께서 곧바로 치료 작업에 들어가신다. 그분의 기적 같은 능력은 이미 내적으로 충만해 있었으므로 순식간에 일어났다. "이제 일어나 네 들것을 거두고 나가거라." 중풍환자의 회복은, 본인은 물론 주위 사람들에게도 구원의 기쁨을 선물로 주었다. 의사는 사랑이 있든 없든 병을 고칠 수 있다. 그러나 사랑이 있는 의사는 환자들에게 더 감동적이고 치유 효과가 더 높다. 환자가 의사에 대해 감사와 함께 신뢰를 갖기 때문이다.

이후 마가복음 2장을 계속해서 보면, 우리는 예수가 일반적인 사상을 넘어선 전략적 혁신가임을 알 수 있다. 혁신은 구태에서 벗어나 새로움을 추구하는 것을 뜻한다. 그분은 사람들에게 지금까지 행해왔던 관습을 다시 한번 검토해보기를 원하셨다. 최선의 관습도 세월이 지나면 본질을 잃어버리기 쉽다. 예를 들어, 서기관들이 예수와 제자들에게 금식일에 금식하지 않음에 대하여 비판하였다. 그러자 예수께서 물으셨다. "도대체 금식은 왜 하는가?" 전통적인 과거를 답습하며 금식을 해왔다고 해서 흠잡을 일은 아니다. 그러나 혼인잔치집에서 금식하는 것은 가식적이다. 예수님은 외식(外飾)으로 전락된 금식을 반대하셨다. 형식보다 본질적인 내용을 준수할 것을 말씀하셨다. 금식하는 진정한 목적을 깨닫지 못하면 할 필요가 없다고 강조하셨다. 혼인잔치의 즐거움을 억지로 참는 것은 하나님께서 원하시는 것이 아니다.

당시 안식일은 십계명의 명령대로 아무 일도 하지 않는 날이었다. 사람들은 자신들이 하나님에게 속해 있다는 것을 보여주기 위해 하나님께서 천지창조 이후에 쉬신 일곱 번째 날을 안식일로 지켰다. 그날 사람들은 하나님의 말씀만 읽고 기도하면서 하루를 경건하게 보냈다. 그 외에는 아무것도 해서는 안 된다고 교육을 받았으므로 여행도 물론 할 수 없었다. 이렇게 종교적으로 엄격하게 짜여진 규율 사회에서 예수께서 과감하게 판을 깨뜨리셨다. 율법만 있고 관용이 없다면 사회는 메마르고 또한 억압적이게 될 것이다. 관용적인 법 해석은 사랑을 주기 때문이다. 그렇다고 율법 없이 관용만 있으면 혼란이 올 것이다. 사람들은 자기 멋대로 규율을 파괴할 위험이 크기 때문이다. 그분은 율법과 관용이 적절하게 균형을 유지해야 함을 강조하셨다.

예수께서는 무엇보다도 먼저 사명과 비전 그리고 핵심가치로 구성된 플랫폼을 공고히 구축하셨다. 그러고 나서 유대인뿐만 아니라 이방인도 포함된 모든 인류 구원 사역의 목표를 수립하셨다. 그분의 목표는 매우 큰 그림이었고, 대담한 비전이었다. 크고 대담한 목표를 달성하기 위해서 전략적으로 사고하고 효과적으로 행동하셨다.

전략이란 목표를 달성하는 방법론으로서 어느 시장에 진출할 것인가 그리고 어떻게 경쟁우위를 확보할 것인가를 계획한다. 당시 예수께서 갈릴리 지방을 사역 거점으로 삼았다. 이 지역은 낙후되고 촌스럽고 낯선 곳이다. 모든 상권이 밀집해 있고 세련되고 멋진 예루살렘이 아니다. 이미 기득권자인 유대교 지도자들이 자리 잡은 예루살렘이 아니다. 변두리 작은 시장을 시작으로 사역을 시작하셨다.

예수는 단순히 환자를 치료하는 순회 진료 의사가 아니다. 그분은 전략가이다. 하여야 할 일과 하지 말아야 할 일을 구분하셨다. 그분의 차별화된 행동 전략을 살펴보자.

첫째, 예수께서 육체적으로 정신적으로 고난을 받고 있는 연약한 사람들을 목표 고객으로 삼았다. 사회에서 소외된 사람들을 구원하고자 하였다. 권세를 가지고 있으며 또한 물질이 부유한 사람들을 대상으로 사역하지 않았다. 그리고 전국적으로 활동하기보다는 갈릴리 지역에 국한된 작은 지역을 선택하였다. 자신의 사역을 이렇게 위치시킴은 집중화된 전략을 실행으로 옮기는 분명한 기회가 되었다.

둘째, 예수께서 사람들에 대해 개별적으로 필요한 것이 무엇인가를 먼저 간파하셨다. 영안을 가지고 바라보며 상대의 의중을 꿰뚫는 능력을 가지고 있었다. 그럼에도 무엇이 필요한지 질문하셨다. 상대의 답변을 일부러 떠보기 위함이다. 당사자 본인의 의지를 사람들 앞에서 드러내게 하고 다짐하게 하는 것이다. 그리고 몸이 아픈 환자나 정신적으로 곤경에 빠진 사람을 치료하는 일은 미루지 않고 지금 여기에서 즉시 행하셨다.

셋째, 사람들의 필요에 적합하게 설계된 토털 서비스를 제공하셨다. 질병이 있는 사람에게 병고침, 음식이 모자라면 음식 제공 등 사람들의 우선적인 필요에 관심을 가졌다. 특히 환자에게 몸, 마음, 영혼을 하나의 세트로 묶어 치유하셨다. 그런데 순서적으로 이해해야 할 것은, 신뢰를 먼저 확인한 후에 육체적인 치유 서비스를 행하셨다는 점이다. 그렇다고 해서 믿음을 강요하지 않았다. 믿음은 "믿으시면 아멘 하세요"라는 명령으로 쉽지 않다. 스스로 믿음의 경험이 올 때까지 기다려야 한다. 인간은 육체적으로 정서적으로 경험하는 영적인 존재인 것이다. 치유에 대해 영적인 회복 이외에 어떤 다른 대가도 바라지 않으셨다.

넷째, 서기관들이나 바리새인들과 필요 이상으로 논쟁하지 않았다. 그들은 법의 테두리 안에서 예수에게 질문하고 답변이 위법적인 경우 올무에 걸려들기를 바랐다. 그러나 예수는 사랑의 응수로 능히 물리쳤다. 징벌의 판에 대하여 사랑의 판을 새롭게 짜는 차별화된 행동이었다.

본격적인 사역에 나서자 많은 사람들이 그의 능력을 보고 모여들었다. 그러나 아직은 광범위하게 사역을 펼칠 때가 아니기에 작은 동네에서 집중적으로 행하셨다. 초기 집중 전략은 효과적으로 성과를 거두었다. 많은 병자들이 찾아와 치유를 받고 돌아갔다. 그들은 예수의 능력을 사방에 전파하였다. 소문이 자자해졌고 적극적으로 추천이 이루어졌다. 예수의 경쟁우위는 말씀, 병고침, 죄사함 능력 등에서 탁월함을 보였다. 더욱이 병에서 회복된 사람이 예수의 영적 권세에 대한 믿음을 강하게 갖게 되었다. 그것으로 인하여 주위 사람들도 감동을 받아 구원의 복음이 널리 퍼졌다.

끝으로, 2010년의 〈울지 마 톤즈〉라는 영화 이야기를 해보자. 이태석 신부가 아프리카 남부 수단 톤즈 지역에서 사역하는 이야기를 다큐멘터리식으로 만든 이 영화는 이듬해 로마 교황청에서 상영된 최초의 한국 영화이기도 하다. 이 신부는 타고난 음악적 재능과 의과대학 지식을 통하여 사람들에게 나누어줄 역량을 충분히 가지고 있었다. 그는 더욱이 사역할 준비가 잘 되어 있었고 사역자로서 자신의 정체성이 분명했다. 선교사가 아무리 뜨거운 마음을 갖고 현지에 간다고 해도, 전략적 사고가 없으면 성공하기 어렵다. 그곳에서 그의 질문은 매우 전략적이었다. "예수께서 이곳에 오셨더라면 교회를 먼저 세웠을까 학교를 먼저 세웠을까?" 그는 전쟁과 가난에 찌든 위험하고 슬픈 지역에서 서슴지 않고 학교를 먼저 지었다. 그리고 진정으로 학생들에게 희망과 사랑의 메시지를 남겼다.

경영 이야기

경영은 고상하고 과감한 목표를 세우고 용기 있게 전략을 수행하는 기술이다. 이것은 구성원들이 탁월함을 발휘하도록 리드하는 경영자의 역량을 의미한다. 조직원들은 경영자의 명령에 복종하여 수동적으로 일해도 어느 정도는 목표 접근이 가능하다. 그러나 목표 달성은 관리자들 몇 사람만의 몫이 아니다. 조직에 자발성이 더해진다면 더욱 성장할 것이다. 경영자는 목표 달성의 명령과 함께 동기유발이 되도록 직원들을 지원해야 한다. 일찍이 플라톤은 공동체에서 자발성의 중요함을 지적하면서, 자신의 의지로 스스로 일할 수 있는 역량을 습득하여야 한다고 강조하였다. 왜냐하면 영혼은 자유롭기 때문에 강제적인 명령은 사람 내면에 저장되지 않기 때문이라는 것이다.

비전은 조직원들의 미래 이미지이며 항해에서 함께 바라보는 북두칠성과 같은 것이다. 비전 달성을 위해서는 목표를 대담하게 세우고 조직원들이 생생하게 달라붙어서 10년, 20년 후의 모습이 각 조직원들의 마음속에서 구체적으로 형상화되어야 한다. 예컨대, "우리 식당은 이 지역에서 가장 멋있는 맛집이 되기를 원하며 올해 고객만족도는 4.5점(5점 만점)을 목표로 한다"라고 세울 수 있다. 이 목표는 매우 구체적이고 생생하며 명확한 약속 시간을 제시하고 있다.

목표는 될 수 있는 대로 명확하고 측정 가능해야 하며, 활동 아닌 결과 중심이어야 한다. 또한 특정한 내용과 시간 제한적인 선언을 해야 한다. 다음 두 목표 중에서 '목표 2'가 더 나아 보인다. 이 목표가 더 구체적이고 무엇을 해야 할 것인가를 생각하게 만든다.

목표 1 : 우리 목표는 고객만족을 극대화시키는 것이다.

목표 2 : 우리 목표는 올해 말까지 매출액을 20% 증가시키는 것이다.

명확한 목표 수립은 포괄적인 목적이나 방향 제시와 다르다. 가령 식당에서 고객만족 목표를 달성하려면 음식, 서비스, 부대시설 등에 대해 구체적으로 고객들에게 물어야 할 것이다. 경영자의 머리에서 나온 전략으로는 부족하다. 목표 집중, 즉 화살이 과녁의 한가운데를 겨냥해야 할 때 무엇을 준비하고 어떻게 행동할지 등을 현장 직원들에게 물어야 한다. 이들은 행동하는 사람들이다.

목표는 달성되어야 하는 결과치이다. 이 목표는 바라는 것이며 이것에 "왜"라는 의미를 부여하면 목적이 된다. 목표와 목적은 모두 의사결정과 행동에 방향을 제시하지만, 후자는 전자를 달성하는 질적인 이유를 제시하고 구성원들의 마음을 하나로 묶는다. 식당의 경우 고객가치 창출의 사명을 달성하기 위하여 원가 절감, 신선한 원자재 확보, 음식과 서비스 품질 향상, 고객과 장기 관계 유지 등을 목표로 제시할 수 있다. 구체적으로 목표를 제시하면 조직원들은 목표 달성 의식을 가지며 그 결과에 대한 평가와 통제가 가능하다.

무엇보다도 전략을 효과적으로 수행하려면 목표는 장기적이고 대담해야 한다. 사소한 문제나 일시적인 장애가 있어도 극복해야 한다. 목표는 어떤 목적을 이루려고 지향하는 대상이다. 사격의 표적판은 목표가 되며 사격수는 한가운데 명중을 시도한다. 모든 목표의 배후에는 목적이 있다. 목표에 깊은 가치나 의미를 부여하면 배후의 목적이 명확히 드러난다. "지역 시장에서 1등"을 목표로 세웠다고 하자. 이 목표는 이해하기 쉬워서 누구도 원할 수 있다. 그런데 그 목적은 무엇인가? 왜 1등을 하려고 하는가에 대한 질문에 대답할 수 있어야 한다. 의미 부여는 주관적이거나 자의적이지 않다. 누구든 타당하다고 인정하는 것이어야 한다. 일등을 위한 일등은 사업의 흥미를 잃게 할 수 있다. 일등의 목적은 최고 수준의 직원이 갖는 자부심일 것이다.

목표를 올바르게 세우는 원칙으로 SMART 방식이 있다.

① 목표는 구체적이고 명확해야 한다(Specific). 적극적이고 건설적이어야 한다. 우리는 '시장에서 더 성공적인 회사가 될 것이다'라기보다는 '내년 상반기까지 신제품 매출이 전체 매출의 10%를 차지할 것이다'가 구체적이 된다.

② 측정 가능해야 한다(Measurable). 수치로 표현될 수 있어야 한다. 관리자는 물론 주위 사람들에게도 도움이 되는지 여부를 측정하라.

③ 도달 가능해야 한다(Attainable). 자신의 힘으로 달성할 수 있는 목표를 세워라. 많은 수의 목표를 가지는 경우에는 우선순위를 정하여 특정 목표에 행동을 집중하라.

④ 현실적이어야 한다(Realistic). 목표가 달성 불가능하다고 여긴다면 미리부터 겁먹고 의욕을 상실할 수 있다. 좀 더 확장되고 상상력이 부여된 과감한 목표를 현실감 있게 제시하라.

⑤ 완성 기간이 정해져 있어야 한다(Time-bound). 예시에 올해 말의 시한이 정해져 있다.

경영자는 조직 수준의 목표가 각 부서에서 달성되도록 확인하여야 한다. 상위 수준에서 목표를 결정했다고 해서 자동으로 달성되는 것이 아니다. 하부로 내려갈수록 더 구체적으로 제시하고, 조직 수준과 부서 수준이 공식적으로 연결되어야 한다. 부서의 실적은 항상 경영자의 주목 대상이다. 단기 목표는 정해진 기간 안에 누구를 위해 무엇을 할 것인가 하는 정량적인 수치가 대부분이다. 고객만족 극대화의 장기 목표 아래에서 올해 상반기 단기목표로서 마케팅 부서에서 SNS상의 고객 질문 건수가 월평균 100건, 반품 건수가 월평균 10건 미만 등이 될 것이다.

스마트한 목표는 전략적 행동에 자신감을 준다. 특히 1년 이상의 장기 목표에 대해서는 전략적 사고가 필요하다. 무엇보다도 조직원들 모두가 달성할 양과 질이 무엇인지 숙지하도록 한다. 목표는 견고한 하나의 덩어리이며 바라는 것을 구체적으로 쪼개야 한다. 전략적 계획은 1~5년 정도의 장기적인 목표를 제시하고 이를 달성하는 행동 방안을 포함한다.

전략은 조직의 미래를 구축하고 변화에 대비하기 위해서 경쟁사와 다르게 활동하거나 비슷한 것도 다른 방식으로 수행한다. 간단히 말해서, 전략은 목표 달성을 위한 차별화된 방법론이다. 이것을 등한시하면 경쟁에서 낙후된다. 코로나 팬데믹 상황에서 배달 서비스가 급증하고 있다. 손님을 앉아서 기다리는 것이 아니라 배달업체와 긴밀하게 체제를 갖추어야 한다. 오프와 온의 전략이 믹스되어야 한다. 주로 온라인 판매를 하더라도 가시적 매장은 잠재고객을 확보하는 데 큰 도움을 준다. 코로나 상황이 해제되면 어떤 시나리오를 가지고 있는 것인가? 이것이 전략이다.

탁월한 조직은 다음과 같은 경쟁우위의 전략적 사고를 갖는다[2].

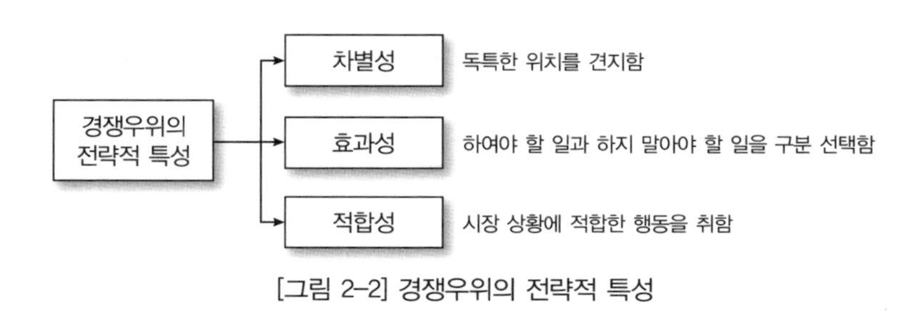

[그림 2-2] 경쟁우위의 전략적 특성

첫째, 차별성을 가진다. 전략적 사고를 가진 기업은 독특한 위치를 견지한다. 이것은 여러 활동을 결합하여 독특하고 가치 있는 위치를 창출하는 것을 뜻한다. 애플은 사치품 브랜드로 격상시켜서 이 회사 제품을 구매한 사람은 더 멋지고 우아하고 빛나고 열정적으로 보이게 하려고 한다. 그래서 세속적 삶의 궁극적인 풍요로움을 누리며 신에게 더 가까이 다가서는 기분을 느끼게 한다. 마치 예수 그리스도의 부활 같은 성공이며 천재인 스티브 잡스에 더 가까이 다가가는 기분을 느낀다[17]. 마치 샤넬, 구찌, 에르메스 같은 명품에서 느끼는 숭배 대상의 감정이다.

둘째, 효과성을 가진다. 전략적 사고를 가진 기업은 하여야 할 것과 하지 말아야 할 것을 대체하여 선택한다. 사우스웨스트항공은 고객 불만 문제를 고객보다는 직원의 입장에서 해결한다. 과도한 비용이 지출되지 않도록 항상 주의를 기울이면서, 헌신적인 서비스 정신을 강조한다. 상사에 묻지 않고 스스로 의사결정을 할 수 있도록 적극적으로 권한을 위임한다. 모방을 중시하지 않으며, 스스로 배우고 창의적으로 해결하도록 격려한다. 회사 이익과 함께 지역사회의 이득을 동시에 고려한다. 고압적인 분위기보다는 즐겁고 유머가 넘치는 직장으로 만든다. 사내결혼을 적극 권장하여 함께 일하도록 한다.

셋째, 적합성을 가진다. 전략적 사고를 가진 기업은 여러 활동들을 상호보완적으로 통합하여 대응한다. 사우스웨스트항공의 전략은 '항공기가 손님을 기다리며, 누구든지 편리하게 이용하도록 하는 것'이었다. 항공기가 언제나 이용 가능하게 하려면 수시로 출발하는 필요하였다. 물론 항공기를 구매하는 것도 한 방법이지만, 재정적으로 쉬운 문제가 아니다. 곧바로 운영적인 면에서 생각한 것이 도착 후 재출발에 걸리는 회항 시간 목표를 15분 기준으로 하였다. 한 시간 걸리는 경쟁 항공사과 비교해보면 생산성에서 엄청난 차이를 보여준다. 재래식 종이 탑승권을 없애는 것은 물론, 신속하게 탑승하게 도우며, 조종사를 포함한 기내 승무원들이 화물을 나르기도 하고, 지상요원들은 비행장에서 어느 길로 가면 신속하게 이륙할 수 있는지 알려주기도 한다. 목표 15분의 달성을 위해 기내 및 지상 요원들 모두가 협동적으로 일한다. 성공하는 기업들은 개별적인 행동에 매달리지 않고, 시스템적 사고를 가지고 관련 업무 활동들을 통합적으로 연결한다. 그래서 이것들이 시장에 적합하게 운영되도록 노력한다.

기본적으로 전략은 전사적인 경쟁우위 개념에 바탕을 두고 세운다. 이를 위해 먼저 기업이 당면한 정치, 경제, 사회, 기술 그리고 경쟁자와 소비자의 동향 같은 환경 요인을 눈여겨보아야 한다. 특히 품질 대비 가격에 민감한 소비자들을 어떻게 만족시킬 것인가를 장기적으로 고려해야 한다. 예컨대, 자라나 유니클로는 중저가 브랜드를 가지고 전 세계적으로 패스트패션계에 선두를 차지하고 있다. 잘나가던 유니클로는 우리나라에서 한일관계의 역풍을 맞아 어려움을 겪었지만. 이 회사들은 세계시장에서 유리한 외부 환경 조건하에서 자신의 강점을 활용하여 경쟁우위 전략을 도출한다. 경쟁우위에 있는 기업은 디자인, 고객 서비스, 유연성, 민첩성, 시의 적절성 등을 활용하여 차별화가 가능하므로 고객에게 더 가까이 갈 수 있다.

이제 조직은 구성원들이 전략 수행을 위해 어떻게 일관되게 행동하여야 하는가를 제시해야 한다. 이를 전략적 행동 원칙이라고 부르며 다음에서 예시하고 있다.

- 시계는 패션이 아니라 자부심이다.
- 신의를 지키며 개방된 자세로 일한다.
- 고객의 문제가 우리의 문제이며, 그것은 우리가 개선할 수 있는 기회이다.
- 위대함과 탁월함에 목마르다.
- 언제 어디서나 연결.
- 험한 세상의 다리가 되어 고객을 기회의 땅으로 인도한다.
- 명성과 가치 창출은 열정만으로 가능하다.

한때 잘 나가던 기업의 쇠퇴는 전략적 사고의 부재에 기인한다. 전략적 사고는 경쟁사와 아예 다르게 하는 것이다. 더 낫게 하는 것은 운영 개념이다. 전략은 운영과 다르다. 내부 프로세스에는 운영적 사고가 필요하지만 충분하지 않다. 고객, 경쟁자, 기술 등과 같은 외부 환경요인에 대해 효과적으로 대처하려면 전략적 사고가 필요한 것이다.

전략은 이해관계자들의 필요를 충족시키기 위해 조직의 목표를 수립하고 달성하는 방법론이다. 전략은 장기적이고 지속 가능해야 한다. 따라서 경영전략은 조직의 경영목표와 연결하여 어떤 사업 분야에 참여해야 하는지 그리고 어떻게 하면 경쟁우위를 확보할 수 있는지를 결정하는 행동방안을 제시한다. 효과적인 전략 수립 기법으로 SWOT 분석이 있다. 자신이 가지고 있는 강점(Strength)과 약점(Weakness)을 살피고 외부환경의 기회(Opportunity)와 위협(Threat) 요인에 대한 인식이 필요하다. 특히 고객과 경쟁자는 중요한 변수가 되며 회사는 이에 대응책을 마련하는 것이 전략 수립 과정이다. 이를 3C(Company, Customer, Competitor) 분석이라고 부른다.

최근 플랫폼 비즈니스의 전략은 이용자가 이용자를 위해 가치를 창출하도록 유도한다. 이를 네트워크 효과 전략이라고 부른다. 손님이 손님을 데려오도록 하는 생각이다. 좋은 공급자와 좋은 수요자를 만나게 해야 한다. 이들은 모두 회사 외부에 있으면서 상호작용과 교류를 활성화하여 네트워크 밀도를 높여 나간다. 맛집의 좋은 평가는 좋은 손님을 부른다. 이용자가 잠재 수요자를 보호하는 셈이다

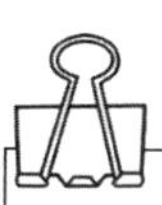

더 생각해보기

1. 백 세 삶에서 나의 소원은 무엇인가? 그 소원에 날짜를 적어놓음으로써 목표를 세울 수 있으며, 세운 목표를 5년 단위로 잘라서 계획을 세워보자.

2. 나의 목표를 달성하기 위해 SWOT 분석을 한 후 전략적 행동 원칙을 세워보자.

3. 우리 조직과 부서의 목표는 SMART한가? 그리고 미래 상황의 전제 조건은 충분히 검토되었나?

4. 우리 조직과 부서는 어떤 전략과 행동원칙을 갖고 있나?

03

인재로 조직을 설계하라

조직을 승리로 이끄는 힘은 실력이 25%, 나머지 75%는 팀워크이다.
— 딕 버메일

개념 이해하기

인재는 열정적으로 자신에 집중하는 사람이다. 우월감이나 열등감은 물론 비교 의식도 갖지 않는다. 인재는 자기 배려를 하는 사람이다. 즉, 자신의 목표를 인식하고 결과에 대한 피드백에 엄격하다. 학력이나 재산 같은 외부 조건을 기준으로 사람을 평가하지 않고 '사람은 누구나 다 존귀하다'라는 가치관을 바탕으로 상대에 대해 존중과 배려의 마음을 가지고 있다. 인재는 상황에 따라 처신을 달리하지 않는다. 오로지 최선을 다한다. 실로 높은 자존감을 가지고 있는 사람이다. 따라서 행복한 사람이다.

북유럽 국민들의 행복지수는 세계적인 수준이다. 국민들의 기본

지침에는 얀테의 법칙(Law of Jante)이라는 십계명이 있다.

① 스스로 특별한 사람이라고 생각하지 말라.
② 내가 다른 사람들보다 좋은 사람이라고 착각하지 말라.
③ 내가 다른 사람들보다 더 똑똑하다고 생각하지 말라.
④ 내가 다른 사람보다 우월하다고 자만하지 말라.
⑤ 내가 다른 사람보다 더 많이 알고 있다고 생각하지 말라.
⑥ 내가 다른 사람들보다 더 중요한 위치에 있다고 생각하지 말라.
⑦ 내가 무엇을 하든지 다 잘할 것이라고 장담하지 말라.
⑧ 다른 사람을 비웃지 말라.
⑨ 다른 사람이 나에게 신경 쓰고 있다고 생각하지 말라.
⑩ 다른 사람을 가르치려 들지 말라.

얀테의 법칙을 준수하며 자신의 능력을 사용하여 어딘가에 공헌하는 사람이 인재라고 할 수 있다. 이런 사람은 재능 발휘 시 신중하다. 비록 신중함은 많은 것을 희망하지만 적은 결과를 얻을 것으로 기대한다. 함부로 과대하게 예측하지 않는다. 즉 균형 잡힌 믿음을 가지고 있다.

이뿐만 아니라, 지적이고 감성적인 매력을 지닌 사람이다. 인재의 매력은 어둠 속에서 빛을 발한다. 사람들은 그 빛에 이끌려 따라간다. 가다가, 가다가 의미 있는 빛을 만나는 것이다. 그 사람이 인재이다. 영업사원의 경우 물건을 팔기 전에 자신의 매력을 팔 수 있어야 한다. 순간적으로 상대가 필요로 하는 것을 간파하고 이것을 충족시켜주려는 마음을 가진 사람은 대인 관계에서 승자가 된다. 인재는 구체적으로 고상한 취향, 뛰어난 지성, 확고한 의지, 날카로운 판단력 등과 같은 매력 자본을 가지고 있다.

세상에서 실력만으로 성공하기 어렵다. 운도 따라야 한다. 그 운은 상황적이기도 하지만 갖고 있는 매력으로 상대의 호의를 이끌어낼 수 있다. 타고난 매력을 가진 사람도 있겠지만 노력을 더할 때 더 빛난다. 인재는 내면의 매력을 찾아 갈고 닦는 사람이다.

매력은 재능과 관계에 장식을 달아주는 화려한 아우라이다. 이것은 상대의 마음 문을 열어주는 역할을 한다. 관계를 기름지게 해준다. 끌리는 힘이 있기 때문이다. 매력이 없으면 가지고 있는 재능도 조잡스럽게 보인다. 한 가지 기술에만 의존하고 레슨 원(lesson one)의 서론에만 매달린다면 사람들은 싫증내고 곧 떠날 것이다. 인재는 사람들이 주위에서 흔쾌하게 자리를 지키게 만드는 매력이 있다.

인재의 반대어는 무엇일까? 어리석은 자이다. 이런 사람은 자기 자신이 누구이지 모른다. 이 범주에 들어가는 사람은 무례하고, 완고하며, 마음에 허영심이 가득 차 있다. 예의가 없는 사람은 상대를 무시하며, 자신의 과거 '라떼~'를 지속적으로 고집한다. 게다가 허영심이 차 있어 자신을 뽐내기 좋아하고 남을 의식하며 행동한다. 이런 사람이 주위에 있으면 피하는 것이 상책일 것이다.

서두에서 말한 바와 같이 제4차 산업혁명은 지식에 관한 것이다. 지식이 있어야 표현하는 능력이 생긴다. 신성지식, 인성지식, 과학지식을 균형적으로 갖춘 사람이 인재 가능성이 있다. 업무에 관련 내용은 대부분 과학 지식이다. 신성과 인성은 조직에서 잘 가르치지 않는다. 이 지식은 개인의 책임이므로 평소에 갖추어야 한다. 특히 겸손의 미덕은 어린 시절에, 사랑의 능력은 성인이 되는 때에 체득해야 한다. 전자는 자기 성장을 도우며, 후자는 타인 성장을 돕기 때문이다. 인재는 지각력을 가지고 있어, 실용적이며 원칙적이며 철학적이다. 현재 상황을 바르게 평가하는 능력을 가지고 있다.

인재가 되고 싶은가? 재능과 절제를 가지고 자신을 돌보라. 이 행위는 자신에게 몰두하며 자기 안에서 귀결 짓고 완수하며 그리고 자기 안에서 보상을 찾는다. 성숙한 영혼은 자신의 존재에 대해 알도록 발현하는 것이다. 나아가서 타자와 적절한 관계를 맺고 자신의 변화로 타인을 변화시킨다. 철학자 푸코(Foucault)는 이를 자기배려라고 부른다[16]. 인재는 주체적인 사고 바탕에서 자신의 덕을 함양하고 자신에게 마음 쓰이는 일체의 경험을 탐구하고 실천한다. 나 자신뿐만 아니라 남을 격려함으로써 매력을 확장시킬 수 있다. 인재는 절대 따분하지 않다. 인재에 가까이하면 인재가 될 가능성이 높다. 인재가 인재를 낳는다.

성경 이야기(마가복음 3장)

> 또 산에 오르사 자기가 원하는 자들을 부르시니 나온지라. 이에 열둘을 세우셨으니 이는 자기와 함께 있게 하시고 또 보내서 전도하며 귀신을 내쫓는 권능도 가지게 하려 하심이러라. 이 열둘을 세우셨으니 시몬에게는 베드로라는 이름을 더하셨고 또 세배대 아들 야고보와 야고보의 형제 요한이니 이 둘에게는 보아너게 곧 안드레와 빌립과 바돌로매와 마태와 도마와 알패오의 아들 야고보와 및 다대오와 가나나인 시몬이며 또 가룟 유다니 예수를 판 자더라. (마가복음 3 : 13~19)

예수께서 구원 세계의 우주적인 비전과 목표를 달성하기 위해 함께 행동할 12명의 제자들을 선발하여 조직을 만드셨다. 응시자의 자격을 검증하기 위해 면접을 실시한 후 합격 여부를 결정지었다. 아마도 면접 절차는 순간적이었으리라. “자기가 원하는 자들을 부르시니” 모두 응하였다. 몇몇 제자들에게는 친근하게 닉네임까지도 붙여주었다. 시몬에게는 반석이라는 뜻의 베드로, 성격이 뜨겁고 급한 야고보와 요한 형제들에게는 우레의 아들이라고 붙였다. 예수의 우선적인 표적 시장은 갈릴리 지역이지만, 사후에 전 인류의 구원을 위해 팀원들이 잘 준비해주기를 원했다. 팀조직은 내근, 전도, 병고침 등의 기능적인 역할을 분담하는 목적으로 설계되었다.

다만 마지막 문장인 “또 가룟 유다니 예수를 판 자더라”는 우리가 이해하기 어려운 부분이다. 이미 예수께서 최후에 배반할 자를 이미 아실 터인데 어떻게 그를 선발하였는지에 대해서는 신학적인 논쟁이 지금도 그치지 않고 있다. 저자 마가는 단순하게 서술하고 만다.

예수께서 조직을 구축하는 과정은 흥미롭다. 학력이나 경력을 중시하지 않고 기본 태도만 갖추면 선발하였다. 그분이 갈릴리 해변을 지나가시다가 시몬과 안드레라는 어부를 면접하신 후에 선발하였다(마가복음 1 : 16). 그들은 물고기 잡던 그물을 버려두고 예수님을 본격적으로 쫓아갔다. 여기서 약간의 상상력을 동원한다면, 이 형제들은 집으로 예수와 함께 어머니에게 하직 인사를 하러 갔다. 어머니는 집을 떠난다는 형제들의 이야기를 듣고 놀라면서 처음에는 만류하였다. 집 살림이 걱정되었기 때문이다. 방문 뒤에서 바라보고 있는 여동생은 눈물을 훔치고 있었다. 어머니는 잠시 예수의 얼굴을 바라보았다. 비상한 광채를 발견하고 놀랐다. 이런 분이라면 나의 아들을 맡겨도 좋겠다는 확신이 들었다. 어머니의 흔쾌한 허락을 받은 일행은 집을 떠난지 얼마 안 되어서 세베대의 아들인 야고보와 요한을 합류시켰다(마가복음 1 : 19~20).

이제 12명의 제자로 구성된 조직이 꾸려졌다. 비록 전체 규모는 작았지만, 이들은 모두 정규직 사역자들이었다. 임시직이 아니었다. 이들은 직장을 새로 옮긴 것이다. 예수께서 이들을 훈련시켜서 자신의 비전과 목표를 실현시키고자 하였다. 그분의 사역은 단순히 육체적인 또는 심리적인 병을 고치는 일에 국한되지 않았다. 정치 · 사회적으로도 병리 상태에서 회복시키기 위한 목적을 제시하고 있었다. 특히 올바른 하나님의 세계를 구축하는 것이 핵심 목적이었다.

이 조직의 특징을 살펴보면 다음과 같다.

첫째, 다양성이 존중되었다. 여러 배경을 가진 사람들이 채택되었다. 처음에 갈릴리 어부들은 모두 유대인 배경이다. 뒤이어 세리 직업을 가진 마태와 열광적인 가나안 사람 시몬을 추가했다. 마태와 시몬은 정반대 성격을 가진 인물이다. 마태는 차분하고 꼼꼼한 성격이지만, 시몬은 외향적이고 열정적인 사람이다. 이해하기 어려울 정도로 다양한 배경을 가진 사람들을 조직화하였다. 가족주의 같은 근친 조직은 안락사를 면하기 어렵다. 다양성은 탁월함으로 가는 필요조건이다. 이를 인정하는 조직만이 성장할 수 있다. 내부 갈등 문제를 해결하는 학습 기회를 가지기 때문이다. 이런 조직을 지휘하기는 힘들겠지만, 금붕어에게 먹이를 주기보다는 수족관의 돌고래 훈련이 더 도전적인 일이 된다.

둘째, 신뢰 관계를 중시하였다. 일단 채용한 직원들을 신뢰하였다. 심지어는 나중에 조직 대표를 배신할 사람도 뽑았다. 제자들도 예수의 역량을 알아 보았다. 상호 간의 신뢰는 조직을 견고하게 만든다. 예수께서 무엇보다도 하나님의 아들로서 자신을 믿었기에 제자들을 신뢰하였다. 자기 자신을 믿는 사람은 타인을 믿을 수 있다. 자기 의심은 타인 신뢰로 연결되기 어렵다. 자기 신뢰만이 타인 신뢰로 나아간다.

셋째, 팀워크를 중시하였다. 직원들의 책임과 역할이 무엇인지 가르치고 각자 자기 위치를 지키도록 하였다. 마치 축구나 야구 시합에 나온 선수들이 자기 위치를 지키듯이 직원들은 때에 따라서 2명이 한 조가 되어 전도를 수행하고 또 치료도 담당하였다. 특히 서로를 이해하고 사랑하도록 격려하였다. 각자가 가진 강점을 중심으로 사람들을 견고하게 짜 나갔다. 팀원들이 서로 도와 성장하도록 하며 천국에 대한 비전을 잃지 않도록 지도하였다. 그들에게 영적 탁월함이 무엇이지 가르쳤다. 기도의 힘을 강조하면서 늘 깨어서 기도하라고 하였다.

성경적으로 말하면 인재는 하늘의 복을 받은 사람이다.

> 벼랑 끝에 서 있는 너희는 복이 있다.
> 가장 소중한 것을 잃었다고 느끼는 너희는 복이 있다.
> 더도 말고 덜도 말고 자신의 모습 그대로 만족하는 너희는 복이 있다.
> 하나님께 입맛이 당기는 너희는 복이 있다.
> 남을 돌보는 너희는 복이 있다.
> 내면 세계, 곧 마음과 생각이 올바른 너희는 복이 있다.
> 경쟁하거나 다투는 대신에 협력하는 모습을 보여주는 너희는 복이 있다.
> 하나님께 헌신했기 때문에 박해를 받는 너희는 복이 있다.
>
> (메시지성경 마태복음 5장)

당시 예수께서 직원들에게 새로운 패러다임을 요구하셨다. 전통적인 수직적 관계를 구축하지 않았다. 수평적으로 팀 운영을 하면서, 팀 정신을 통하여 시너지 효과를 얻기를 원했다. 그분은 효과적인 조직화를 통하여 사명을 수행해 나가고 있었다.

하나님의 나라를 이루고자 하는 비전을 가진 조직원들은 모두 형제자매이며, 이 조직이 베푸는 구원 사업에 동의하는 사람들도 모두가 한 식구임을 천명하셨다. 외부 고객들도 모두 직원으로 대우한 셈이다. 예수께서 자신의 사상에 동의하는 모든 사람들을 하나님의 기업(터)으로 삼았다. 그리고 어머니를 사랑했지만 가족들을 무조건 조직에 영입하지 않았다. 혈연 관계보다는 영적 관계를 더 중시하셨다. 오히려 가족들은 그의 사명 완수에 걸림돌이 될지도 모르기 때문에 경계하셨다. 그의 이런 명료한 방침은 효과적인 전략 수행에 바탕이 되었다.

경영 이야기

경영은 인재를 확보하고 활용하는 기술이다. 인사(人事)가 만사다. 조직에서 가장 소중한 자본은 고객이 아닌 직원이다. 직원은 제4차 산업혁명의 지식 주체자다. 그럼에도 불구하고 기업에서는 직원을 자원이라고 하면서 인적자원관리라는 단어를 사용하고 있다. 사람에 대한 예의나 신뢰를 찾아보기 어려운 개념이다. 자원은 고갈 후 폐기의 의미를 담고 있으며 관리는 틀 속에 넣고 목표 지향적으로 밀어붙이는 개념이다.

뛰어난 사람을 채용하고 인재로 육성하라. 그가 성취한 성과는 모두 사장에게 돌아간다. 사람들이 회사를 평가할 때 "이 사장의 부하는 유능하고 저 사장의 부하는 무능하다"라고 평가하지 않는다. "그 사장은 탁월하고 저 사장은 무능하다"라고 말한다. "탁월한 리더십을 가지고 있다"라고 평가받으려면 뛰어난 인재를 부하로 등용할 줄 아는 안목이 있어야 한다. 그 부하는 조직이 필요로 하는 전문성을 바탕으로 전략적 의사결정에 능한 사람이다.

만일 회사가 세 부류의 지식인 신성, 인성, 과학을 소중히 여긴다면 그에 적합한 시험 제도를 갖추어야 할 것이다. 탁월한 회사일수록 인재가 모여든다. 이런 사람을 어떻게 알아보며 누굴 선발할 것인가는 경영자의 역량에 달려 있다. 조직에서 부하만 인재 요건을 갖추어야 하는 것은 아니다. 먼저 경영자가 인재가 되어야 한다. 그래야 인재가 모여든다.

입사 후 한 직장에서 오래 근무했다고 해서 인재가 되는 것은 아니다. 입사 시의 학력만 자랑하고 그 후 자기 공부가 없다면 인재라고 부르기 어렵다. 점차 진급하면서 대인관계가 중요해지고 또한 기계(컴퓨터)가 인간을 대체하는 상황에서 얼마큼 기계와 소통 가능한가도 중요한 기준이 된다.

사람의 능력은 취미→작업→문제 해결→발명 등과 같은 단계로 발전한다. 이를 차례대로 설명하면, 먼저 취미 수준의 능력은 초심자들이 오락 삼아 하는 역량이며, 작업은 회사의 전문 분야에 종사하면서 목적을 가지고 의도적으로 활용하는 경우이다. 그리고 문제 해결은 창의적이고 숙련된 전문가들이 하는 일이며, 발명은 새로운 지식, 신제품/신서비스 개발과 같은 장인 수준의 기술이다. 음악을 예로 들면, 노래방에서 노래 부르기는 취미 수준이지만 작곡 단계에 올라가면 고수에 속하는 기술을 가지는 셈이다. 그러나 어떤 종류의 능력을 가지고 있든지 조직에서 냉소적이거나 파괴적이지 않으면 훌륭한 자세를 가지고 있다고 보겠다.

새로운 세상에서는 직원과 함께 일하는 방식이 달라져야 한다. 우리는 단일한 민족, 경직된 문화와 종교관 등에서 변화를 겪고 있다. 다양한 문화적 특성을 선입견으로 대하기보다는 세심한 배려가 더욱 필요해졌다. 부서에서 하루 종일 상사와 부하 간에 말 한마디 없이 보내는 직장도 있다. "필요한 말씀 있으시면 문자로 하시지요"라고 상사에게 요구하는 신입이 있다면 그것은 누구의 잘못인가? 인사 관련 조직 구조를 검토할 시기가 온 것이리라.

조직설계는 조직의 구조를 갖추기 위한 밑그림이다. 환경에 따라 조직의 틀을 어떻게 구성할 것인가를 결정한다. 환경 변화가 거의 없는 산업, 예컨대 정부, 학교, 군대, 교회 같은 곳에서는 기계적 조직을 선호한다. 명령 일원화의 원칙에 따라서 일사불란한 위계질서를 중시한다. 반면에, 환경이 급격히 변하는 소매유통업, IT 산업에서는 유기적 조직이 필수적이다. 표준화된 직무를 수행하기보다는 각자의 의사결정 능력을 중시하는 팀 형태의 유기적인 조직을 갖춘다.

여기서는 유기적인 조직의 특성인 팀조직에 대해 설명한다. 팀이란 특정 목적을 달성하기 위해 두 사람 이상으로 구성된 단체를 말한다. 조직에서 팀을 중시하는 이유는, 업무가 복잡하고 난해해서 개인의 한계를 넘어서고 각자의 기술을 연합하여 공동으로 일하는 것이 필요하기 때문이다. 팀원들은 조직으로부터 권한을 위임받으면 긍정적인 태도와 신뢰를 가질 수 있다. 이러한 팀은 큰 책임감을 느끼면서 자발적으로 행동한다. 팀에 공동 목표 의식이 강하면 개별적으로 일하는 것보다 더 큰 이득이 생긴다. 1+1이 2 이상의 성과를 가져와 이른바 시너지 효과를 올릴 수 있다.

효과적인 팀은 각자 일하는 것의 합보다 더 큰 성과를 거둔다. 운동 경기 중에서 개인전을 관람하는 것도 재미있지만, 단체전이 더 흥미롭다. 시너지 효과 여부를 관찰할 수 있기 때문이다. 탁월한 팀에서는 팀원들이 명령 받은 것 이상으로 자발적으로 일한다. 팀장은

효과적인 팀은 각자 일하는 것의 합보다 더 큰 성과를 거둔다.
(이미지 출처 : unsplash)

자신의 생각과 열정을 팀원들에게 전달하고, 그들의 용기를 북돋우며 함께 협업함으로써 자발성을 유도한다. 이것은 스스로 행동하고자 하는 의지이다. 부하가 상사를 위하여 일하고 상사와 함께 일하고 싶은 마음이다. 동기가 유발되면 목표 달성에 대한 행동 의지가 생기며 일하는 방식이 달라진다. 팀원들은 솔직해지고 행복해질 것이다. 이들은 자신의 일을 우선시하면서도 팀 정신을 잃지 않는다.

팀조직은 부서 간의 불필요한 장벽 제거, 신속한 의사결정, 성과에 대한 손쉬운 평가, 높은 동기유발 등과 같은 장점을 갖고 있다. 여러 사람이 모여서 함께 일하는 조직에서는 경영 지식이 보완적으로 적용될 필요가 있다. 앞에서도 언급한 바와 같이, 경영은 공동 목표를 달성하기 위해 탁월함을 추구하는 기술이다. 경영자가 여러 사람의 존재를 무시하고 독불장군식으로 업무를 수행한다면 자영업자 수준의 경영에 불과한 것이다. 조직원들은 주머니에 손을 넣은 채 경영자가 하는 일을 바라보기만 할 것이다. 경영자는 조직원들을 잘 훈련시켜서 자발적으로 목표를 달성하도록 하는 역량이 필요하다. 탁월한 직원은 팀 네트워크상에서 헌신하는 사람이다.

과연 내가 현재 소속된 팀의 생산성은 어떠한가? 사람들이 모였다고 해서 자동적으로 일이 이루어지지 않는다. 팀장은 성과를 위해 목표 달성을 조급하게 강조하지 말고, 현재의 구조적인 상태를 먼저 점검해야 한다. 가지고 있는 인적 · 물적 자원을 확인하고 목표가 명확한지 여부를 검토하여야 한다. 성공적인 팀은 플랫폼적 사고를 하며 큰 야망을 갖는다. 야망은 성취를 유도한다.

한 연구에서[24], 팀 프로젝트 수행에 필요한 팀원들의 중요 변수인 성실성, 우호성, 신경성 등을 측정하였다. 연구자들은 평균 점수가 높은 팀이 업무를 잘 수행할 수 있을 것으로 예측했다. 평균 점수는 강점과 약점을 모두 포함하기 때문이다. 그러나 팀의 수행능력을 더 잘 예측할 수 있는 요소는 팀원 중에서 가장 낮은 점수를 받은 문제아였다. 게으르고, 비우호적이고, 정서적으로 불안정한 문제아 한 명이 팀 전체 일을 망칠 수 있었다. 팀에 탁월한 역량을 가진 스타 한 명이 있어도 업무 수행에 큰 영향을 주지 못했다. 스타는 문제아의 손실을 보전할 수 없는 것이다. 통계학적으로 극단값(outlier)은 항상 주목 대상이다. 평균값의 참고는 편리하지만 정확한 판단 기준이 되기 어렵다.

조직에는 선한 사람만 있는 것이 아니다. 문제아도 있다. 즉, 썩은 사과(bad apple)도 있다[24]. 썩은 사과의 종류에는 세 가지가 있다. 첫째, 무법자 유형이다. 동료에게 희롱, 냉소, 모욕, 불쾌한 장난, 거친 농담 등의 무례를 범하는 사람이다. 둘째, 무임승차자 유형이다. 노력하지 않고, 책임을 회피하고, 자기 몫의 일을 하지 않는 자다. 셋째, 방관자 유형이다. 회의 중에 맥 놓거나, 침울해 하거나, 화난 표정을 짓는 사람이다.

이 썩은 사과 한 알이 통 안의 사과 전부를 망친다. 전문적인 성격검사를 통해 썩은 사과가 될 소지가 있는 사람을 가려낼 수도 있다. 선발 과정에서 실패하는 일이 없어야 하지만 그렇게 쉬운 일이 아니다. 말 잘하는 사람보다 글 잘쓰는 사람을 채용하라. 인턴 때 성실했던 사람이 정식 직원이 되고 나서 실망시키는 경우도 있다. 썩은 사과에 직면한 관리자 중에는 갈등을 피하고 싶어하고, 팀원들은 무기력감을 느낀다. 이 문제는 미룰수록 손실이 커진다. 썩은 사과는 개별 사례로 머물지 않는다. 부정성은 긍정성보다 전염성이 매우 강해서 아무도 모르게 재빠르게 조직에 전파된다.

썩은 사과 대처 방안을 몇 가지 살펴보자. ① 썩은 사과와 놀지 마라. 오염된다. ② 통을 새로 정리한다. 새로운 관리자를 임명한다. ③ 유용한 비판과 썩은 사과의 무례함을 구별한다. ④ 썩은 사과가 스스로 변화할 것이라고 기다리지 마라. 원판은 불변이다. ⑤ 경영자는 불편해하지 말고, 빨리 개입하라 등을 말할 수 있다.

직원들은 각자 자기 방식대로 일하므로 자신의 일 결과에 대해 책임져야 하는 것은 당연하다. 최근 비대면 화상회의에서 썩은 사과는 숨을 곳이 없어 보인다. 대면의 불편함이 해소될 것 같다. 관리자는 조직원들의 소속감 욕구와 사회적(회사) 지지의 문제를 인간적으로 기술적으로 해결하는 능력이 있어야 할 것이다. 경영자는 정말로 직원을 경영할 수 없다. 이것이 자신의 성과를 각자 스스로가 책임져야 하는 이유이다. 경영자이든 직원이든 책임 있는 인재가 되어야 한다.

가치관을 확립하여 일하는 방식을 공유하라. 전통적인 꼰대 문화는 세대 간 성별 간의 차이를 극복하기 어렵다. 성과 단계로 옮겨 가려면 합리적인 분위기를 만들어야 한다. 조직원을 하나로 묶어주는 것은 목표가 아니라 문화이다. 전자매체를 활용하여 일하는 가상팀의 경우에는 팀장 역할을 교대로 맡는 것도 한 방법이다. 팀의 동기를 유발시키려면 현재의 사기 수준을 높이기 위한 방안을 팀원들에게 물어보아라. 팀장이 자의로 결정하지 말라. 각자의 역할을 명시하고 소통을 중시하라. 각자 보유하고 있는 기술을 발휘하도록 하며, 긍정적인 사고를 팀에 불어 넣고 팀의 비전을 공유하라. 이 비전을 실제 목표로 전환시켜야 한다.

팀 비전을 팀 목표로 전환시키려면 불가능해 보이는 목표를 설정하고 달성하게 하라. 그 방법을 제시하면 다음과 같다. 예컨대, 어느 팀의 작년 매출액이 60억 원에 불과하지만 5년 후에는 100억으로 확장한다고 하자. 이를 달성하게 하는 방식은 매년 나머지의 반을 추가로 달성하게 한다. 올해 목표 60억을 달성했다고 가정하자. 내년에는 나머지 40억의 반인 20억을 올해 목표인 60억에 더해서 80억을 달성목표로 한다. 그리고 내후년에는 나머지 20억의 반을 추가하여 90억으로 확대한다. 이렇게 함으로써 팀은 긴장감 속에서 계속 에너지를 유지할 수 있다.

최선을 이끌어내기 위해서 팀장은 어떻게 하면 팀원 개인들에게 동기부여를 할 수 있을까? 개인들은 성격, 지식, 경험 등에서 편차가 심하다. 그러나 개인을 판단할 때에는 선입견 없이 성과에 집중하여야 한다. 편애하지 말고 사람 자체를 존중해야 한다. 팀 성과에 대한 차별화의 원천이 사람에서 나온다는 것을 잊지 말자. 사람에 따라 내성적이기도 하고 외향적이기도 하므로, 그 차이를 인정해야 한다. 그리고 팀원들은 각자의 요구 사항이 다르다. 예컨대, 신입 직원은 기초 봉급, 직무에 대한 흥미, 사생활 등을 중시하지만, 경력 직원은 팀 내 위치, 업무 책임, 보상, 지위 등에 관심이 높다.

팀장은 각자의 기대가 다름을 인식하고 팀장 자신의 독특한 상(像)을 심어주어야 한다. 팀장은 단호하면서도 친근감이 있어야 한다. 모든 사람이 팀장을 좋아할 필요는 없다. 정말 중요한 것은 팀장도 남이 아닌 자신을 위해 일해야 한다는 점이다. 아프리카 속담에, "빨리 가려면 혼자 가고 멀리 가려면 여럿이 가라"라는 말이 있다.

더 생각해보기

1. 내가 현재 소속되어 있는 부서의 팀 정신을 평가하라.

2. 나는 어떤 도움을 받으면 현재 일을 더 잘 할 수 있다고 생각하는가?

3. 우리 조직에서 잘나가는 부서의 특징은 무엇인가?

4. 우리 부서의 책임과 권한은 균형적인가?

제2부

태도편

겸손하고 또 겸손하라

04

비유법을 알고 유머와 재치로 말하라

좋은 유머는 푹신한 의자에 앉아서 말하는 것과 같다. 단순하고 소박한 유머는 대화를 즐겁게 만든다.

— 무명

개념 이해하기

비유는 대화나 글을 풍성하게 만들어주는 언어적 유희이다. 톨스토이, 마크 트웨인, 니체 같은 세계적 문호들은 비유의 대가들이다. 비유법은 어느 한 사물 또는 관념(원개념)을 구체적인 모습(보조개념)으로 빗대어 표현하는 방법이다. 여러 방법이 있지만. 그중에서 직설법은 원개념을 '~처럼', '~같이'라는 말을 첨부하여 보조개념에 빗대어 말한다. 예를 들어, 세월은 강물과 같다. 신뢰는 종이와 같다 등과 같은 표현이다. 이때 전자는 보편적으로 이해되지만 후자는 좀 어렵다. 후자에는 "한번 구겨지면 원래 상태로 돌아가기 어렵다"라는 말이 추가

된다. 그리고 은유법은 원개념을 곧바로 보조개념에 빗댄다(예, 인생은 나그네 길이다. 고객은 왕이다 등). 글쓰기나 말하기에서 멋진 비유는 윤활유 역할을 한다. 일상생활에서 일어나는 사건이라도 빗대어서 친근하게 이야기할 수 있다면 누구에게나 환영받을 것이다.

비유의 장점은 원뜻을 이해하기 쉽고 상상력을 자극하며 가시적으로 보이게 한다. 비유를 사용하면 화자와 청자 모두 공감한다. 그러나 단점은 디테일이 생략되어 논쟁의 여지가 남는다. 전문성을 가진 논문이나 토론에서는 별로 바람직하지 않다. 잘못하면 전문성을 상실해 정보의 손실이 일어날 수 있기 때문이다. 일반 대화에서 비유는 의외성으로 인한 신선함과 공감성을 제공해서 함께 동석한 사람들에게 즐거움을 준다. 일반인들은 비유를 실용적으로 사용하지만 예술가는 심미성을 더하기 위해 사용한다.

만일 비유에 유머나 재치 같은 양념을 첨가한다면, 그 비유는 한층 더 풍부해지고 빛난다. 유머는 익살스럽게 웃음을 자아내는 표현 방식이다. 웃음은 미학적인 측면에서 상대의 감정과 행동을 유발한다. 이것은 비언어적인 보편적 소통 방식이다. 따라서 유머가 없으면 웃음도 없고 웃음이 없으면 유머도 없다. 유머 형성의 기본 원리는 의외성과 무해성의 두 가지이다. 먼저 의외성이란 청자의 예측이 빗나갔거나 예측 불허의 내용이 제시된 경우이다. 청자가 생각하고 있던 말과 화자의 실제 말 사이에 불일치가 일어난 경우이다. 이때 웃음이 폭발하고 격렬한 흥분이 일어난다. 긴장된 기대가 무(無)로 갑작스럽게 변환되기 때문이다. 다음으로 무해성은 화자의 비유가 청자에게 위험하지 않고 자존심에 해를 입히지 않는 경우이다. 이때 청자는 안심하고 즐길 수 있다.

유머 한마디 하자. 선생이 "공부가 무엇인가?" 하고 묻는다. 힌트를 주기 위해서 첫 질문은 "깨+소금은?"이다. 학생들이 금세 "깨소금입니다"라고 답하면서 어깨를 흔든다. 다음 질문은 "깨+설탕은?"이다. 학생들이 잠시 머뭇거린다. 깨설탕의 용도는 별로 들어본 적이 없기 때문이다(송편이나 호떡 속에 넣음). 그러자 선생이 "깨~달음이네. 공부는 깨달음이지." 이 말은 상황이 적합하고 청자가 즐거움을 얻어야 성공한다. 만일 공부에 관심이 없다면 썰렁해질 수도 있다.

유머와 농담의 차이에 대해 설명해보자. 둘 다 이야기 결말과 예측의 부조화인 의외성에 기본을 두어 웃음을 유발하는 것이 공통점이다. 유머는 남을 웃기는 말이나 행동이며 상황성과 지성을 담는다. 한편 농담은 실없이 놀리거나 장난으로 하는 말이며 우스개라고도 한다(위키백과). 진실이 아니고 재미 삼아 혹은 장난 삼아 하는 말이 농담이다. 그래서 유머는 미적이고 심리학적인 인식이며 농담은 피상적 대화술이라고 할 수 있다. 유머나 농담은 대화를 부드럽게 또는 분위기 전환에 자주 쓰인다.

그러나 농담은 유머와 구분되어야 한다. 농담은 자칫 싱거움 또는 비도덕성을 담고 있어 화자에 대해 비웃음이 부메랑으로 돌아가는 경우도 있다. 농담에 가짜 진정성을 넣어 냉소적이거나 상대의 탁월성을 인정하지 않으려는 의도는 대화나 관계를 위험에 빠뜨릴 것이다. 진짜 의미하는 바를 말하는 대신에 농담으로 얼버무리려고 한다든지, 유머를 가장해서 적대감을 나타낸다든지, 상대방을 인정하지 않고 부정적인 농담을 한다든지 하면 관계를 손상시킨다.

공식 자리에서 비도덕적 성적 농담은 매우 위험하다. 청자의 수치심을 불러일으킬 수 있어 큰 낭패다. 경솔하게 보여서 두고두고 회자될 것이다. 유머든 농담이든 잘못 사용하면 역효과가 날 수 있기 때문에 주의가 필요하다. 비도덕적 농담에 웃음으로 반응하는 것은 상대 말에 동의하는 것이 되므로 화자와 함께 천박해질 우려가 있다. 이때 화자는 얼른 자신의 과오를 깨닫고 농담 속의 진실성을 말하고 전달 방식을 해명하면서 주제를 바꾸는 것이 대화의 한 방법이다. 때로는 농담보다 침묵이 더 아름다울 수 있는 것이다. 비도덕성은 특정 개인의 잣대로 일반화되기는 어렵지만 사회적 견해나 당시 상황에 적합한지 여부에 달려 있다. 농담이 지적이지 못하고 행위적인 것으로서의 웃음이 문제될 때에는 도덕적 비판으로부터 자유롭지 못하다.

농담을 유머처럼 말하려면 기술을 연마할 필요성이 있다. 심기가 불편한 사람 앞에서는 어떤 농담도 삼가야 한다. 잘못해서 청자의 분노와 악의를 불러일으켜 곤란한 지경에 빠질지도 모른다. 대화에서는 상대에게 생기를 넣어주는 것이 예의이다. 그리고 상대가 농담을 잘못하더라도 그 자리에서 면박을 주지 말라. 신사숙녀처럼 받아들여라. 비록 나의 자존심을 건드린다 해도 유쾌한 미소로 넘어가주는 아량이 필요하다. 주위 사람들은 안도의 숨을 쉬면서 나의 관대함에 칭송을 보내리라. 농담하고 싶다면 상대의 기질을 판단하고 농담 기술을 습득한 후에 하는 것이 안전하다. 구름이 태양을 가리듯이 잘못된 농담 하나가 쌓아놓은 명성을 해칠 수 있다.

링컨 대통령은 유머의 대가였다. 의회에서 심한 질책을 받던 중, 한 의원이, "당신은 두 개의 얼굴을 가진 이중인격자입니다"라고 공격했다. 이에 링컨은 다음과 같이 대답했다. "내가 두 개의 얼굴을 가지고 있다면, 이렇게 중요한 자리에 왜 이 얼굴을 가지고 나왔겠습니까?" 이것은 유머이다. 농담이 아니다. 유머는 수비적 공격이다. 상대에게 질문함으로써 대답을 얻고 싶다는 멋진 대화술이다. 만일 이를 응징하려고 "지난번 일 처리하는 것을 보니 당신도 별수 없이 이중 잣대로 하더군" 한다면, 이것은 공개석상에서 상대와 동일한 부류로 인식되게 실수하는 것이다. 이런 모욕은 공격적이게 된다. 상대에 여유 있게 대응하는 유머 능력이 소중하다.

유머 능력은 세상을 유연하고 따뜻하게 바라보는 지적인 심성과 시선을 가진 인간미이다. 유머 감각이 있는 사람은 푹신한 의자에 앉아서 상대를 바라보는 것과 같다. 한편 재치는 유머의 의외성에 간결성을 더한 개념이라고 할 수 있다. 촌철살인의 경지이다. 이것은 삶의 통찰력에서 나오는 간결한 비유법이다. 매우 교훈적이며 해학과 기지가 있는 지적 형식이다. 이것은 억지로 꾸민 이야기가 아니다. 마크 트웨인은 바그너의 음악이 "소리보다 낫다"라고 평한 적이 있다. 다행히 바그너는 당대 사람이 아니었다. 만일 비유가 재치 있고 예의 있다면 오랫동안 사람들에게서 회자되리라.

성경 이야기(마가복음 4장)

예수께서 다시 바닷가에서 가르치셨다. 무리가 인산인해를 이루고 있어서, 예수께서는 해안에서 좀 떨어진 배에 오르셔야 했다. 사람들이 물가로 몰려와서 배를 설교단으로 삼으신 것이다. 예수께서 많은 이야기로 가르치셨다. "들어라. 너희는 어떻게 생각하느냐? 어떤 농부가 씨를 뿌렸다. 씨를 뿌리는데, 더러는 길가 위에 떨어져서, 새들이 먹어버렸다. 더러는 자갈밭에 떨어져서, 싹이 났으나 뿌리를 내리지 못해, 해가 뜨자 곧 시들어버렸다. 더러는 잡초밭에 떨어져서, 싹이 났으나 잡초 틈새에 짓눌려 아무 소득이 없었다. 더러는 좋은 땅에 떨어져서, 무성하게 자라 농부가 생각지도 못한 큰 결실을 맺었다. 너희는 듣고 있느냐? 정말로 듣고 있느냐?" (마가복음 4 : 1~9)

> 예수께서 또 말씀하셨다. "하나님 나라는 어떤 사람이 밭에 씨를 뿌리고는 잊어버린 채 잠자리 든 것과 같다. 씨는 싹이 터서 자라는데, 그는 어떻게 된 일인지 모른다. 그의 도움 없이 땅이 다 알아서 한다. 처음에는 푸른 줄기를 내고, 다음에는 꽃봉오리를 내고, 그 다음에는 익은 곡식이다. 곡식이 완전히 영글면 거둔다. 추수할 때가 된 것이다! 하나님 나라를 어떻게 묘사할 수 있을까? 어떤 이야기가 좋을까? 하나님 나라는 솔씨 하나와 같다. 솔씨는 땅에 떨어질 때 씨로서는 아주 작지만, 일단 심으면 가지가 무성한 큰 나무로 자란다. 독수리들이 그 안에 둥지를 틀 정도이다." 예수께서는 이처럼 많은 이야기로 메시지를 전해주시면서, 그들의 경험과 성숙도에 맞게 이야기를 들려주셨다. 예수께서 이야기 없이는 말씀하지 않으셨다. 그리고 제자들과 따로 있을 때에 모든 것을 다시 설명해주셨다. 혼란스러운 것을 정리하시고, 얽힌 것은 풀어주셨다. (마가복음 4 : 26~34)

예수께서 비유로 이야기하는 방식에 있어서 당시의 율법사들과 여러 가지에서 비슷했다. 그렇지만 그분이 말씀하신 여러 비유는 가까이 다가온 하나님 나라에 대한 선포에서 드러나는 절박함과 진지함의 특성을 띠고 있었고 그 선포를 강조하기 위한 것이었다. 예수께서는 비유를 통해 듣는 사람들에게 함께 생각하고, 계속 생각하며, 다르게 생각하라고 호소한 것이다.

예수는 비유의 달인이셨다. 때로는 직접적으로 표현하지 아니하고 비유를 들어 에둘러 말씀하셨다(하나님 나라는 작은 씨앗과 같다). 그래서 알고자 하는 사람들에게만 이해시켰다. 은유적 비유는 대상을 간접적이며 암시적으로 나타내어서 낯설고 강렬한 인상을 전달하며 오랫동안 반추하게 만든다. 비유적 대화법은 미묘한 해석의 문제를 가져오면서 애매한 경계를 넘나든다. 원래의 개념을 숨기고 보조개념으로 표현하기 때문이다. 사실 인생은 애매함 그 자체이다. 비유과 해학에서 나오는 즐거움은 대화의 진수다. 예수께서 어려운 내용을 알기 쉽게 설명하였으며, 또한 질문자의 가식적인 말과 행동에 대해서도 불필요한 오해나 논쟁을 피하기 위해 가차없이 공격적인 비유로 응수하였다. 그의 비유는 알려고 하는 자에게는 진리가 한층 더 분명하게 드러났으나, 그렇지 못한 자에게는 진리가 더욱 모호해지는 역설적인 효과를 냈다. 그분은 비유법 활용의 대가이셨다.

예수께서 인식하기 어려운 천국에 대하여 설명할 때 비유를 들어 말씀하셨다. 사람들은 다가올 새로운 세상에 대한 혁신적인 설명을 이해하지 못하였을 뿐만 아니라 기존 사고를 뒤집는 정치적인 위험 부담을 안고 있었기 때문이다. 그분의 비유는 해석의 애매성으로 그 정치적 위험을 빗겨갈 수 있으며, 감성적으로도 적합한 교육방법이다. 사람들은 비유를 통하여 풍부한 상상력을 가질 수 있다. 씨에서 나무를 보고, 알에서 새를 보는 것이 가능한가? 그분은 설교 말씀에서 보이지 않는 천국이 무엇인지 알도록 특별한 예를 들어 설명하셨다.

천국은 하나님의 나라이며, 신학적으로 세 가지를 설명할 수 있다. 첫째, 하나님의 통치가 미치는 모든 곳이다. 성경에서 말하는 본질적인 나라이다. 둘째, 사랑의 공동체이다. 이것은 발견되는 현상적인 나라이다. 셋째, 우리들 각자의 영혼이 들어갈 나라이다.[01] 학교 수업이

---

01 요한복음 14:1~6
"너희는 이 일로 당황하지 말라. 너희는 하나님을 믿지 않느냐? 그렇다면 또한 나를 믿어라. 내 아버지 집에는 너희를 위해 예비된 방이 많다. 그렇지 않으면, 내가 너희 방을 마련하러 간다고 말하겠느냐? 내가 너희 방을 마련하면, 다시 와서 너희를 데려다가 내가 사는 곳에 너희와 같이 살게 하겠다. 너희는 내가 가는 길을 이미 알고 있다. (중략) 내가 곧 길이요 진리요 생명이다.

끝나고 또는 직장에서 일을 마치고 나면 집으로 돌아간다. 감옥에서 출소하면 집으로 돌아가야 한다. 만일 돌아갈 집이 마땅하게 없으면 남의 집 처마 밑에서 지나가는 사람들만 하릴없이 바라볼 것이다. 우리 영혼이 돌아갈 본향은 천국이다.

당시 유대인들은 오랜 세월 동안 하나님 나라가 임하기를 기다려 왔다. 그 나라는 숲을 이루는 큰 나무일 것이라고 기대했다. 큰 나무를 기대하는 유대인들에게 예수는 큰 나무가 아닌 작은 씨앗을 하나님 나라로 제시하였다. 이것을 키우는 몫은 우리 자신에 있다는 것이었다. 색다른 발상이었다. 왜 하필이면 씨로 비유하셨을까? 하나님의 나라가 화려한 빛을 발할 것이라는 꿈을 깨라고 유대인들에게 촉구하셨다. 하나님 나라는 농부가 씨를 뿌리는 것과 같다고 비유하셨다. 이른 아침부터 씨 뿌리는 일은 농부의 책임이다. 농부가 고단한 일을 마치고 밤에 잠드는 사이에 하나님께서 싹을 틔우고 식물을 자라게 하신다. 하나님은 주무시지 않는다. 그런데 어떤 씨는 싹이 나오기도 하고 더러는 안 나오기도 한다. 나오더라도 열매를 맺기도 하고 또는 못 맺기도 한다. 이것은 세태에 대한 정치적 풍자이지만, 하나님 나라는 씨로 시작된다.

예수께서 씨를 가지고 여러 가지 비유를 말씀하신다. 그분의 비

나를 떠나서는 그 누구도 아버지께로 갈 수 없다." (메시지성경)

"너희는 마음에 근심하지 말라. 하나님을 믿으니 또 나를 믿으라. 내 아버지 집에 거할 곳이 많도다. 그렇지 않으면 너희에게 일렀으리라. 내가 너희를 위하여 거처를 예비하러 가노니. 가서 너희를 위하여 거처를 예비하면 내가 다시 와서 너희를 내게로 영접하여 나 있는 곳에 너희도 있게 하리라. 내가 어디로 가는지 그 길을 너희가 아느니라. (중략) 내가 곧 길이요 진리요 생명이니 나로 말미암지 않고는 아버지께로 올 자가 없느니라." (개역개정판 성경전서)

유는 일반 사람처럼 유머스럽지 않다. 오히려 진정성 있는 위트가 넘쳤다.

비유 1 : 자신의 말씀을 씨에 비유하셨다. 사람의 자질에 따라 그 말씀이 어떠한 결과를 가져올 것인지를 설명하셨다. 먼저 길가에 떨어진 씨앗은 새가 와서 먹어 치운다. 돌밭에 떨어진 것은 싹이 나오다 곧 말라버리고, 가시떨기 밭에 떨어진 것은 자라다가 가시떨기 밭에 밀려서 아무런 결실도 맺지 못한다. 길가, 돌밭, 가시떨기 밭 등의 상황에 있는 사람들은 아무리 좋은 말을 해주어도 별 무소용이고 성과 없이 인생을 지내다가 이 세상을 뜨게 된다. 그러나 마지막의 옥토를 가진 사람은 본인의 성실한 준비 덕분에 비옥한 땅이 많은 곡식을 산출하듯이 하나님 말씀에서 결실을 얻는다.

비유 2 : 하나님의 나라를 세우는 것은 땅에 씨를 뿌리는 것과 같다. 농부는 씨를 뿌리되 그것이 어떻게 발아하고 자라는지 알지 못하므로 충실하게 가꿀 책임이 있다. 나중에 추수할 때, 소출이 작으면 실망이 크다. 반대로 큰 소출은 기쁜 마음으로 받게 된다. 천국은 그 기쁨 속에 있는 것이다. 아마도 감자나 고구마를 캐어본 사람은 주렁주렁 달려 나오는 결실을 보며 이러한 기쁨을 맛보았을 것이다. 그리고 감사한 마음이 들었을 것이다. 감사한 마음이 드는 곳이 천국이다.

비유 3 : 하나님 나라를 솔씨(다른 성경에서는 겨자씨)로 비유하셨다. 이 씨는 매우 작아서 겉보기에는 별 볼 일 없어 보인다. 그러나 이 씨 안에는 생명이 있다. 생명은 가능성이고, 미래이며 희망이다. 이 생명을 알아보는 사람만이 천국을 바라볼 수 있다. 그래야 새싹이 나서 자라면 큰 나무가 될 수 있다. 이 나무는 그늘을 만들어주면서 사람들이 와서 쉬고, 아이들은 나무에 오르내리면서 놀기도 하고, 새들은 와서 둥지를 튼다.

그런데 어떤 씨는 딱딱한 껍데기로 둘러싸여 있고, 다른 어떤 것은 지푸라기 같아 보이거나 또는 작은 모래알처럼 보여 볼품이 없다. 겉모양이 어떻든지 그 안에는 생명이 있다. 생명은 무한 잠재력을 의미한다. 그렇다고 해서 그 씨를 미리 쪼개본다 하더라도 내용물이 별로 눈에 안 보인다. 당장 그 속에 나무가 있는 것도 아니다. 쪼개지는 그 순간 생명을 잃어버린다. 씨는 전체적으로 받아들여야 한다. 그런데 씨가 단단한 에고처럼 죽지 않고 버티면 썩어버린다. 자아가 하나님께 투항해야 중생을 얻듯이 씨앗이 죽어야 새싹이 나온다.

씨와 관련된 몇 가지 특성을 더 생각해보자.

첫째, 모든 사람은 자신의 고유한 씨를 가지고 있다. 쌀, 보리, 해바라기, 민들레 등과 같이 자신만의 독특함을 가지고 태어났다. 모든 씨는 고귀하고 생명력이 있으므로 선하다. 우리는 자아의 깊음 속에서 믿음의 씨를 발견하여야 한다. 확신적인 신앙이 중요하다. 그 씨에서 자라날 나무인 비전을 미리 보아야 한다. 나는 그 가능성을 미리 볼 수 있는 것인지? 믿음은 바라는 것들의 실상이요 보이지 않는 것들의 증거이다(히브리서 11 : 1). 믿음은 우리 눈에는 안 보이지만, 확신할 수 있는 비전이다. 비전을 가진 자만이 씨 뿌리는 고통을 울면서도 참을 수 있다.

둘째, 씨가 자라날 토양으로서 옥토가 준비되어야 한다. 돈, 권력, 명예 같은 물질세계에 씨를 뿌릴 때에는 조심해야 한다. 탐욕을 경계해야 한다. 성경에서 부자가 하늘나라에 가는 것은 낙타가 바늘 구멍에 들어가는 것보다 더 어렵다고 경고한다. 부자가 낙타만도 못하다면 말이 되겠는가? 보이는 물질세계를 탐닉하다 보면 안 보이는 영적 세계를 놓친다. 의식이 깨어 있어야 한다. 항상 깨어 있어 자신의 씨를 내면에 뿌려야 한다. 내면이 진정한 옥토이다. 깨어 있는 자는 하나님께 전적으로 투항하고 온몸으로 다가간다. 그의 몸은 영혼이 깃든 옥토가 되어 통으로 하나님께 다가간다.

셋째, 씨에서 발아한 새싹은 집중해서 잘 보살펴야 한다. 새싹은 연약해서 쉽게 부러진다. 자신의 연약함은 새싹을 통하여 인식해야 한다. 연약함을 알면 강해진다. 믿음은 말씀을 통하여 강하게 해준다. 성경 말씀에 귀를 기울이고 마음을 모아 잘 들어야 한다. 귀는 두 개다. 두 곳으로 모두 말씀이 들어가지만, 한 귀로 듣고 다른 한 귀로 흘릴 수도 있다. 귓구멍이 하나면 더 집중할 수 있을지도 모르겠다. 상대의 말이 무슨 뜻인지 알려면 집중이 필요하다. 온몸으로 느낄 필요가 있다. 집중은 우리가 감각적으로 깨어 있음을 뜻한다.

넷째, 결실을 나누어야 한다. 하나님의 성령은 사랑, 희락, 화평과 같은 하나님과의 관계, 인내, 자비, 양선(良善)과 같은 이웃과의 관계, 충성, 온유, 절제와 같은 나와의 관계 등 아홉 가지 열매를 맺는다(갈라디아서 5 : 22~23). 열매를 지향하지 않는 나무가 어디 있겠는가? 나무는 후대를 위해 씨앗을 내지만, 풍성한 가지와 잎을 사방으로 펼치며 자신을 아낌없이 제공한다. 이런 나무처럼 관계적인 역할 담당이 우리가 삶에서 할 일이다. 자신을 인생 중도에서 하차시켜서는 안 된다. 나무를 만들지 못하기 때문이다. 여정을 끝내지 못하는 것이 된다. 그리고 자신만을 사랑하는 것으로 그쳐서는 안 된다. 자신의 사랑은 이웃 사랑으로 연결되어야 예수님의 사명이 완성되는 것이다.

믿음은 씨뿌림, 즉, 말씀은 보고 들음에서 나오니, 이 말씀의 씨가 나의 열린 영혼에 들어와 잎이 나고 꽃이 피어난다. 우리는 새로운 세계에 들어간다. 이것은 나무를 키우는 예수님께서 기뻐하실 일이다. 그러나 아무리 이렇게 설명해도, 식목 과정에 관심이 없어 졸고 있는 사람이 있다. 이때 광풍이 몰아치면 환난이 다가오는데 지적으로 게으르고 믿음이 적은 사람은 스트레스, 공포, 두려움으로 떤다. 예수께서 이것을 경고하셨다. 그분은 광풍이 부는 바다에서 태연히 배 안에서 주무셨다. 제자들에게 믿음이 무엇인지 보여주고자 했다. 아직도 제자들은 갈 길이 멀었다. 장애물을 계속 만나고, 그때마다 극복해야 한다. 보이면 그것이 무엇인지 알아차려야 하고, 두려우면 이해하려고 애써야 한다. 이렇게 온몸으로 감각의 창구를 열어놓고 깨어 있어야 한다.

경영 이야기

경영은 유머로 분위기를 녹이는 기술이다. 유머경영은 1990년대부터 미국에서 시작하여 유럽으로 전해지고, 세계적인 경영 트렌드로 자리 잡고 있다. 유머경영은 직원들의 유머 훈련을 통하여 직장 내 분위기를 활성화하는 전략이다. 유머나 웃음은 좌뇌적 분석 논리를 중단시키고, 우뇌의 상상력을 자극한다. 그 결과 사물을 기존과는 전혀 다르게 보아 새로운 생각을 탄생시킨다. 어떤 회사들은 입사 시험 때 응시

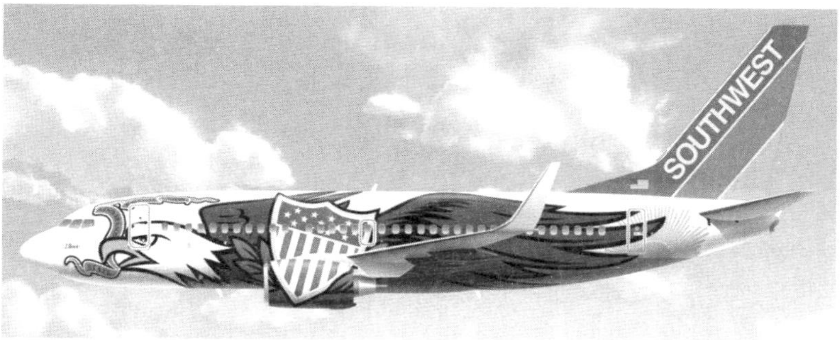

직원들에게 유머 감각과 자기 희생정신을 강조하는 인사정책으로 큰 성공을 거둔 사우스웨스트항공
(이미지 출처 : 사우스웨스트항공 홈페이지)

자에게 웃겨보라고 요청하거나 최근에 남을 웃긴 게 언제였는지 등을 물어 채용점수에 반영하기도 한다. 입사 후에도 동료를 웃기거나 즐겁게 했을 때 티셔츠나 책을 선물하는 제도를 실시하고 있다.

미국의 유명한 저가항공사인 사우스웨스트항공의 유머경영 사례는 많은 공감을 얻고 있다[3]. 1981년 초대 회장으로 취임한 허브 켈러허는 직원들에게 유머 감각과 자기 희생정신을 강조하는 인사정책으로 큰 성공을 거두었다. 이 회사의 채용 요강에는 체면을 중시하지 않으며 유머감각이 뛰어난 사람을 원한다고 쓰여 있을 정도이다. 심지어 조종사 선발 시에도 경력보다는 태도를 중시한다. 거만하게 굴거나, 집단 면접에서 반바지 차림 요구에 응하지 않은 면접자는 탈락하게 된다. 이 회장은 직원들에게만 유머를 요구하지 않고, 그 자신이 유머 덩어리로 행동했다. 행사장에 기내 여자 승무원용 미니스커트를 입고 등장하거나 바이크 복장으로 할리 데이비슨 오토바이를 타고 나타나서 사람들을 즐겁게 해준다. 이 회장은 사람들이 웃음과 품위를 가지고 일하기를 원한다. 그 결과 이 회사는 1967년 3대의 항공기로 시작하여 오늘날에는 500여 대의 항공기를 보유하는 초일류 항공사가 되었다.

어느 회사 인사부에서는 직원 선발 과정에서 유머 사용을 관찰하였다. 입사 후 1년 차 사원들의 성과를 측정한 결과 높은 상관관계를 발견하였다. 선발 과정에서 유머를 더 많이 사용한 직원일수록 채용된 후에 더 높은 성과를 올렸다. 마찬가지로 우리는 대인관계에서 유머가 많을수록 상대로부터 더 많은 호감을 받고 효과적으로 소통할 수 있다. 삶의 즐거움은 감성적 지능 덕분에 더 높아질 수 있다.

유머는 조직의 성과 향상에 도움이 된다. 유머로 야기된 웃음이 긍정적인 감정을 가져오기 때문이다. 일터가 밝고 명랑하면 사기가 높아지고, 따라서 생산성과 창의성도 올라간다. 그리고 우리 두뇌는 유머를 좋아하므로 적절한 유머는 전달 내용을 새롭고 다르게 각색한다. 잘 아는 내용도 유머를 쓰면 색다르게 전달된다. 조직에서 아이디어를 공모할 때에 위트가 모여든다. 해를 끼치지 않으면서 긴장감 없이 해학을 누릴 유일한 시간이다.

조직에서 경영자는 지속적으로 씨를 뿌려야 한다. 그의 사상을 함께 나누려면 구성원들에게 계속 도전적인 화두를 던져야 한다. 귀 있는 자는 들을 것이고 성과를 향상시키려는 자는 노력할 것이다. "조직에서 동일한 말을 열 번 이상 반복해서 말하지 않으면 한 번도 말하지 않은 것과 같다"라고 어떤 성공한 경영자가 강조하였다. 반복적인 던짐이 중요하다. 반복은 정서 감각을 일깨우기 때문이다.

개인적으로 정서 감각을 일깨우는 방법을 두 가지 살펴보자.

첫째, 규칙을 세우고 이것을 지키는 습관이 필요하다. 자신만의 의식 구조를 갖추고 반복적으로 행동한다. 예를 들어, 읽기, 쓰기, 걷기, 잠자기 등 같은 것을 실행하는 일정한 시간을 정해놓는다. 일반적으로 잠자기는 오늘 11시 이전에 하고 다음 날 아침 일찍 일어나는 습관을 들이면 좋을 것 같다. 일찍 일어나서 짧은 시간 동안이라도 책 읽기와 쓰기를 한다면 하루를 "깨어서" 시작할 수 있을 것이다.

반복적인 행위를 갖는 연습으로서 무엇이든 적으려는 태도를 권하고 싶다. 중요한 힌트가 되는 말을 적어보면, 영혼이 그 중요성을 의식하게 된다. 이를 위해 나만의 노트가 있어야 한다. 업무 노트 말고 자신의 인생을 설계하는 개인 노트 말이다. 그리고 조그만 수첩도 동시에 가지고 다니면서 생각이 떠오를 때 조금씩 적고 나중에 나의 노트에 옮겨본다. 이름하여 '적자생존', 즉 적는 자만이 생존한다는 각오를 가져야 한다(적자생존의 원래 뜻은 환경에 잘 적응하는 사람 혹은 조직만이 살아남는다는 뜻). 노트 한 권을 적다 보면 무엇인가에 집중하면서 적고 있는 자신을 발견한다. 그것이 '나'이다. 이런 노트 열 권이 모이면 책을 한 권 쓸 수 있다.

프랑스의 소설가 베르베르는 매일 아침 무슨 일이 있어도 10쪽의 글쓰기를 한다고 한다. 새로운 글을 쓰든지 아니면 기존의 글을 수정하든지 해서 반드시 10쪽 분량을 채우는 습관을 가지고 있다. 사람에 따라서 아침 시간 또는 저녁 시간을 선호하는 것이 다를 것이다. 자신이 선호하는 시간은 절대로 남에게 양보해서는 안 된다는 심정으로 그 순간을 만끽하는 습관이 필요하다. 이렇게 10년 동안 10,000시간을 보낸다면 무슨 일에서든지 감각이 뛰어난 전문가가 될 수 있다. 자신의 공부량을 알아보고 싶은가? 필기한 노트의 권수를 헤아려보아라.

둘째, 비유의 멋을 인식하라. 비유는 어떤 단어에 대해 기억을 표현하고 동시에 해석하는 능력이다. 예컨대, 서비스는 무엇이라고 생각하는가? 대개는 식당이나 백화점에서 하는 일을 떠올릴 것이다. 어떤 사람은 비유적으로 중국집의 군만두를 떠올릴지도 모른다. 음식 배달을 주문하면, 주요리에 곁들여서 군만두를 덤으로 주는 중국음식점이 있기 때문이다. 그렇다. 서비스에는 공짜 개념이 들어 있다. 생산자 입장에서 서비스는 돈 받고 파는 무형상품이지만 소비자는 자신에게 베풀어지는 혜택이라고 생각한다. 장사하는 사람은 항상 고객이 충분히 혜택을 받고 있다는 느낌을 주어야 한다. 또한 유머 있는 은유적 사고를 지속하다 보면 섬세하고 개방적이 되며 관대해진다.

러시아 태생 미국 화가인 블라드미르 쿠쉬는 〈장자의 나비〉에서 감명을 받고 그의 범선 돛을 나비로 표현하였다. 나비 날개의 화려한 색깔과 펄럭임은 단연 예술적이다. "쿠쉬는 사물을 통해 무의식, 환상, 욕망 등을 표현하며 그때그때 처해 있는 정치적 현실에 대한 은유 역시 작품에 반영한다. 고유의 상상력을 바탕으로 이질적인 것들을 하나로 조합해 새로운 형태를 만들어내고, 우리가 발견하지 못했던 새로운 세계를 경험하도록 한다. 또한 시공간을 초월한 아름다운 풍경, 디테일하면서도 수많은 의미를 내포하고 있는 상징들은 관람객으로 하여금 다양한 해석을 가능하게 한다."(https : //www.indiepost.co.kr/post/7019)

메타포는 예술의 생명줄이며 예술 그 자체이다. 메타포를 알면 예술적 감각과 창의성이 높아진다. 메타포는 현재를 경험하면서 예전 것을 연결하려는 상상의 산물이다. 예컨대, 119 구조차가 내는 비상 경고음에 짜증을 내기보다는 아이돌의 랩을 노래하면 얼마나 즐거울 것인가? 또한 설거지처럼 단조로운 일에서도 문지르고 닦는 음악적 리듬을 발견할 수 있다면 얼마나 행복한 것인가? 청각적이고 시각적이고 감각적인 비유는 우리를 영혼 깊이 즐거움으로 인도한다.

또한 복잡한 상황을 비유적으로 정의하는 습관을 가지도록 한다.

예컨대, 음식을 한 숟가락 뜨고 나서 맛을 적절하게 표현하는 경우이다. 이것은 만든 사람의 정성에 대해 감사함을 말하는 것이다. 맛이 긍정적인 경우에는 "맛있다"라는 단순한 말보다는 "이 맛은 내가 처음 당신을 만났을 때의 느낌이네"라는 표현이 더 세련되어 보인다. 반대로 맛이 부정적일 때에는 "맛이 없네"라고 퉁명스럽게 말하기보다는 조심스러운 표정을 짓거나 상대를 안심시키는 소극적인 단어를 써서 예의를 차릴 수 있어야 한다. 만일 음식이 지나치게 짜다면, "요새 소금 값이 좀 내렸나"라고 할 수도 있다. 냉소적이 아니라면 한마디로 표현할 수 있는 재치는 대화의 꽃이다.

일부러 사무실 사람들을 웃기려 들지 말라. 유머를 농담 삼아 썰렁개그가 되지 않게 해야 한다. 젊은 사람들 앞에서도 말조심해야 하며 예의를 잃지 말아야 한다. 자연스럽고 진정성 있게 말하면 된다. 상황을 보며 비유를 준비하고 전달 내용에 집중해야 한다. 공적인 장소에서 시간, 장소 구분 없이 유머를 하려 들면 곤란하다. 허튼소리가 될 위험이 크다. 프리젠테이션을 멋지게 마치고 흥분한 나머지 성적 유머를 한 이사는 큰 비난을 받아야만 했다. 미가 악으로 바뀐 순간이 된 것이다. "웃음과 비웃음 사이의 거리는 멀지 않다"라는 말이 있다.

더 생각해보기

1. 다음은 비유 능력을 키우는 한 방법이다. 회의할 때 함께 이용할 수 있다.

   고객이란 (　　　　) 이다 (와 같다).
   왜냐하면 (　　　　) 이기 때문이다.
   그러므로 (　　　　) 해야 한다.

2. 나는 유머 감각을 갖추기 위해 노력하는 것이 있는지 살펴보자.

3. 우리 조직의 경영자는 직원들에게 어떤 화두를 던지고 있는가?

4. 우리 조직에는 은유적인 유머와 재치가 허용되는가?

05

조건 없는 자비심을 함양하라

은혜를 베풀고 보답은 바라지 말며 준 뒤에는 후회하지 말라

— 원효

개념 이해하기

먼저 베풀어라. 나중에 보상해주면 받으면 된다. 베푼다는 것은 실제 양에 관계없이 항상 많이 주는 것이다. 먼저 베풀면 좋은 평판을 얻는다. 식당에서 먼저 밥값을 내는 사람은 관대하다는 인상을 받는다. 호의가 되돌아오고 보상을 받을 것이다. 마땅히 요구를 들어주어야 한다면 요구하기 전에 베풀라. 상대는 보답하겠다는 마음을 가질 것이다. 만일 배은망덕한 사람이라면 잊으면 된다. 먼저 베풀면 호의이지만 요구에 따라 베풀면 대가가 된다. 따라서 조건적 베풂은 대가성이다. 먼저 베푸는 것을 연습하기 바란다.

자비심에 관한 이야기 하나를 읽어보자. 어느 추운 겨울날 법당 안

에서 주지승과 수도승들이 모여 기도 모임을 하고 있었다. 시골의 절은 먹을 것도 별로 많지 않았고 때 마침 흉년이 들어 많은 사람들이 굶주림 속에 있었다. 한참 기도 중에서 어느 사무라이 하나가 어둑한 법당 안으로 들어오더니, 굶고 있는 처자를 위해 무엇인가를 달라고 요구하였다. 그의 이야기를 듣더니 주지승은 사방을 둘러보았다. 빈 법당에 줄 것이 별로 없어 보였다. 순간 그의 눈은 부처의 원반 후광에 머물렀다. 그것을 떼어내어 "이거면 당분간 먹을 거요" 하고 사무라이에게 건넸다.

사무라이가 사라지고 나자 수도승들이 불만을 제기했다. "어떻게 그렇게 신성한 물건을 강도 같은 놈에게 넘겨줍니까? 이것은 불경죄에 속합니다. 신성한 제단을 훼손했습니다." 법당 안은 썰렁하고 을씨년스러웠으나, 그것을 넘겨준 주지승은 마음이 불같이 따뜻한 온기를 느꼈다. 그가 천천히 말했다. "그렇다. 맞는 말이다. 그러나 누군가가 와서 필요한 것이 있다고 하면 먼저 주위를 둘러보아라. 줄 수 있는 것이 뭐가 있는지 살펴보아라. 정말 없다면 손이라도 잡아주어라. 진정한 마음으로 기도해주어라. 마음을 따뜻하게 해주어라. 준다는 것은 항상 넉넉히 주는 것이다. 무엇을 주든 얼마만큼 주든지 간에 말이다. 주면 그보다 더 많이 받을 수 있다."

아마도 이 이야기는 빅토르 위고의 『레미제라블』을 연상하게 만들 것이다. 소설 속의 주인공 장 발장은 빵 한 조각을 훔친 죄로 20년 감옥살이를 하고 석방되는데 그의 이름에는 '위험인물'이라는 딱지가 붙어 다녔다. 그는 전과자 낙인으로 차가운 박해와 냉대를 받으면서 사회에 대해 증오심만 키우며 지냈다. 그러던 중 신부의 배려로 성당에 머물게 된 그는 다음 날 은식기를 훔쳐 달아나다가 경찰에게 잡혀 신부 앞에 확인차 끌려온다. 하지만 신부는 나의 형제에게 준 선물이라며 가장 좋은 촛대는 왜 잊었냐면서 감싸준다. 이후 장 발장은 자비의 손길 아래 회개하고 새로운 삶을 결심한다.

자비를 베풀 때에는 선입견 없이 평등한 마음으로 대하라. 베푸는 자에게는 선함을 선물로 얻을 것이다. 자비는 감정 능력의 최고 수준에 있는 특성이다. 황금률이 있지 않은가? 대접받고 싶은 대로 먼저 남에게 대접하라. 내가 먼저 자비의 물총을 쏜다면 상대는 흠뻑 젖은 기쁜 모습으로 나에게도 감사의 물총을 쏠 것이다. 물에 젖은 두 사람은 서로 얼굴을 쳐다보면서 뭔지 모를 즐거운 마음에 환호성을 지를 것이다. 사실 황금률을 넘어서는 것이 자비이다. 황금률에는 조건이 들어가 있으나 자비에는 조건이 없기 때문이다. 무조건 주는 것이 자비이다.

자비와 동의어로 보이는 친절이란 단어가 있다. 서비스 현장의 직원에게는 고객 만족을 위한 필수적인 덕목이다. 사실 친절은 에고이스트적인 태도이다. 다른 사람에게 친절을 느끼게 할 때, 본인은 우월감을 느낀다. 친절 뒤에는 깊은 모욕감이 있다. 친절을 베푸는 사람 뒷면에는 분노가 남아 있고 복수할 기회를 찾는다. 그래서 서비스업에 근무하는 감정노동자는 타인과 관계 맺기가 쉽지 않다. 겉보기에는 자비처럼 보이지만, 그 내면에는 숨은 저의가 있다. 더 많이 팔겠다는 것이다. 더 높이 승진하겠다는 것이다. 친절은 술수이고 계산이다. 일본 사람의 친절을 생각해보면 얄궂은 생각이 든다. 상업적 친절은 경직된 사고방식이므로, 에고를 강하게 한다. 자비가 성립되려면 에고가 사라져야 가능하다.

그리고 인색하지 말라. 인색하면 가식이 보이고 진정성을 잃는다. 밑 빠진 독에 물을 부어보자. 비록 물이 고이지 않지만 어딘가에 스며들 것이다. 비록 상대가 엉망이라도 포기하지 않고 꾸준히 격려와 애정의 물을 준다면 언젠가는 결실을 맺을 것이다. 물지게의 양쪽 양동이에 물을 담아 가면서 일부러 한쪽에 작은 구멍을 내어 길가에 물이 떨어지도록 한 사람이 있었다. 그는 집에 돌아오는 길가에 조금씩 매일 물을 줌으로써 화려한 꽃을 보게 된다. 또 어디 가든 꽃씨를 모은 주머니를 가지고 다면서 마을 길가에 씨앗을 뿌리는 사람도 있다. 누구든지 이 결과를 즐기기를 바라는 순수 자비심이다.

성경 이야기(마가복음 5장)

십이 년 동안 혈루증으로 고생한 한 여자가 예수의 소문을 들었다. 여자는 많은 의사들에게 치료를 받았으나, 형편없는 치료로 돈만 날리고 상태가 이전보다 더 나빠졌다. 여자는 뒤에서 슬그머니 다가가 예수의 옷을 만졌다. '이분의 옷에 손가락 하나만 대어도 내가 낫겠다'고 생각하는 것이다. 여자가 손을 대는 순간 흐르던 피가 멈추었다. 여자는 변화를 느낄 수 있었고, 자신의 병에 깨끗이 나은 것을 알았다. 그 순간, 예수께서 자신에게서 기운이 나간 것을 아시고, 무리에게 돌아서서 물으셨다. "누가 내 옷에 손을 대었느냐?" 제자들이 말했다. "무슨 말씀이신지요?" 무리가 이렇게 밀고 당기는데 '누가 손을 되었느냐?'고 물으시다니요. 손을 댄 사람이 수십 명은 될 것입니다!' 그러나 예수께서는 누가 그렇게 했는지 보려고 계속 둘러보며 물으셨다. 자기가 한 일을 알고 있던 그 여자는, 두려워 떨며 앞으로 나아갔다. 여자는 그분 앞에 무릎을 꿇고 자초지종을 이야기했다. 예수께서 여자에게 말씀하셨다. "딸아, 너는 믿음의 모험을 했고 이제 온전해졌다. 잘 살아라. 병이 나왔으니 복되게 살아라!" (마가복음 5 : 25~34)

> 예수께서 그들을 다 내보내신 뒤에, 아이 부모와 자기 동료들만 데리고 아이 방으로 들어갔다. 예수께서 소녀의 손을 꼭 잡고 말씀하셨다. "달리다 굼." 이는 '소녀야, 일어나라'라는 뜻이다. 그러자 소녀가 일어나서 걸어다녔다! 소녀의 나이가 12살이었다. 그들은 모두 기뻐서 어쩔 줄 몰라했다. 예수께서 그 방에서 일어난 일을 아무에게도 알리지 말라고 그들에게 엄히 명하셨다. 그리고 "아이에게 먹을 것을 주어라" 하고 말씀하셨다. (40~43)

마가복음 5장에서는 예수께서 병고침을 행한 사례가 세 가지 나온다. 그 이전에도 이러한 일을 수없이 행하셨지만, 기본적으로 예수께서는 자비심을 가지고 사람들을 대하셨다. 자비는 남을 크게 사랑하고 가엾게 여기는 마음이다. 이것은 이념적이 아니라 실천적 태도이다. 그리고 그분의 자비는 대가를 바라지 않는다. 바라는 것이 있다면 영혼의 평안함이다. 자비는 뒤를 돌아보지 않는다. 대가를 바라지 않는 친절이다. 자비심은 모든 생명에 대하여 배려를 베푸는 마음이므로, "세상은 희망이 없다. 살 만한 가치가 없다"라고 말하면서 포기하는 사람을 만류한다. 특히 연약하거나 병들어서 어려움에 처한 사람들에게 지극한 정성으로 대하는 친절함이 바로 자비이다. 자비심은 본성이므로 태어나면서부터 우리와 함께 있는 속성이다. 사단칠정[01]에서 측은지심은 사단의 첫 번째에 속한다. 자비는 궁극적으로 사랑의 꽃을 완성한다. 성경 말씀과 기도가 꽃이라면, 자비는 향기를 통하여 사람

---

01 사단은 『맹자(孟子)』에서 나온 측은(惻隱), 수오(羞惡), 사양(辭讓), 시비(是非)의 네 가지 착한 마음으로 인간 본연의 것으로서 타인규범적인 정서이며, 칠정은 희로애구애오욕(喜怒哀懼愛惡欲)의 자기중심적 정서로서 『예기(禮記)』에 의하면 외부 행동에 의하여 유발된 감정이며, 이것을 예로 다스리도록 권고한다.

들에게 전달된다.

예수의 자비로운 사례를 두 가지만 살펴보자.

자비 1 : 혈루증(만성내출혈) 환자가 있었다. 온갖 명의로부터 치료를 받았으나 별 효과 없이 악화되어가고 있었다. 그 여자는 예수께서 근처에 지나간다는 소문을 듣고 많은 군중 속에서 이리저리 밀리면서 초췌한 모습으로 서 있었다. 12년간이나 병을 앓고 있었으니 몸도 마음도 많이 쇠약해져 있었다. 예수의 치유를 얻기 위해 마지막일지도 모르겠다는 기회를 놓치지 않으려고 안간힘을 쓰고 있었다. 쓰러지려는 몸을 간신히 나무에 기대어 선 채 앞을 응시하고 있었다. '그의 옷깃에 손이라도 댈 수 있다면' 하는 간절한 믿음으로 숨죽이며 서 있었다.

예수께서 길을 지나가시면서 누군가가 자신의 옷깃을 만지는 것이 느껴졌다. 혼란스런 많은 군중 속에서 자신의 치유 능력이 빠져나감을 알아차렸다. 그 여자를 발견하고 자비심과 함께 말을 건넨다. "너의 믿음이 너를 구원하였다. 잘 가서 건강하게 살아라." 값 없는 은혜이다. 조그만 겨자 씨에서 나무 같은 커다란 믿음을 본 것이다. 상대에게 그냥 축복을 내리신다. 사실 예수께서 회당장인 권력자의 집으로 가는 길에 이 여인을 만난 것이다. 뭔가 대단한 출장 서비스라고 하면서 으스댈 만한 상황이었지만 작은 여인의 요청을 소홀히 하지 않으셨다.

자비 2 : 예수께서 야이로 회당장 집에 도착했다. 회당장은 그 지역에서 권세가 높은 유지이다. 회당장이라는 권위로 그분을 초청하여 열두 살 난 딸의 병을 치료해주기를 간절히 원하였던 것이다. "예수시여, 저와 저의 딸을 긍휼히 여겨주시옵소서." 자신의 목숨과도 바꿀 수 있는 사랑스런 딸이다. 그 회당장의 인물 됨됨이는 어떠하였을까? 예수께서는 무엇을 보고 그의 초청에 응한 것일까? 회당장은 신뢰와 존중, 그리고 믿음으로 예수께 요청했던 것이다. 예수께서 그를 알아보셨다.

예수의 도착이 혈루병 여인의 일로 조금 지체되었다. 사람들은 딸이 이미 벌써 죽었다고 한탄하면서 수군거리며 집 앞에 모여 있었다. 아버지는 가슴이 내려앉는 듯했다. '조금만 더 빨리 왔다면 고칠 수 있었는데' 하고 아쉬운 눈빛으로 예수를 바라보았다. 그러나 예수께서는 태연하셨다. "두려워 말고 믿기만 하여라." 집 안에 들어가 죽은 듯이 누워 있는 아이를 내려다보았다. "얘야, 일어나 걸어보렴." 말씀하시자마자 딸아이는 잠에서 깨어난 것처럼 눈을 뜨더니 일어나 걸었다.

그분의 자비는 때와 장소를 가리지 않는다. 무덤 가의 광인처럼 아무리 비천한 사람이라도 못 본 척하지 않으셨다. 병 낫기를 원하는 초라한 행색의 여인의 간청도 들어주셨다. 당시 여자는 인구조사에도 들어가지 못하는 존재였다. 더군다나 권세가 높은 회당장 집에 가는 도중이었다. 큰일을 앞두고 하찮게 보이는 작은 일도 소홀히 하지 않으셨다. 회당장같이 지체가 높은 사람에게서는 권력이 아니라 인격을 높이 샀다. 예수의 자비 능력은 은밀하게 진행되기도 하고 여러 사람이 보는 가운데에서 과감하게 이루어지기도 하였다. 필요한 곳이 있으면 거리낌 없이 충족시켜주는 마음이 그분의 자비심이다.

예수께서는 사람들에게 자신의 능력에 대하여 떠벌리고 다니지 말도록 일러두었다. 당시 혁신적인 사고의 말씀 전파는 정치적이고 종교적인 위험이 따르고 있음을 알았다. 그분의 구원 사역은 달인의 치유

기술과 겸손함과 함께 진행되고 있었다. 정말로 향기 나는 자비심이다. 예수의 구원 사역은 병고침 같은 극적인 사건과 연결된다.

기독교에서 구원은 성경을 통하여 예수 그리스도가 우리 생의 구세주임을 믿는 것이다. 나를 내려놓고 새로운 주인을 맞아들이는 것이다. 구원의 증거는 세 가지로 설명할 수 있다. 첫째, 주관적 확신으로 각자의 개인적인 신앙고백과 결단을 통해서 구원을 얻는다. 둘째, 객관적인 증거로서 성경에 그 말씀이 있다.[02] 셋째, 개인의 체험으로 구원을 확신할 수 있다. 큰 사고를 당했다가 회복되었거나, 어려운 시험을 이겨내고서 하나님께 감사하는 마음이 들면 이것이 구원의 길로 인도한다. 앞의 두 가지 치유 이야기는 자비의 체험을 통하여 구원에 이르는 장면을 보여준다.

예수의 치료 사역은 자비로우면서도 적극적인 능력을 보여준다. 또한 무엇보다도 환자 자신이나 부모의 간절함과 예수의 자비심이 함께 통했다. 예수의 능력이 아무리 강해도 상대가 그것을 거부하면 어쩔 수 없다. 무용지물이 된다. 상호관계는 양쪽이 서로 원하는 성과를 낸다. 상대만이 이익을 얻는 것은 아니다. 치료 순간을 통하여 구원을 경험하고 자비를 알게 되는 소중한 학습의 순간이다. 사실 예수에게 병고침이란 무슨 대단한 일이 아니다. 그분의 기적은 자비에서 나온다. 어떤 특별한 노력 없이 그냥 일어난다. 그는 거대한 에너지 풀

---

02 히브리서 6:17 "하나님은 약속을 기업으로 받는 자들에게 그 뜻이 변하지 아니함을 충분히 나타내시려고 그 일을 맹세로 보증하셨나니."(개역개정판 성경전서, 대한성서공회)
요한일서 5:13 "내가 하나님의 아들의 이름을 믿는 너희에게 이것을 쓰는 것은 너희로 하여금 너희에게 영생이 있음을 알게 하려 함이라." (상동)

장에 모여 있는 많은 사람들을 보고 계셨다. 함께 자비의 에너지를 나누려고 그곳에 풀장을 만들어 준비하였다. 은혜의 풀장이다. 그분은 세상에서 가장 위대한 치유자이시다. 치료가 끝나면 반대 급부를 요구하지 않고 그 자리를 떠났다. 다만 한마디만 강조하셨다. "그냥 믿어라! 너의 확신을 믿고 나의 구원의 능력을 믿어라. 그리고 행복하게 살아라."

요한일서 4장에서 "우리가 (서로) 사랑함은 그가 먼저 우리를 사랑하였음이라." 우리는 하나님의 사랑 덕분에 이웃을 사랑할 수 있게 된 것이다. 계속해서 "하나님이 우리를 사랑하시는 사랑을 우리가 알고 믿었노니 하나님은 사랑이시라. 사랑 안에 거하는 자는 하나님 안에 거하고 하나님도 그의 안에 거하시느니라." 예수께서 계속해서 당부하신다. "내가 너희를 사랑한 것같이 너희도 서로 사랑하라(요한복음 13 : 34)." 그분은 조건 없이 우리를 사랑하시고 자비심을 베푸신다. 그분의 사랑은 본성이기 때문이다.

경영 이야기

경영은 사람들이 아침에 출근할 기분이 나도록 분위기를 만드는 기술이다. 사람들은 어떤 직장에서 일하고 싶어할까? 경영자는 직원들이 무슨 목적으로 직장에 나오는지 파악하여야 한다. 매슬로의 욕구 계층 이론에 의하면 사람들은 기본적인 의식주 욕구로 시작하여 안전 욕구, 사회적 욕구, 자기발전 욕구 등을 통하여 궁극적으로는 자아실현 욕구를 성취하고 싶어한다.

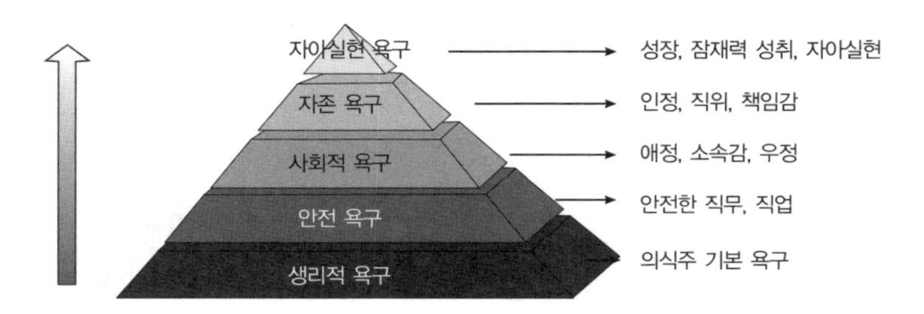

[그림 5-1] 매슬로의 욕구 계층 이론

우리나라 직장인들도 이와 유사한 경험을 하고 있다. 60년대 초기 경제발전 기간에는 생리적인 기본 욕구 충족으로 일하다가 최근 들어서 MZ세대는 자아실현을 위한 필요와 욕구를 강하게 제시하고 있다. 필요는 원하는 것을 충족시려는 외적인 요구이다. 가령 "물을 마시고 싶은데, 나에게 물 좀 주세요"라고 말하는 것은 필요를 뜻한다. 그리고 마음속에서 뭔지 모르지만 원하는 것이 있어, 충족되기를 바라는 잠재 의식을 욕구라고 부른다. 기업이 가치를 창출한다는 것은 직원과 고객의 필요와 욕구를 모두 충족시키는 활동을 말한다.

우리나라에서 '일하기 좋은 회사'는 삼성, LG, 현대처럼 인지도가 높고 급여가 많은 그런 회사가 아니다. 최근 한 조사에 의하면, 구글, 유한킴벌리, 다음, SK에너지 등의 회사들이다. 이런 회사들은 공통적인 특징을 보여준다.

- 약속한 작은 일도 지키려는 경영진의 언행일치 의지.
- 활력이 넘치고 높은 자부심을 갖게 하는 조직문화.
- 자기계발과 배려를 통한 가정과 직장의 균형 잡힌 생활.

일하기 좋은 직장은 조직원들의 필요과 욕구를 파악하고 충족시키는 회사이다. 직원을 도구로 축소시켜서 이용하지 않고 인간으로서 성장시키는 회사이다.

경영자의 성향에 따라서 근무 분위기는 달라진다. 리더의 성향과 관련하여 X-Y 이론이 있다. 경영자는 자신의 인간적인 본성을 부정적 또는 긍정적 시각에 따라 직원들을 대한다는 것이다. 상반된 이 가정은 행동에서 극명한 차이를 나타낸다. 먼저, X 이론을 신봉하는 경영자는 부하들이 주로 금전에 의하여 움직이고 게으르며 비협조적이라고 믿는다. 사람들이 일하기 싫어한다고 가정한다. 이런 경영자는 수직적인 관계를 선호하고 부하들에게 명령하고 지시하며 목표 달성 여부를 일일이 확인한다. 다음으로, Y 이론을 신봉하는 경영자는 직원들을 긍정적으로 대하며 그들이 근면하고 협동적이며 일하기 좋아한다고 믿는다. 이 경영자는 부하를 의사결정에 참여시키고 목표를 함께 달성한다.

	X 이론	Y 이론
상사의 행동	-직원들은 일하기 싫어함 -구성원들은 가능하면 지시를 원함 -관리자는 직원들에게 일을 강제로 시켜야 함 -직원들은 과업에서 안정만을 취함	-직원들은 일하기 좋아함 -조직 목적에 헌신하는 직원들은 스스로 자신에게 지시하며 통제해 나감 -직원들은 기꺼이 책임을 감수하려 함 -직원들은 합리적인 의사결정 능력을 가지고 있음
	부정적인 견해	긍정적인 견해

부하에 대한 견해

[그림 5-2] X-Y 이론

이 이론은 경영자의 개인적인 신념, 가치관, 경험에 따라 부하를 관리하는 스타일이 결정될 것이라고 설명한다. 부하 입장에서는 당연히 X 이론의 상사보다 Y 이론의 상사를 더 선호할 것이다. 최근 신세대는 과거 어느 때보다 더 열망할 것이다.

그러나 그렇다고 해서 조직의 성과가 더 높아진다고 장담하기는 어렵다. 일이 긍정적이고 즐겁다고 해서 농땡이가 허용된다고 생각하는 것은 잘못이다. 즐거운 것과 쉬운 것은 전혀 다른 개념이다. 즐거움은 자비와 같이 영적인 영역이다. 쉬운 것은 관리의 엄격성이나 일의 복잡성과 연관되어 있다. 어느 이론이 더 효과적인지는 부하들의 준비성에 달려 있다고 보겠다. 준비가 잘 안 된 부하들에게는 X 이론, 준비가 잘 되어 있는 부하들에게는 Y 이론 적용이 효과적이다. 상사는 상황에 적합한 판단을 내릴 수 있어야 한다.

대부분의 경영자들은 따뜻한 감성과 실적을 결합하는 것이 쉽지 않다고 실토한다. 특히 의욕적으로 단기 성과를 올려야 경우에는 더욱 그렇다고 말한다. 그러나 현명한 경영자는 직원, 고객, 협력업체, 심지어 경쟁회사에까지 배려를 베풀면 탁월한 성과가 장기적으로 유지된다고 믿는다. 이런 경영자들은 사업의 잔인성과 냉혹함이 개인 성과에 부정적으로 영향을 미치므로 이를 제거하려고 노력한다. 그리고 직원들은 한 가지 직무에 국한되지 않고 여러 직무를 동시에 수행하기 때문에 자발적이고 능력 있는 판단이 요구된다. 상사의 위임에는 부하에 대한 배려와 긍정적인 가정이 먼저 포함되어 있어야 한다.

그런데 이러한 상황 판단은 자칫 상사가 자의적으로 행할 위험이 있다. 상사는 좀 더 구체적으로 부하의 상태를 관찰하여 효과적인 리더십을 발휘할 필요가 있다. 동일한 부하에게 상황이 달라질 때마다 다른 스타일의 리더십을 발휘할 수 있어야 한다. 이것은 상사의 일관성을 기대하는 부하의 입장에서 혼란스러울 수 있다. 그러나 상사의 개인적인 선호 스타일보다는 부하의 필요에 따라 리더십을 발휘하는 것이 효과적인 성과를 가져온다.

사랑과 자비는 받아본 사람이 넉넉히 베풀 수 있다. 가정에서 성장하는 동안 부모로부터 사랑을 얼마나 받았는지 점검해보자. 유년 시절의 경험은 성년이 되어서도 크게 영향을 미친다. 넉넉히 받아본 사람은 타인에게 관대하게 베풀 가능성이 높다. 반대로 그렇지 못한 사람은 부모 원망을 그치고 자비심을 베풀 수 있는 기회를 놓치지 않기 바란다. 그래야 타인을 사랑할 수 있는 용기가 생긴다. 조직에서 점차 상위 직급으로 승진하면서 자비와 사랑이라는 최고 덕목으로 올바른 관계를 향해 자신을 일깨워야 한다.

더 생각해보기

1. 나는 조건 없이 자비심을 베푼 경험이 있는가?

2. 나의 리더십 스타일은 X-Y 중 어느 쪽에 가까운지 생각해보자.

3. 우리 조직을 아침에 출근하고 싶은 직장으로 만들려면?

4. 우리 조직의 관리자들은 어떠한 리더십을 보이고 있나?

06

탁월한 핵심역량을 비축하라

그대 자신의 영혼을 탐구하라. 다른 누구에게도 의지하지 말고 오직 그대 혼자의 힘으로 하라. 그대의 여정에 다른 이들이 끼어들지 못하게 하라. 이 길은 그대만의 길이요, 그대 혼자 가야 할 길임을 명심하라. 비록 다른 이들과 함께 걸을 수는 있으나 다른 그 어느 누구도 그대가 선택한 길을 대신 가줄 수 없음을 알라.

— 인디언 속담

개념 이해하기

개인의 핵심역량은 타고난 재능 위에 훈련을 통해 개발된 역량이라고 할 수 있다. 다시 말해서, 자신이 하는 일에 대해 탁월한 성과를 올릴 수 있는 재주와 능력이다. 나무에 비유하면 핵심역량은 토양에 내린 뿌리와 같다. 이 뿌리는 깊이 있게 내려 나무가 흔들리지 않도록 하지만, 더 중요한 것은 비옥한 토양에 정착해서 열매를 맺는 일이다. 나무는 식물, 다시 말해서 움직이는 생물이 아니므로 정착 선택권이 없기 때문이다. 이와 반대로 우리 인간은 안착을 위해 자유의지로 선택지를 가질 수 있다. 선택한 영역에서 어떤 역량을 핵심적으로 발휘하는가가 인생 과제가 된다.

혼자서 사업하거나 연구하는 사람은 인내심이라는 핵심역량이 필요하다. 결과가 나오기까지 긴 시간을 버틸 수 있는 힘이 요구된다. 화가가 풍경화를 그릴 때에는 자기 생각대로 그리는 것이 아니라 오랫동안 인내심을 가지고 응시할 수 있는 관찰 능력이 중요하다. 이렇게 핵심역량은 내재된 재능과 힘이다. 여러 사람이 모여서 무엇인가를 행하고자 할 때 친화력을 핵심역량으로 가진 사람은 아무리 어려운 일이라도 화합 기운을 조성해서 성취해 나갈 수 있다. 마치 원자들이 서로 결합하여 새로운 화학물질이 되려는 것처럼 다른 사람들과 사이좋게 잘 어울리는 능력을 갖추고 있기 때문이다.

내재된 핵심역량을 발견하고 키운다면 인생 전략을 수립하는 데에 다음과 같은 강점이 있다. 첫째, 목표 달성을 용이하게 한다. 예컨대, 저술 목표를 가지고 있다면 적합한 역량을 활용하여 매일 읽고 조금씩이라도 노트에 글쓰기를 남길 수 있다. 둘째, 자신감이 생겨서 활성화가 된다. 실천에서 나오는 자신감은 자존감으로 이어지고 삶의 활력을 가지게 한다. 셋째, 동호인이나 전문가를 발견하고 그들과 함께 공동체를 만들 수 있다. 이와 같이 핵심역량은 지적 능력을 높이므로 삶에 대해 긍정적인 자세를 유지하게 한다.

성공하려면 일의 특성을 파악해야 한다. 사람은 인내심을 필요로 하지만 문제는 해결을 요구한다. 일에 따라 문제 해결이 요구하는 내용이 과감성인가 또는 조심성인가, 꼼꼼함인가 또는 대범함인가, 단기적인가 또는 장기적인가 등 제각기 다르다. 또한 어떤 능력과 기술이 필요한지 그것이 나의 핵심역량이어서 완수할 수 있는지 등을 올바르게 판단해야 한다. 일하는 데에는 양보다 질이 우선이다. 마치 노벨상 받는 학자처럼 한 분야에 매달려 최선을 다하라. 그렇게 되면 뛰어난 능력을 갖게 되고 그 일에서 최고라는 명성을 얻는다.

기술은 생각을 실행에 옮기는 수단이다. 탁월한 기술이 없으면 상상했던 이미지와 실행 결과 간의 간격을 좁힐 수 없다. 자기 분야에서 핵심적인 기술이 무엇인지 파악하는 것이 중요하다. 예컨대, 화가는 원근 비율, 음악가는 음악 역사의 지식, 요리사는 칼 다루기, 작가는 읽기, 연구자는 관찰력, 선생은 사랑과 배려 등에 관한 기술이 필요하다. 기술 없는 생각은 공허하고 자기기만이다. 탁월한 기술은 생각을 세련되게 하고 자신감을 주기 때문에 사회적 영향력을 확대시켜준다. 그러나 오랜 기간의 인내와 연습을 요한다.

궁극적으로 인품과 함께 습득된 기술은 자신감을 창출하는 훌륭한 기반이 된다. 기술은 아이디어와 이미지를 세련되게 만든다. 특히 대인 관계에서 중요한 기술은 말하기, 듣기, 피드백 등을 포함한다. 이러한 기술은 마음을 여는 데에 필수적인 수단이며 관계를 부드럽게 만든다. 성격이 특이한 상사와 회의를 잘 할 수 있는가? 낯선 이웃 또는 외국인과 편하게 대화할 수 있는가? 이런 역량을 가진 사람은 즐겁게 살 수 있다. 이 세 가지 기술에 대해 차례로 설명해보자.

첫째, 말하기 기술에 대해 알아보자. 화자는 상대에게 이득이 되는 내용을 제시하고 자극을 주겠다는 목적으로 말해야 한다. 말할 때, 상대가 이해하기 어려워하면 천천히 명료하게 전달한다. 비언어적인 행동보다는 언어적으로 접근하고, 비속한 단어를 쓰지 마라. 전문가에게만 전문 용어를 사용하고 일반인에게는 이해하기 쉬운 용어를 골라서 표현한다. 여러 개의 의미를 갖는 단어를 삼가라. 청자들은 듣자마자 잊는 경향이 있다. 특히 질문하는 경우에는 개방적이고 미래지향적이며 긍정적으로 표현하도록 한다. 개방적 질문은 "좋은가 나쁜가?" 대신에 "어떻게 생각하는가?"로 하는 것이다. 미래지향적인 질문은 "지난번 왜 그랬는가?" 대신에 "앞으로 이렇게 되었으면 좋겠는데, 어떻게 생각하는가?"이다. 긍정적인 질문은 "왜 안 했는가?" 대신에 "어떻게 해서 그렇게 되었는가?"로 하는 것이다. 첫인사를 시원시원하게 말하고 나서는 잠시 후 수도승처럼 침묵을 지키는 사람을 본 적이 있을 것이다. 이들은 화두가 없어 조금 지나면 대화가 공허해진다. 속 빈 강정과 같은 사람은 핵심역량에 대한 의식조차 없다.

둘째, 듣기 기술에는 꾸준한 노력이 필요하다. 상대가 말을 끝낼 때까지 참을성 있게 들어라. 그러고 나서 내 생각을 말하거나 답하라. 내가 듣고 싶은 말만 듣지 말라. 상대가 말한 것을 그대로 되풀이해 말할 수 있다면 잘 듣고 있는 셈이다. 듣는 동안 평가하지 말고 내용에 집중하라. 대화가 끝나고 1시간 후에도 내용을 정확하게 기억하는가? 나의 논점을 강조하기 위해 상대가 말하는 도중에 끼어들지는 않는가? 중요한 내용은 필기하는가? 듣기는 귀로만 하지 말고 영혼의 문을 열고 온몸으로 받아들여라. 그러면 말과 함께 의미 이해가 가능할 것이다.

셋째, 피드백은 대화에서 효과적인 기술이다. 이것은 청자에게 선택의 여지를 주어야 한다. 화자가 원하는 대로 상대가 변화해야 한다고 주장하면 상대의 굴복을 강요하는 것이 된다. 부정적인 비판을 삼가라. 이것은 상대에게 좌절감만 준다. 피드백을 잘 하려면, 상대 특성을 파악하고 좋은 분위기를 조성해야 한다. 도입 부분에서 상대의 흥미를 유발하고 목표지향적으로 이야기를 전개한다. 그리고 결론은 어떤 행동을 제안하는 것으로 마치면 좋다. 예의 바르게 상대를 존중하고 도움이 될 만한 것을 주도록 한다. 판단보다는 설명적으로 서술하고, 일반화된 말보다는 특별하게 구체적으로 제시한다.

사람이 가진 재능은 자연 속의 나무처럼 다양하다. 다른 사람의 것을 모방하지 말고 나만의 씨앗을 찾아 발아시켜야 한다. 핵심역량은 축적되어 내재된 기술이다. 내 마음의 우물 깊은 곳에서 길어내는 맑은 물이다. 이것은 발견과 훈련의 문제이다.

성경 이야기(마가복음 6장)

사도들이 다시 예수께 모여서, 그동안 자기들이 행하고 가르친 일을 모두 보고했다. 예수께서 말씀하셨다. “따로 어디 가서 잠깐 쉬도록 하자.” 그만큼 오가는 사람들의 발길이 끊이지 않았고, 그들은 음식 먹을 겨를조차 없었다. 그래서 그들은 배를 타고 따로 한적한 곳으로 떠났다. 그들이 가는 것을 본 사람이 있어서 금세 소문이 퍼졌다. 인근 마을에서 사람들이 도보로 달려와서, 그들보다 먼저 그곳에 도착했다. 예수께서 도착해 큰 무리를 보셨다. 목자 없는 양 같은 그들을 보시니, 그분 마음이 찢어지는 것 같았다. 예수께서는 곧바로 그들을 가르치기 시작하셨다. 어느새 저녁이 되었다. 시간이 많이 흘렀다고 생각한 제자들이 말씀 사이에 끼어 들었다. “여기는 허허벌판이고 시간도 많이 늦었습니다. 이제 기도하시고 사람들을 보내어 저녁이라도 먹게 해야겠습니다.” 예수께서 말씀하셨다. “너희가 이들의 저녁을 준비하여라.” 그들이 대답했다. “진심이십니까? 가서 이들의 저녁거리에 큰돈을 쓰라는 말씀이신지요?” 그러나 그분의 말씀은 진

> 심이었다. “너희에게 빵이 몇 개나 있는지 알아보아라.” 오래 걸릴 것도 없었다. “다섯 개입니다.” 그들이 말했다. “그리고 물고기가 두 마리 있습니다.” 예수께서 그들 모두를 오십 명, 백 명씩 무리지어 앉게 하셨다. 그 모습이 마치 푸른 초장에 펼쳐진, 들꽃으로 엮어진 조각보 이불 같았다! 예수께서 빵 다섯 개와 물고기 두 마리를 손에 들고, 고개 들어 하늘을 우러러 감사기도를 드리시고 축복하신 다음, 빵을 떼어 제자들에게 주셨고, 제자들은 다시 그것을 사람들에게 나누어 주었다. 예수께서 물고기를 가지고 똑같이 하셨다. 사람들 모두가 배불리 먹었다. 제자들이 남은 것을 거두니 열두 바구니나 되었다. 저녁을 먹은 사람들이 오천 명이 넘었다. (마가복음 6 : 30~44)

어느 날 오후 오천 명의 군중이 그의 말씀을 듣기 위해 모여 있었다. 날도 저물고 배도 고팠지만, 예수의 말씀에 귀를 기울이고 있었다. 그분은 말씀도 중요하지만 모두가 식사를 해야 한다는 것도 알았다. 가지고 있는 것은 겨우 떡 다섯 개와 물고기 두 마리(오병이어) 정도였다. 이것으로 어떻게 이 많은 사람들을 먹일 수 있다는 것인가? 주위 제자들은 애가 타고 걱정이 태산 같았다. 그러나 예수께서는 알고 계셨다. 기도의 힘과 자비의 능력은 하늘의 문을 열게 한다는 것을. 그분이 간절히 기도하시자, 드디어 하늘 문이 열렸다. 이젠 먹을 것 천지이다. 그 풍성함은 사람들을 기쁘게 하였다. 실컷 먹고 오히려 열두 광주리나 남았다.

이것은 신앙적인 신비감을 시사한다. 먹을 것이 정말 하늘에서 떨어졌다는 말인가 하고 묻는 것은 낮은 수준의 질문이다. 믿음은 과학도 아니고 논리도 아니다. 믿음은 신비스러운 것이다. 미지를 향한 간절한 기도는 사람의 마음과 영혼을 움직인다. 이것을 보고 하늘 문이 열린다고 말한다. 먼저 적은 양이지만 예수의 제자 팀들이 먼저 가지고 있던 것을 내놓았을 것이다. 이러한 희생적인 행동을 보며 사람들은 각자 가지고 있던 것을 흔쾌히 내놓았을지도 모른다. 오천 명의 집단을 50~100명의 소그룹으로 나누게 되니 진정한 공동체가 형성되었다. 소그룹 안에서 서로 마주 보며 예수의 말씀을 실천하려는 마음이 통했던 것이었다. 선용된 힘 덕분에 각자 가지고 있던 것을 내놓고 아름다운 저녁 시간을 가졌다.

예수의 사랑은 올바른 권력을 사용하도록 인도한다. 권력이란 다른 사람의 행동에 영향을 미칠 수 있는 힘을 뜻한다. 권력자는 물리적인 힘으로 상대방을 강제적으로 복종시키고 지배할 수 있으며 또는 상대방의 자발적인 동의와 순종으로도 지배가 가능하다. 권력을 행사하는 사람은 이런 두 가지 형태로 리더십을 갖게 된다. 리더십은 사람들로 하여금 목표를 달성하도록 지휘하고 영향을 미치는 힘이다. 올바른 권력 행사는 효과적인 리더십을 발휘하게 하나, 반대로 그릇된 권력 행사는 사람들을 불행과 비극으로 이끌어간다. 지위가 높을수록 권력이 많아지므로 고상한 성품과 책임이 더욱 요구된다.

마가복음 6장에서는 두 권력자가 비교되어 등장한다. 하나는 예수이며 다른 하나는 헤롯 왕이다. 두 사람 모두 다른 사람을 지배하는 힘을 가지고 있었다. 헤롯은 공식적으로 예루살렘을 통치하는 로마 소속의 왕으로서 정치적인 힘을 가지고 있었다. 반면에 조직의 배경이 없는 예수는 치료 기술과 구원의 권능을 가지고 있었으며, 많은 무리들이 따르고 있었다. 두 사람 모두 권력을 가지고 있었다. 그러나 권력의 힘이 어느 방향으로 행사되는가에 따라 결과는 크게 달라졌다.

먼저 헤롯을 보자. 그는 왕으로서 통치 지역에서 원하는 대로 어떤 권력이든 행사할 수 있었다. 그는 동생의 부인이었던 헤로디아를 새 아내로 맞이하였고, 자신의 생일 축하 모임에 그녀의 딸이 무대에서 춤을 추게 되었다. 왕은 연회에서 흥이 오른 나머지 자신을 주체하기 어려웠고, 새 딸의 사랑스런 모습에 빠져서 엉뚱한 제안을 하였다. 딸에게 어떤 청이라도 들어주겠다는 취중 발언은 연회장의 흥미를 불러 일으키기에 충분하였다. 그는 카리스마적인 리더십을 과시하고 싶었다.

그 딸의 어머니인 헤로디아는 세례자 요한이 두 사람의 결혼에 대해 공개적으로 반대하였기에 분개하고 있었다. 윤리적으로 옳지 못한 행동을 지적한 요한으로부터 정곡을 찔린 상태였다. 세례 요한의 강직함을 꺾고 싶었다. "감히 그 인간이 어떻게 이 최고 권력의 자리에 있는 사람에게 이래라 저래라 할 수 있는가?" 딸은 새 아버지의 제안에 머뭇거리다가 어머니에게 어떻게 하면 좋을 것인지를 상의했다. 헤로디아는 기다렸다는 듯이 세례 요한의 목을 잘라서 쟁반에 담아 가져오라는 잔인한 요구를 주저 없이 주문하였다. 비윤리적인 결혼을 하고 난 헤롯 왕의 생각없는 취중 약속은 또 하나의 그릇된 권력 행사가 되고 말았다. 무고한 사람이 죽은 것이었다. 즐거운 파티는 무덤으로 끝났다.

한편, 예수께서는 구원의 사역을 실행하고자 인격적이고 전문가적인 권력을 행사하셨다. 헤롯 왕처럼 공식적이고 합법적인 권력은 없었지만 개인적인 권력을 가지고 많은 사람들에게 치유의 자비를 베푸셨다. 그 결과 많은 사람들이 죄사함과 구원을 통하여 행복하게 산다는 것이 무엇인지 알고 그를 따르게 되었을 정도로 막강한 영향력을 미쳤다.

예수의 핵심역량은 신적인 사랑이다. 오병이어의 기적은 핵심역량이 있기에 가능한 것이다. 예수 말씀을 듣기 위해 남자만 오천 명이 모여들었다. 여자와 아이들을 합하면 만 명은 족히 되었으리라. 식사 때가 되어 먹을 것을 제공하고 싶은 예수의 마음은 초조하지 않았다. 왜냐하면 예수께서 자신의 능력을 믿고 있었기 때문이다. 파워 넘치는 핵심역량은 모인 사람들이 충분히 먹고도 남는 식사가 되었다. 믿음이 부족한 사람들에게는 이해하기 어려운 대목이지만 믿고 따르는 이들에게는 기적이라기보다는 하나의 생활이리라.

본장에서는 예수의 권력 사용이 도처에 나타나 있다. 그러나 그분은 자기 존경이나 자기 우상화에 사용하지 않았다. 그분의 권력은 사람들을 구원의 길로 인도하는 데에 최대한으로 선하게 행사되었다. 오병이어 기적뿐만 아니라, 제자들의 파송, 군중 설교, 기도, 제자 격려, 병고침 등이 포함된다. 모두가 그분의 사랑이라는 단 한 가지의 핵심역량 덕분에 가능한 것이었다.

경영 이야기

경영은 핵심역량을 확보하고 발휘하는 기술이다. 조직의 핵심역량이란 고객에게 가치를 전달하는 과정에서 나타나는 내부의 독특한 자원, 기술, 능력 등을 의미한다. 이 역량은 기업의 뿌리가 되어서 핵심제품이나 서비스를 만들어 이를 통해 경쟁우위를 확보한다. 경쟁사는 이를 모방하기 어려우며 시장에서 승리를 이끌어 나간다. 예컨대, 구글의 현대판 전지전능한 검색 기능, 애플의 명품 디자인 제품, 월마트의 구매력에 기반한 저가격 제공, 디즈니의 캐릭터와 창의적 스토리텔링 등은 조직의 탁월성을 지속시켜주는 핵심역량이다. 이들 기업은 시장에서 모방자를 제치고 선두주자로서 경쟁에서 승리할 수 있다.

사업에서 경쟁우위를 확보하려면 핵심역량 활용과 축적을 위한 전략이 필요하다. 핵심역량의 활용은 기존 시장에서의 경쟁력 확보 방안을 의미하며, 역량의 축적은 잠재시장에 진출하기 위한 것이다. 예컨대 유제품 가공 기술을 가진 회사는 냉동 물류 기술 개발을 계획하며 유통 채널을 확보하는 기회를 가지는 경우이다. 기업이 장기적으로 성장하려면 보유하고 있는 경영자원과 핵심역량을 유지 발전시켜야 한다.

다음은 조직에서 핵심역량을 발견하고 유지하는 방안이다.

첫째, 조직은 먼저 자기 성찰적으로 주력 사업에서 그 본질과 필요 역량을 발견해야 한다. 우선 원가경쟁력, 제품 차별화 등이 핵심 성공요인인지 여부를 살핀다. 예컨대, 반도체 사업은 원가경쟁력이 중요하므로 대규모 생산시설 투자를 위한 자본력과 수율 극대화를 위한 공정기술력은 핵심역량이 된다. 화장품의 경우, 제품 차별화가 있으려면 독창적인 제품 개념이나 브랜드를 제시할 수 있는 상품기획 역량을 확보하고 있어야 한다.

둘째, 조직은 고객이 가치를 느끼고 인정해주는 역량을 발견해야 한다. 즉, 경쟁자가 아니라 고객가치를 창출할 수 있는 관점을 중시해야 한다. 미국 기업은 새로운 사업모델의 창출력, 일본 기업은 고도의 숙련도에 기반한 기술력, 중국 기업은 저원가전략에 기반한 대량 판매력 등이 그들의 핵심역량이다. 이에 반해, 우리나라 기업은 고객의 문제를 해결하는 것을 목표로 하여 역량을 키우고 있다. 난관 극복을 위한 불굴의 의지와 강한 실행력은 다른 나라 기업이 흉내내기 어려운 핵심역량이다.

셋째, 조직은 자신이 보유한 핵심역량을 신사업에 적용시켜야 성장할 수 있다. 신사업의 경우 필요한 것은 시장 매력보다는 핵심역량의 확보 여부이다. 비록 후발주자라 하더라도 삼성이나 LG의 LCD 사

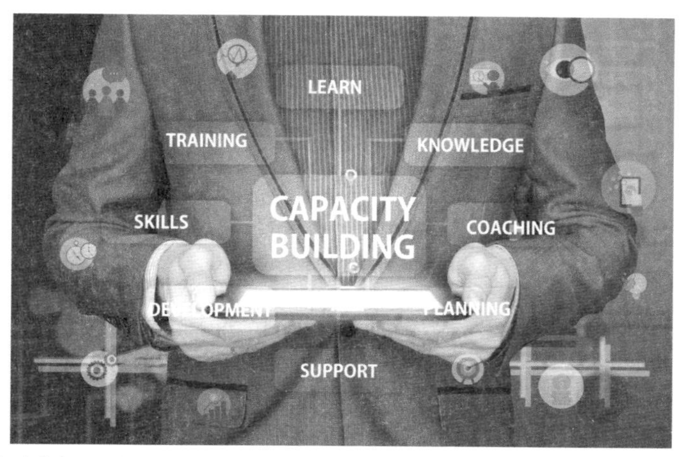

기업이 장기적으로 성장하려면 보유하고 있는 경영자원과 핵심역량을 유지 발전시켜야 한다.
(이미지 출처 : pixabay)

업은 과거 반도체 사업에서 축적했던 세계 최고의 공정기술력을 이미 확보하고 있었기에 빠르게 적용 가능했던 것이다.

과업 수행의 핵심역량은 조직원이 보유하고 있어야 한다. 이 역량은 경쟁자와 고객 그리고 기술 변수에 따라 반감기(半減期)가 적용된다. 회사의 역량은 인공지능, 빅데이터, 블록체인 같은 신기술이 등장하면서 기존 기술의 진부화가 빠르게 진행되고 있다. 구글에서 핵심가치의 최우선 순위는 학습능력이다. 새로운 기술을 배우려는 열의를 높이 평가 한다. 어제의 기술이 역사 속으로 빠른 속도로 묻히는 시대이다. 기업에서 직원들이 경쟁사와의 기술 격차를 이해하지 못한다면 우물 안의 개구리와 무엇이 다를까? 발전하는 기술을 따라잡으려면 배우려는 자세부터 갖추어야 한다.

핵심역량은 발견의 문제이며 동시에 마인드의 문제이다. 기존 역량에 집착하며 변화를 거부하는 일부 기득권층 구성원들의 마인드는 새로운 핵심역량 확보에 방해가 될 것이다. 노키아가 통화 기능 중심의 피처폰에서 앱 활용의 스마트폰으로 전환하는 데 실패한 것은 조직원들의 깨어 있는 마인드의 중요성을 시사한다. 미래는 스스로 개척하려는 자들의 전리품이다.

조직에서 역량을 보유하려면 무엇보다도 올바른 지식경영 체계의 구축이 필요하다. 최근 제4차 산업혁명은 과학혁명이며 지식이 과거 어느 때보다 중시되고 있다. 이 과학혁명은 언제 어디서나 누구에게나 연결이 가능하며 인간의 상상력이 표상화되는 특징을 가지고 있다. 모든 것이 데이터화하고 표현된다. 숫자는 말할 것도 없고, 문자, 소리, 색깔 등이 디지털로 자료화된다. 오늘의 인공지능 기술은 컴퓨터 공학뿐만 아니라 철학, 심리학, 수학, 생명공학 예술 등 거의 모든 학문을 아우르는 문자 그대로 만물 상자가 되었다. 인공지능 수준은 인간의 상상력을 초월해가고 있다. 컴퓨터 머신이 스스로 학습할 수 있기에 인공지능은 지속적으로 발전하고 있다.

이 무인(無人) 시대에서 지식은 기업에 중요한 개인 자산이며 경제적인 자원이다. 이것은 본원적인 생산요소 중에서 핵심 자원이 되고 있다. 노동에 지식을 적용한 인공지능은 생산성에 커다란 변화를 가져왔다. 위험하고 정교한 작업은 그 무인이 수행할 수 있게 되었다. 지식은 전통적인 토지 노동 자본보다 더 중요한 생산요소로 부상하였다. 이제 전 사원은 전공이나 업무에 관계없이 모두가 컴퓨터 코딩(프로그래밍)을 배울 시점이 왔다.

지식이 핵심역량으로 자리 잡기 위해서는 조직 차원에서 관리해야 한다. 지식은 크게 암묵지와 형식지로 나눈다. 암묵지는 학습과 체험을 통하여 주관적으로 개인의 몸에 체득된 것이다. 이 지식의 형식은 아날로그적이어서 언어로 표현하기 어렵다. 반면에 형식지는 언어와 구조를 갖춘 형태로 존재한다. 각종 문서, 데이터베이스, 매뉴얼, 공식, 컴퓨터 프로그램 등으로 표현된다. 이 지식은 디지털 지식으로서 객관적이어서 누구나 습득이 가능하다.

조직에서 지식이 핵심역량화하려면 암묵지와 형식지가 서로 배타적이지 않고 상호 순환적이고 보완적으로 활용되어야 한다. 두 지식은 시간이 지나면서 진부화하지 않도록 상호 간에 긴밀하게 연계가 되면서 새로운 지식으로 창조되고 확장된다. 지식은 구체적이고 전문화된 특성을 가지고 있으며 이를 통해 결과물을 산출한다.

효과적인 지식경영 체계는 향후 업무에 도움이 될 것으로 기대되는 정보와 경험, 선진 사례 등의 학습내용을 전사적 차원에서 체계적이고 용이하게 창출, 수집, 관리, 활용한다. 지식경영의 대상은 제안서와 보고서 등 사내의 주요한 문서와 업무관련 기술 및 노하우, 특허권 등에 관한 전문지식 및 접촉지점, 업무경험, 베스트 프랙티스, 실패경험 등을 포괄한다. 이뿐만 아니라 고객, 협력업체, 제품 등과 같은 핵심적인 기업 정보 또한 지식경영 체계 내에서 관리되어야 한다. 무엇보다도 육하원칙의 지식 중에서 '누구(who)'에 관한 내용이 가장 소중하다. 어떤 특정 분야에서 누가 최고 전문가이며 우리 문제 해결에 도움이 되는지 지속적으로 업데이트해야 한다.

지식경영은 최고경영자의 리더십하에서 경쟁우위 창출을 위한 전략으로 활용될 때 가치를 십분 발휘할 수 있다. 전사적으로 그리고 전략적으로 관리해야 할 지식 요소를 도출하고 이를 체계화해야 한다. 지식 창출과 공유에 관련된 프로세스가 각각의 업무 프로세스와 긴밀하게 연계되어 업무 프로세스 속으로 내재화하도록 한다. 다시 말해서 핵심역량으로 발전하여 개발부터 생산 영업에 이르는 전체 프로세스에 적용되어야 한다. 성공적인 지식경영의 관건은 지식을 창출하고 공유함으로써 이를 업무 경쟁력 향상에 활용하기 위한 시스템 구축에 달려 있다. 조직 내에서 지식이 확산되도록 다시 말해서 고급스런 학습장이 되도록 제도와 시스템을 유지 발전시켜야 한다.

핵심역량을 파악하면 기업의 경영전략 수립에 다음과 같은 유익한 결과를 얻을 수 있다. 첫째, 기존 사업의 경쟁력을 파악하고 유지하는 데 도움을 준다. 플랫폼 사업에서는 유연성 있게 제품이나 서비스를 제공할 수 있다. 둘째, 조직이 활성화된다. 조직원들은 자신의 역량을 파악하고 자신감이 생긴다. 이것 때문에 조직 활성화가 가능하다. 비전을 공유하고 잠재사업 진출이 가능하다. 셋째, 기업의 글로벌화를 촉진한다. 혼자서 만들고 팔지 않아도 된다. 국제적인 가치사슬 상에서 해외기업과 전략적으로 제휴하는 것이 가능해진다.

조직에서 개인이 가지고 있는 핵심역량은 권력으로 표출된다. 이 권력은 목표 달성을 위해 다른 사람들을 행동하게 하는 힘이며, 이것은 지위권력과 개인권력으로 나눈다. 지위권력은 조직에서 공식적으로 부여한 권력이다. 회사의 사장이나 팀장은 합법적인 지위를 가지고 있어, 부하에게 명령하거나 상벌을 줄 수 있는 권력을 행사할 수 있다. 개인권력은 조직에 소속되어 있든 아니든 관계없이 주위 사람들에게 개인적으로 영향을 미칠 수 있는 힘이다. 개인권력의 원천은 탁월한 판단력, 따뜻한 가슴, 전문가적인 지식과 역량을 들 수 있다. 만일 친화력이 핵심역량인 지도자를 만나는 구성원은 합심하여 목표를 달성할 수 있다. 권력이 궁극적으로 지향하는 것은 주위 사람들에게 영향을 미치는 힘이다. 선한 권력은 선하게, 악한 권력은 악하게 영향을 미칠 것이다.

개인의 권력은 무한하다. 자신의 인품과 전문성으로 영향력을 얼마든지 확장해 나갈 수 있다. 전문성 보유가 중요하다. 전문 기술이 없는 인품은 생각하기 어렵다. 전문성은 조직에서 능숙하게 일할 수 있을 뿐만 아니라 자신의 삶에 행복을 가져다준다. 의사들은 청진기만 있으면 어디 가서든지 먹고살 수 있다. 이공 계통 사람들은 실험실에서 익힌 손기술을 가지고 있다. 창작 활동에 부지런한 예술가도 마찬가지로 손에 기술을 가지고 있다. 그러나 문과 계열 사람들에게는 뭔가 의식적으로 사용할 수 있는 체득된 기술이 별로 없다. 데이터 분석 기술, 상상력 창출 기술, 대인 관계 기술, 외국어 기술, 발표 기술 등 수없이 나열해보지만 어느 것 하나 몸에 붙여서 제대로 활용하기가 쉽지 않다. 그 이유는 무엇일까? 기술 습득을 등한시하기 때문이다. 자신이 자랑스럽게 여길 수 있는 기술을 가지려면 10,000시간 정도의 노력이 필요하다고 한다. 이 시간은 10년의 세월과 동일하다. 공학에만 기술이 필요한 것이 아니다. 인문학이나 사회과학을 전공한 사람도 기술을 체득해야 한다.

더 생각해보기

1. 나의 장기 목표는 무엇이며 이를 달성하기 위한 핵심역량은 무엇인가?

2. 나는 어떤 기술을 배우고 유지하고 싶은가?

3. 우리 조직의 핵심역량은 어디서 발견되는가?

4. 우리 조직 관리자들은 어떤 권력을 행사하고 있나?

07

진정성으로 가식을 배격하라

우선 겸손을 배우려 하지 않는 자는 아무것도 배우지 못한다.

— O. 매러디트

겸손한 자만이 다스릴 것이요, 애써 일하는 자만이 가질 것이다.

— 에머슨

개념 이해하기

우리는 실존에서 모두 연약한 존재이다. 정상 체온의 ±6도에서 생명이 왔다 갔다 할 정도로 몸이 질그릇처럼 부서지기 쉽다. 생명은 언제라도 끊어질 수 있는 실끈이다. 실존에서는 모두가 동등하다. 풀, 나무, 개, 고양이, 인간 등 모두가 절대적이고 진정 그들을 있는 그대로 받아들이면 세상은 아름다워진다. 실존은 아름다운 것이다. 그런데 교육 현장에서는 인간이 동물보다 상위에 있다고 설명하고, 사람들끼리 경쟁심을 부추기고, 거짓된 우월성에 빠뜨린다. 우리나라의 경우에는 머리 좋은 사람, 즉 잘 외우는 사람만이 대접받는다. 가슴을 중요시하지 않는다. 이러한 위선 속에서 사람들은 서로 친밀감을 드러내지 못한다. 겉으로 보이는 내가 진정한 모습이 아니다. 가면을 쓰고 서로 대한다.

어두운 가면은 신뢰를 얻지 못한다. 유아기 성장 중에 어둔 그림자가 짙게 드리운 채 성인이 된다면 진실성을 보여주기 어렵다. 그림자는 자아의식에 의해 부정된 욕구, 기억, 경험 등이다. 어릴 때 부모로부터 심한 압박이나 미움을 받으면 열등감이 생기고 성인 되어서도 어둡게 살아간다. 심지어 겉으로 상냥한 척해도 무의식 속에 남을 해하려는 잔인성을 가진 사람도 있다. 그림자는 자기도 모르게 무의식적으로 생긴 것이다. 이런 사람은 자신의 그림자를 타인에게 투사하는 경향이 있다. 그러나 자아가 그림자의 존재를 인정하고 의식의 힘으로 이것을 통제한다면 치유가 가능하다.

한편 가식과 인색함은 서로 통하는 면이 있다. 인색할수록 더 많은 가식을 보이고 진정성을 잃어버린다. 반대로 넉넉함은 본성대로 남에게 진심으로 베풀 수 있다. 모르면서 잘 아는 척하는 사람은 때에 따라 이해할 수도 있다. 모르는 것을 모른다고 이야기하는 용기는 자신의 마음을 기쁘게 한다. 잘 배우면 되는 것이다. 인색한 사람은 대화의 장에서 과연 다른 사람들에게 자신을 잘 이해시킬 수 있을지 의심이 간다.

진정한 생각과 행동을 하려면 본질에서 어긋나지 말고 자기 합리화로 행동을 미화시키지 말아야 한다. 가식은 실속 없이 겉만 꾸민 것이다. 그것은 사람이 가지고 있는 이중성에서 나오는 체면으로서 일종의 자존심이다. 자존심은 상대방과의 경쟁에서 스스로를 높이려는 마음이다. 남에게 속내를 보이기 싫어하고, 완벽하려 들고, 자신을 지키려고 열심히 울타리를 친다. 어떤 경우에는 대가를 치르고서라도 승리를 맛보고 싶어서 상대를 밖으로 밀어내고자 한다. 이기심이 자신을 고양시킨다고 믿는다.

톨스토이의 「사람은 무엇으로 사는가」라는 단편소설이 있다. 구두수선공 세묜은 찢어지게 가난하여 간신히 입에 풀칠하는 정도의 삶을 살고 있었다. 어느 추운 겨울날 길거리에서 벌거벗은 청년을 보고, 그냥 지나치지 못하여 집으로 데려와서 보살핀다. 아내는 처음에 화를 냈지만 따뜻한 저녁을 대접한다. 이 청년은 세묜의 집에 기거하면서 묵묵히 구두 일도 열심히 배우고 해서 집안 형편이 차츰 나아지게 되었다. 그는 하늘에서 내쫓긴 천사였고, 지상에서 세 가지 질문에 대한 깨달음을 얻는다. ① 사람의 마음에는 무엇이 있는가? ② 사람은 무엇으로 사는가? ③ 사람에게 주어지지 않는 것은 무엇인가? 첫 번째와 두 번째 질문의 답은 사랑이며, 마지막 질문의 답은 자신에게 무엇이 필요한지 아는 능력이라는 것이다. 이 소설에서 비록 그 능력이 부족하더라도 주어진 사랑을 서로 나누며 살아가기를 바라고 있다.

진정한 사랑은 겸손으로 나아가며 진정성을 확보한다. 겸손은 상대적인 비교라기보다는 자신에 대한 성찰이다. "재(才)는 평생 닦아야 하고 덕(德)은 어린 시절에 완성해야 한다. 덕 중의 덕은 겸손이며 나의 재는 아직 부족하다"라는 말이 있다. 겸손은 자신의 배움이 부족하다고 인정하는 것이다. 나이가 들면 자아가 완고해지는 경향이 있어 배움이 쉽지 않다. 이 덕목을 어릴 때 충분히 배워두어야 한다. 어릴 때 학교 선생을 존경할 줄 알고 소설 속의 위인들에게서 배움을 멈추지 말아야 한다.

두 사람이 서로 친밀할 때 그들은 더 이상 낯선 사람이 아니다. 서로가 연약함을 발견하는 일은 아름답다. 뿌리는 강하지만, 꽃은 강하지 않다. 꽃이 아름다운 것은 연약함에 있다. 친밀감은 가슴의 문을 여는 것이다. 상대가 들어오도록 초대하며 나는 오픈북이 되어 상대가 그것을 읽도록 허용하는 것이다. 내가 의미하는 것만을 말하고, 나의 자발성에 따라 행동한다면 가식을 벗을 수 있다. 이를 위해서 먼저 내가 무엇이 되고 싶은지에 대해 내면의 소리에 귀를 기울이자. 다른 사람의 말에 귀를 기울일 필요가 없다. 거짓 가면을 쓰지 말자. 화가 났을 때 화를 내라. 웃고 싶을 때 웃어라. 마음 구조가 정상 작동하도록 감정 표현에 솔직하라. 그러면 진정성을 얻을 수 있다.

의식은 초청하는 양만큼 저 너머로부터 다가오고 인식된다. 영혼이 풍성한 사람은 자신의 내면을 들여다보면서 자신만의 보물을 캐낼 수 있다. 그리고 안으로 깊이 들어오면서 밖으로 나아가는 길을 찾을 수 있다. 영혼이 삶의 전면에 나오면 다른 사람을 의식하지 않으면서 자신에게 필요한 것이 무엇인지 깨닫게 된다. 이때 비로소 내면과 외면이 일치하면서 진정성에 대한 의식을 획득한다.

성경 이야기(마가복음 7장)

바리새인들이 예루살렘에서 온 몇몇 종교학자들과 함께 예수의 주위에 모였다. 그들은 예수의 제자 몇이 식사 전에 씻는 정결예식을 소홀히 하는 것을 보았다. 바리새인들을 비롯한 유대인들은 의식상 손 씻는 시늉을 하지 않고서는 절대 식사를 하지 않았다. 시장에서 돌아왔을 때에는 더욱 문질러 씻었다(컵과 냄비와 접시를 닦는 것은 말할 것도 없었다). 바리새인 종교학자들이 물었다. "어째서 당신의 제자들은 규정을 우습게 알고, 손 씻지 않고 식탁에 앉는 겁니까?" 예수께서 대답하셨다. "너희 같은 사기꾼들에 대해 이사야가 정곡을 찔러서 말했다.

이 백성이 입바른 말을 거창하게 떠벌리지만,
그들의 마음은 딴 데 있다.
겉으로는 나를 경배하는 듯해도,
진심은 그렇지 않다.
무엇이든 자기네 구미에 맞는 가르침을 위해
내 이름을 팔고 있을 뿐이다.
하나님의 계명을 버린 채
최신 유행을 좇기에 바쁘다."

예수께서 계속해서 말씀하셨다. "그래, 잘도 하는구나. 너희는 종교의 유행을 따르는 데 거추장스럽지 않도록 하나님의 계명을 저버리고 있다! 모세는 '너희 부모를 공경하라'고 했고 또 '누구든지 부모를 욕하는 사람은 반드시 죽여야 한다'고 했다. 그러나 너희는 부모에게 드려야 할 것이 있어도 부모 대신에 '하나님께 예물을 바쳤습니다' 말하면서, 그 계명을 회피하고 있다. 아버지나 어머니에 대한 의미를 그렇게 모면하고 있는 것이다. 너희는 하나님의 말씀을 지워버리고 그 자리에 아무것이나 원하는 대로 써 넣는다. 너희는 이 같은 일을 다반사로 한다."

예수께서 다시 무리를 불러놓고 말씀하셨다. "잘 듣고 마음에 새겨두어라. 너희 삶을 괴롭히는 것은 너희가 입으로 삼키는 것이 아니라, 너희 입으로 토해내는 것이다. 이것이야말로 정말 더러운 것이다." 예수께서 무리와 헤어져 집에 돌아오셨을 때에 제자들이 말했다. "잘 모르겠습니다. 쉽게 말해주십시오." 예수께서 말씀하셨다. "너희가 우둔해지기로 작정이라도 한 것이냐? 너희가 입으로 삼키는 것이 너

> 희를 더럽힐 수 없다는 것을 모르냐? 그것은 너희 마음으로 들어가지 않고 위로 들어가서 장을 지나 결국 변기의 물과 함께 내려간다." (이것으로 음식에 대한 논란은 무의미해졌다. 예수께서는 모든 음식을 먹어도 좋다고 하신 것이다.) 예수께서 계속해서 말씀하셨다. "사람 속에서 나오는 것이 사람을 더럽히는 법이다. 음란, 정욕, 도둑질, 살인, 간음, 탐욕, 부정부패, 속임수, 방탕, 비열한 눈빛, 중상모략, 교만, 미련함. 이 모두가 마음에서 토해내는 것이다. 너희를 더럽히는 근원은 바로 거기다." (마가복음 7 : 1~12)

예수께서 제자들과 식사를 하고 계셨다. 이 중 몇 사람은 손을 씻지 않고 그냥 먹고 있는 것을 파파라치 같은 바리새인들과 서기관들이 지적하였다. "누구든 식사 전에는 손을 씻는 것이 전통인데 어떻게 그렇게 전통을 무시하는가? 부정한 손으로 먹는 것은 부당하다"라고 이의를 제기하였다. 전통적인 정결법을 준수하라는 것이었다.

그들이 차라리 위생적인 관점에서 말했다면 예수께서 잠자코 계셨으리라. 그들의 의도를 잘 알고 있었다. 그들은 전통을 운운하면서 외적인 청결에 집착하고 있었다. 예수께서는 바리새인들이 본질적인 것을 취하지 않고, 외부적이고 형식적인 의례에 편들고 있음을 알고 계셨다. 형식이 내용을 쫓아낸 셈이다. 예수께서 이사야서의 말을 인용하셨다.[01] 사람들의 마음이 입으로 말하는 것과는 전혀 다르게 하나님을 대하는 것을 경고하신 것이었다.

바리새인의 전통 중시는 체면 문화를 생각나게 한다. 그 하나의 특

---

01 이사야 29:13 "주께서 이르시되 이 백성이 입으로는 나를 가까이 하며 입술로는 나를 공경하나 그들의 마음은 내게서 멀리 떠났나니 그들이 나를 경외함은 사람의 계명으로 가르침을 받았을 뿐이라."(개역개정판 성경전서, 대한성서공회)

성은 겉과 속 마음이 다른 것이다. 가면을 쓴 이중적인 모습은 본질을 중시하는 예수께서 참을 수 없는 일이다. 씨앗이 발아하려면 그 속이 변화해야 하는데, 진정한 고민 없이 번듯하게 보이는 겉모양이 무슨 소용인가? 죽지 않는 씨앗은 썩을 뿐이다. 그렇다고 그분이 전통을 무시한 것은 아니었다. 단지 맹목적인 집착과 외양 중시를 배격하였다. 결코 "외적이고 물질적인 것은 중요하지 않고 내적이고 영적인 근원을 아는 것만이 소중하다"라고 강조한 것은 아니었다. 환경이 오염되었으면 당연히 정결법을 준수하여야 한다. 정결법이 있기 때문에 정결이 중요한 것이 아니라, 이 율법을 만든 동기와 실천 과정 때문에 정결이 중요한 것이다. 소고기든 돼지고기(중동에서는 금기시된 음식)든 어떤 것을 먹느냐는 정결에 영향을 미치지 않는다. 음식 규정에 집착하면 본질적인 동기를 잃어버리게 된다.

하나님 계명을 본질적으로 알고 지키는 것이 전통 계명을 형식적으로 지키는 것보다 더 의미 있는 일이다. 부모 공경도 하나님 사랑과 같은 맥락에 놓여 있다. 자식이 교회에 헌금하면서 "하나님께 이 정도 바쳤으니 부모님에게는 안 드려도 된다" 또는 "교회에 시간을 드려 열심히 봉사하였으니 부모님은 안 찾아뵈어도 된다"라고 말한다면, 그것은 순전히 자기 합리화이다. 더구나 부모 공경은 하나님의 명령인데, 자식 스스로가 도리를 다했다고 주장하는 것은 핑계에 불과할 뿐이다. 하나님에게만 감사하고 부모에게 감사할 줄 모른다면 하나님 명령을 어기는 꼴이다. 감사의 본질을 흐려놓는 것이다.

예수께서 입술과 마음의 괴리를 질타하셨다. 부모를 공경하라 했지만, 진정한 의미의 효도를 외면한 것을 경고하셨다. 가능하다면 부모님은 자주 찾아뵈어야 한다. 자주가 어려우면 매달 날짜를 정하고 정기적으로라도 방문해야 한다. 눈에서 멀어지면 마음에서도 멀어지기 때문이다. 마음은 보이지 않기 때문에 악함이 들어 있을 수 있다. 말과 행동이 다를 수 있다. 이를 경계해야 한다. 눈에 보이는 것에 진정성을 두어야 한다. 예수께서 계속 강조하셨다. 입으로 들어가는 것은 눈에 보이며 전혀 부정하지 않다. 다만 과음과 과식이 문제일 것이다. 입으로 들어가는 것은 몸속으로 들어가 밖으로 배설되고 그 배설물은 유용하게 쓰인다. 그러나 생각은 보이지 않는 마음에서 작동하고 그 모양만이 말로 나온다. 나오는 말 중에 탐욕, 속임수, 교만 등이 세상을 오염시킨다. 겸손과 진정성의 마음을 유지하는 것은 그렇게 쉽지 않다.

계속해서 마가복음 7장에 음식 먹는 이야기가 나온다. 어느 수로보니게(지금 시리아) 이방 여인의 딸아이가 귀신에 사로잡혀 고통을 당하고 있었다. 어머니는 간절한 마음으로 간병하였으나, 차도가 없었다. 마침 예수께서 지나가신다는 이야기를 듣고 집에서 뛰쳐나갔다. 옷깃을 잡고 애원하였다. 예수께서 무슨 일인지 물어보신 후, “우리 아이들이 먼저 먹어야 하느니라”라고 말씀하시면서 “그런데 그것을 개에게 준다면 무슨 소용이 있겠는가?” 하고 어머니의 의중을 슬쩍 떠보셨다. 그 당시 유대인은 비유대인을 개로 표현하였다. 이 이방인 여자는 하나님도 모르고 율법도 모르며 이방 신을 섬기는 여자였다. 개처럼 취급당하는 것은 당연했다. 당시 개는 불결한 하급 동물로 인식되었다.

그럼에도 불구하고 어머니가 응수하였다. “개들도 먹을 권리가 있나이다. 상 밑에 떨어진 부스러기를 못 먹게 할 수는 없습니다.” 어머니는 자신을 개의 위치에 놓고, 겸손하게 자비를 간청하였다. 예수의 시험을 통과하는 순간이다. 예수께서 여인의 절실함과 진정성을 높이 평가하고 딸의 병을 고쳐주었다. 그분은 치료 요청의 진정성을 꿰뚫어

본 것이었다.

결론적으로 형식과 내용의 균형이 중요하다. 형식 구조를 먼저 짠 후에 내용을 담고 수시로 관리해야 한다. 형식은 겉으로 드러나서 잘 보이지만 내용은 안에 있어 보이지 않는다. 형식과 형식주의는 다르다. 형식은 내용을 담는 틀을 말하며, 형식주의는 보이는 것에만 가식적으로 집착하는 것을 뜻한다. 보이는 것 뒤에는 안 보이는 무엇이 있다. 형식은 내용을 선도하기 때문에 틀을 잘 짜는 것이 중요하다. 그림을 그릴 때 구도를 바르게 잡아야 좋은 그림이 된다. 올바른 플랫폼 사고를 위해서는 플랫폼을 제대로 구축해야 한다. 이 맥락에서 볼 때 새 포도주를 새 부대에 담아야 하는 것은 당연하다. 따라서 포도주를 만들기 전에 부대가 제대로 준비되어 있는가를 확인해야 한다. 제대로 준비된 형식이 진정성을 담을 수 있다.

예수께서 다음과 같이 말씀하신다. "나는 마음이 온유하고 겸손하니 나의 멍에를 메고 내게 배우라. 그리하면 너희 마음이 쉼을 얻으리니 이는 내 멍에는 쉽고 내 짐은 가벼움이라(개역개정판 마태복음 11 : 29~30)."

경영 이야기

경영은 소통에서 가식을 제거하는 기술이다. 진정성 있는 기업은 어떤 기업일까? 이런 기업들은 일반 기업보다 더 높은 목적 의식을 가지고 있으며 이해관계자에 초점을 맞추면서 경영한다. 이해관계자는 투자자, 종업원, 협력회사, 소비자, 정부, 지역사회 등을 포함한다. 이 회사는 전체적인 생태시스템에 관심을 가지면서 건강한 관계를 통하여 이해관계자에 대한 배려와 이익을 공존시킨다. 예를 들어, 미국의 홀푸드마켓은 '상호의존의 선언'을 통하여 고객 및 협력회사 등과 유기적인 시스템을 유지한다. 이 회사의 닭들은 생명 존엄권을 인정받고 생활하면서 달걀을 낳는다. 이 달걀은 보통 알보다 더 높은 값을 받는다. 또한 컨테이너스토어 회사는 경쟁회사보다 훨씬 더 많은 직원 교육 시간을 할애한다. 일 년 차 신입사원에 대하여 평균 241시간을 교육 훈련에 투입한다. 미국 소매점의 평균 교육 시간인 7시간과 비교도 되지 않는다.

직원 교육은 이해관계자 관리의 시작이다. 그들은 가치 창출의 원천이기 때문이다. 현장 직원이 가지고 있는 정보, 기술, 지식은 기업 경쟁력에 절대적인 자산이다. 경영에서 현장 중심의 사고가 중요시되고 있기 때문이다. 직원은 자원이 아니다. 그들은 소모 대상이 아니다. 그리고 경영자의 신뢰는 직원의 진정성 확보를 위한 시작이다. 신뢰는 믿고 의뢰하는 태도이다. 위험한 개울을 건널 때 상대가 손을 내민다면, 그 손을 잡을지 여부를 결정해야 한다. 그 결정은 상대를 얼마나 사랑하는지 여부의 문제가 아니다. 그가 나를 믿고 손을 내밀었기에 나는 기꺼이 그의 손을 잡는다. 조직 안에서 도움의 손길을 기다리는 사람이 없는지 주변을 돌아보자. 그런데 신뢰는 자발적이면서 또한 위험하다. 자기 책임이 뒤따르기 때문이다. 타인을 신뢰하려면 먼저 자신을 신뢰해야 한다. 마치 자기를 사랑하는 사람만이 타인을 사랑할 수 있는 것과 같다. 가장 근본적인 진정성은 내 안에서 먼저 일어나기 때문이다.

링컨 대통령이 상원에서 첫 연설을 하기 위해 연단에 올라서 있었다. 귀족 출신의 한 의원이 발언권을 얻어 말했다. "대통령께서는 당신 아버지가 무슨 일을 하였는지 잘 알고 계실 것입니다. 당신 아버지는 구두를 만들어서 우리 집 식구들과 여기 있는 의원님들에게 납품하면서 살았습니다. 대통령은 자신의 출신이 무엇인지 잊지 않기를 바랍니다." 이에 링컨이 대답했다. "나는 나의 아버지에 대한 존경심을 그 누구보다도 많이 갖고 있습니다. 그는 다른 누구보다 더 훌륭하게 구두를 지으신 분입니다. 다행히 나는 아버지 밑에서 구두 고치는 기술을 배울 수 있었습니다. 혹시 여러분들 중에 아버지가 만든 구두가 불편한 사람은 제가 그 집을 방문해서 구두를 고쳐드리겠습니다." 링컨 대통령의 응수는 공격적인 위트였지만 진정한 주체성을 갖고 있었다.

문제를 해결을 위한 대화 도중 불쾌한 말을 들었다고 해서 이것으로 시비를 가리겠다면 결론이 나지 않는다. 문제 핵심의 이해는커녕 감정만 더 얽히고 만다. 예컨대, 자동차 접촉 사고에서 잘잘못은 보험회사에게 맡기고, 이 사고 여파로 다른 차량의 통행에 방해를 주지 말아야 한다. 여기서 의도적으로나 가식적으로 언성을 높일 필요가 없다. 감정이 지나치면 이성을 흐리게 하고 핵심에서 벗어난 언쟁은 사태 해결을 더 어렵게 만든다. 진짜 해결하고 싶은 것이 무엇인지를 본질에서 놓치지 말아야 한다. 인생의 해답에는 옳고 그름이 없다. 단지 그 해답이 어리석은가 아니면 창의적인가의 문제이다. 자신이 처한 상황에 대해 올바르게 인식하는 사람이 창의적이다.

우리는 자신이 세운 올바른 기준을 준수하면서 행동하고 있는지 여부를 확인할 필요가 있다. 기준으로 삼고 있는 가치관이 다른 사람들과의 관계를 참되게 유지해주어야 한다. 타인과의 관계에서 가식을 피하고 본심을 확보하는 방법은 무엇일까? 인생은 주체성과 상대성의 두 직무를 수행하는 과제를 갖는다. 그 순서를 네 단계로 설명하면 다음 그림과 같다[22].

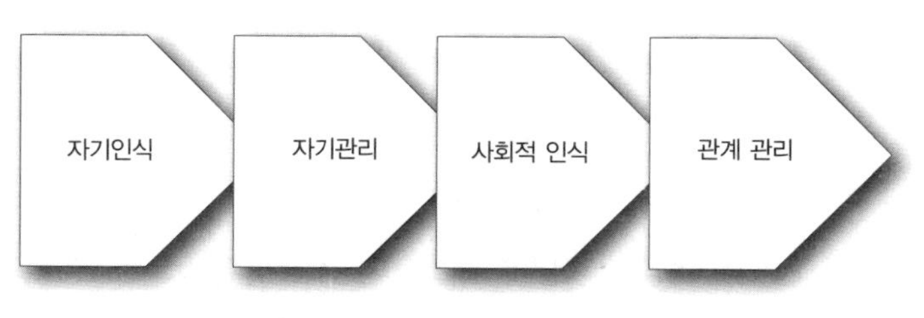

[그림 7-1] 관계 역량 키우기

[1단계] 자기인식 : 자기인식 능력은 자신의 감정을 헤아리고 자신이 무엇을 하고 싶은지 분명히 아는 것이다. 먼저 자신의 감정, 능력, 한계, 목적 등을 깊이 통찰해야 한다. 자기를 인식하면 자신에 대해 지나치게 비관적이지도 않으며 또한 낙관적이지도 않다. 자신에게 솔직해보자. 자신을 객관적으로 조용히 따져보는 여유가 필요하다.

[2단계] 자기관리 : 다음으로, 자기 자신을 파괴적인 감정과 충동으로부터 통제하는 능력을 갖추어야 한다. 최선의 기준을 충족시키려고 노력하면서 자신의 평상심을 유지한다. 자기관리를 잘하면, 분노, 불안, 공포와 같은 부정적인 감정에서 벗어나 즐거운 감정과 낙관적인 태도를 갖는다.

[3단계] 사회적 인식 : 사람들과의 관계를 유지하기 위해 자신의 감정을 상대방에게 전달하는 감정이입 능력을 갖춘다. 이를 위해 상대방의 관점을 이해하고 그들의 생각에 적극적인 관심을 표명한다.

[4단계] 관계 관리 : 이 단계에서는 확고한 비전을 제시하여 다른 사람들을 이끌어 가며 동기부여를 할 수 있어야 한다. 리더십을 가지고 다양한 기술을 구사할 줄 알고 있어 다른 사람의 능력을 지지하고 새로운 방향으로 변화를 촉진한다. 그는 자신의 관점과 가치관을 명백히 하고 조직의 감정 주파수에 맞춘 후 구성원들과 협력 관계 체제를 갖춘다.

나라마다 문화적인 특성이 다르므로 체면 차리기에 정도의 차이는 있지만, 대체로 서양보다는 동양이 더 강하다. 서양 사람은 자기 중심적이지만, 동양 사람은 타인 중심적이다. 동양 사람들은 자신의 자존심이 외부로 드러나지 않기를 바란다. 우리나라의 문화적 특성에서 보면 유교문화가 그릇되게 해석되어 내용보다는 형식을 중시하는 경향이 농후하다. 형식에만 치중하다 보니 형식주의가 팽배하고 있다. 남을 의식하는 체면 문화는 사태의 본질을 흐리고 상호 신뢰를 무너뜨린다. 일종의 자기기만이기 때문이다.

진정성 있는 사람은 조직에서 정의를 위해서라면 이익을 선뜻 포기하기도 하고 권력 상실에 대해서도 두려워하지 않는다. 진정성은 진실되고 참된 성질을 뜻한다. 자신의 감정을 표현할 때, 어떻게 하면 "그렇다"라고 인정할 수 있는 것인가? 자신이 경험한 영웅적인 사건 속에서도, 실수나 두려움이 있었다고 밝히는 것이다. 약점도 나의 일부라고 스스럼없이 말할 수 있다면 가능하다. 사실 실수는 책상이나 의자처럼 물리적으로 존재하는 것이 아니다. 책상은 가리켜 보일 수 있지만 실수는 보이지 않는다. 결과만 보일 뿐이다. 실수는 해석이며 특정 관점에 관한 문제이다. 그런데 일하는 사람만이 실수한다. 설거지하는 사람이 그릇을 깬다. 일하지 않으면 실수도 없다. 그릇도 안 깬다. 더 중요한 것은 실수한 사실에 대한 지적이 아니라 그 실수에서 무엇을 배웠는가이다. 배움이 없다면 책임을 회피하는 것이 된다. 실수에 대해 대화를 나눌 수 있다면 진정성 있는 사람이 될 것이다.

더 생각해보기

1. 나는 아무도 보는 사람이 없을 때 무엇을 하고 있는가?

2. 나는 친밀감이 있는가? 나는 상대에게 그리고 상대는 나에게 친밀하게 접근하는가?

3. 우리 조직은 신뢰성과 진정성이 있는가?

4. 우리 조직에서는 어떤 사람들이 어떤 종류의 가면을 쓰고 일하고 있는가?

제3부

행동편

실천하고 또 실천하라

08

자기 위치에서 책임 있게 일하라

그릇된 사람은 헛된 형이상학만 논하고 자신의 위치만을 정당화한다.

— 그라시안

개념 이해하기

책임 있는 사람이란 쓸모 있는 사람이다. 가정이나 직장에서 아무도 하지 않는 유용한 일을 찾아서 하라. 직장의 경우 다른 사람들보다 더 일찍 출근하고 더 늦게 퇴근하라. 단 자신의 삶과 가정이 망가지지 않도록 조심해야 한다. 근무시간에 일하는 척, 공부시간에 공부하는 척, 요리하는 시간에 요리하는 척 등 무엇인가를 하는 척하지 말아야 한다. 유용함을 인식하면 책임 있는 사람이 될 수 있다. 개인 삶, 가정, 모임 등에서 책임을 받아들임으로써 자신 있게 나 자신을 내세울 수 있다. 이것은 해낼 가치가 있음을 인식하는 것이다. 문제 해결을 위한 책임은 의미를 부여하고 현실을 더 낫게 만든다.

우리에게는 안전이 아니라 자유가 주어졌다. 선택의 자유이다. 자유 의지가 없으면 본능만 나온다. 인간은 본능적으로 마라강을 건너는 누 떼들과 다르다. 자신이 가고 싶은 곳으로 마음만 먹으면 언제든지 갈 수 있다. 가상세계도 있다. 떠나는 자에게는 용기와 인내가 필요하지만 대신에 값진 보상도 있다. 영혼의 자유로움을 만끽한다. 자유는 내가 누구인가를 깨달으면서 용기를 준다. 신은 자발성을 가진 인간들이 선하게 사는 모습을 보며 기뻐한다. 마치 어린아이가 올바르게 성장하는 모습을 부모가 보고 만족하듯이 말이다. 그러나 유념할 것은 자유에는 책임도 동시에 따른다는 사실이다.

아주 오래된 이야기가 하나 있다. 아담이 그의 아내와 함께 에덴동산의 나무 아래에 숨었다. 하나님께서 아담을 부르셨다. “아담아, 네가 어디에 있느냐?” 아담이 대답했다. “제가 지금 하나님 말씀을 듣고 있나이다. 제가 두려워서 숨어 있나이다.” 그러자 하나님이 다시 물으셨다. “내가 먹지 말라고 금한 나무의 실과를 네가 따먹었느냐?” “하나님이 보내신 여인이 그것을 제게 따주어서 먹었나이다.” 다시 하나님이 그의 아내에게 물었다. “네가 진짜 그렇게 하였느냐?” 여자가 대답했다. “저 뱀이 유혹했나이다. 그래서 먹게 되었나이다.” 아마 뱀도 말할 줄 알았다면 먹음직스런 과실에 대해 뭔가 남의 탓 한마디 하면서 빠져나갈 궁리를 하였을 것이다.

인생은 자신이 내린 결정의 산물이다. 이 결정에서 가치관은 중요한 원인 변수이다. 대응적인 감정이나 통제 불가능한 환경 요인을 기준으로 결정을 내린다면 나중에 후회 막급한 결과를 초래할 수 있다. 우리나라 사람의 가장 위험한 행동 중의 하나가 ‘홧김에’이다. 지적 역량이 부족한 사람에게 일어난다. 책임을 갖는 것이 일에 대한 기본 원칙이 되어야 한다. 이러한 사람은 자신에 대해 통제력을 잃지 않는다. 실패하더라도 배움의 자세를 유지한다. 내적인 책임감은 성실성으로 이어지고 약속 준수라는 신뢰를 쌓아 나간다.

책임이란 일을 완수하고 그 결과를 의식하는 약속이다. 책임의 반대어는 무책임보다는 책임 전가 또는 무대책일 것이다. 의무감으로 일하는 것이 아니라 진심으로 자신의 일을 사랑하려면 어떻게 하면 좋을까? 일터에서 기계가 진화하면서 한계능력까지 최대한 가동되고 있으나, 사람들의 능력은 충분히 발휘되지 못하고 있다. 학자들의 연구에 따르면, 사람들이 가지고 있는 잠재력의 5% 정도만이 활용된다고 한다. 그나마 천재들은 10% 정도 수준이라고 한다. 잠재력의 활용 정도가 그토록 낮은 이유는 자신의 한계능력을 시험해보려고 하지 않기 때문이다. 산을 오르다 보면 항상 깔딱고개를 만난다. 이 한계를 넘어야 정상에 오를 수 있다.

축구나 농구처럼 몸을 많이 움직이면서 팀워크를 중시하는 스포츠에서 탁월한 선수는 누구일까? 축구의 경우 수비수와 공격수가 구분된다. 탁월한 선수는 자기 위치에서 공수를 연결하는 안목을 가지고 있다. 스포츠는 시스템 경쟁이다. 프로세계에서는 머리도 몸만큼 중요하다. 탁월한 공격수는 슈팅이나 득점력이 나무랄 데 없으며 주력도 우수하다. 무엇보다도 그 선수는 자리를 잘 잡을 줄 안다. 공을 가지고 있지 않을 때 움직임이 더 중요하다. 상대 선수가 노련하여 미리 차단한다면 번번이 득점을 실패할

축구와 같이 팀워크를 중시하는 스포츠에서 탁월한 선수는 누구일까?
(이미지 출처 : pixabay)

것이다. 축구 선수는 일단 공을 잘 다루는 것도 중요하지만 공이 없을 때 주도적으로 움직여서 자리 잡는 기술이 탁월해야 한다.

주도적인 진정성은 정말 중요한 태도이다. 이것은 남을 의식하지 않고 진정한 자기 자신이 되려는 마음 자세이다. 자신의 가치관에 충실하기 위해 책임 있게 최선을 다하는 모습이다. 이 덕목을 키우기 위해 도전적인 일을 시도하거나 또는 하찮은 일이라고 여길지 모르지만 길거리 쓰레기 줍기, 낯선 사람에게 인사하기 등도 해볼 만하다. 우리말에 "누울 자리 봐가며 발을 뻗으라"는 말이 있다. 어떤 일을 할 때 그 결과가 어떻게 되리라는 것을 생각하여 미리 살피고 일을 시작하라는 뜻이다. 자신의 위치가 어디에 어떻게 확보되어 있는가를 살펴야 한다. 나는 나의 현재와 미래를 책임져야 한다. 책임감이 높으면 할 일도 많다. 그러면 발전 기회를 만난다.

성경 이야기(마가복음 8장)

예수와 제자들이 빌립보의 가이사랴 근방에 있는 마을로 향했다. 걸어가면서, 예수께서 물으셨다. "사람들이 나를 누구라고 하더냐?" 그들이 말했다. "세례자 요한이라고 하는 사람들도 있고, 엘리야라고 하는 사람들도 있고, 예언자 가운데 한 사람이라고 하는 사람들도 있습니다." 그러자 예수께서 물으셨다. "그러면 너희는 나를 누구라고 말하겠느냐? 내가 누구냐?" 베드로가 대답했다. "주님은 그리스도, 곧 메시아이십니다." 예수께서는 그것을 비밀로 하되, 아무에게도 입밖에 내지 말라고 경계하셨다. 그러고서는 그들에게 다음 일을 설명하기 시작하셨다. "이제부터 인자는 처참한 고난을 받고, 장로와 대제사장과 종교학자들에게 재판에서 유죄를 선고받아 죽임을 당하고, 사흘 후에 다시 살아나야 한다." 예수께서는 이 말씀을 그들이 놓치지 않도록 쉽고 분명하게 말씀해주셨다. 그러나 베드로가 예수를 붙들고 항의했다. 예수께서는 어떻게 받아들여야 할지 몰라서 머뭇거리고 있는 제자들을 돌아보시고, 베드로를 꾸짖으셨다. "베드로야, 썩 비켜라! 사탄아, 물러가라! 너는 하나님이 어떻게 일하시는지 조금도 모른다." 예수께서 제자들과 함께 무리를 옆에 불러놓고 말씀하셨다. "누구든지 나와 함께 가려면 내가 가는 길을 따라가야 한다. 결정은 내가 한다. 너희가 하는 것이 아니다. 고난을 피해 달아나지 말고, 오히려 고난을 끌어안아라. 나를 따라오너라. 그러면 내가 방법을 알려주겠다. 자기 스스로 세우려는 노력에는 아무 희망이 없다. 자기를 희생하는 것이야말로 너희 자신, 곧 너의 참된 자아를 구원하는 길이며, 나의 길이다.[01] 원하는 것을 다 얻고도 참된 자기 자신을 잃으면 무슨 유익이 있겠느냐? 너희 목숨을 무엇과 바꾸겠느냐? 너희 가운데 누구든지 변덕스럽고 중심 없는 친구들과 사귀면서 나와 너희를 인도하는 내 방식을 부끄러워하면, 인자도 아버지 하나님의 모든 영광에서 쌓여 거룩한 천사들을 거느리고 올 때, 그를 더 부끄럽게 여길 줄로 알아라." (마가복음 8 : 27~38)

예수께서 마침내 제자들에게 사명과 비전을 드러내기 시작하셨다. 사명은 내가 왜 존재하는가에 대한 것이고, 비전은 장차 이루어질 소망스런 모습이다. 예수의 사명은 이 땅이 구원과 복음을 통하여 하나님 나라가 되는 것이며, 비전은 사람들이 죄악과 고난에서 벗어나 하나님의 통치권 안에서 정의와 자비를 누리는 천국이다. 그분은 복음을

01 누구든지 나를 따라오려거든 자기를 부인하고 자기 십자가를 지고 나를 따를 것이니라 누구든지 자기 목숨을 구원하고자 하면 잃을 것이요 누구든지 나와 복음을 위하여 자기 목숨을 잃으면 구원하리라. (개역개정판 마가복음 8:34~35)

선포하고 병자를 고치며 압박받는 자들을 해방시키는 구원의 실현자이시다. 예수께서 사람들이 회개와 믿음의 초대에 응하기를 원했고, 이것이 그분의 메시아적 십자가이다.

특히 구원으로 가는 길에서 각자 자기 십자가를 지고 가야 할 것을 강조하셨다. 자기 십자가는 각자 감당할 자신의 자리이며, 이 위치에서 임무를 수행하고 책임을 맡는 것을 의미한다. 이것은 독특한 자기만의 십자가를 지고 가는 것이다. 어디로 가는 것인가? 비전을 바라보며 함께 가는 것이다. 예컨대, 결혼한 부부에게는 남편으로서 혹은 아내로서 자기 역할을 감당하는 각자의 위치가 있다. 그러면서 행복을 향해 동행한다. 그 길에는 기쁨도 있고 고난과 역경도 있다. 그리스도의 십자가는 그리스도의 것이다. 그분이 십자가를 진 것은 세상의 죄를 용서하고 구원의 문을 열기 위한 것이다. 십자가는 죽음을 상징하지만 그리스도의 십자가는 부활의 환희를 예비하는 단계이다.

예수께서 사람들에게 십자가를 몸소 보여주셨다. 눈으로 보고 귀로 들을 수 있는 자만이 깨달았다. 무관심한 자는 그분이 행하는 일을 이해하지 못하였다. 예수의 독특한 학습 방식을 아는 사람만이 구원에 이른다. 예컨대, 사오천 명의 군중을 먹이고 병자를 고친 것은 보통 사람들이 보기에는 상상조차 할 수 없는 기적이다. 그러나 한 발자국 더 들어가보면, 하나님께서 역사하심을 알아야 한다. 이것이 믿음이며, 믿음은 경험을 통하여 배움으로 성장한다.

두 번의 군중식사에서 보여준 기적에도 불구하고 제자들은 예수께서 무엇을 암시하려 하는지 알지 못했다. 그저 단순히 식사용 떡을 제공해주신 것으로 생각했다. 그러나 그것은 우선적인 필요를 충족시킴으로써 하나님이 하실 일을 예고편으로 보여준 것이다. 예수께서 눈이 있어도 보지 못하고 귀가 있어도 듣지 못하는 제자들에게 실망감을 감추지 못했지만, 그들이 깨달을 때까지 기다리셨다. 제자들이 자기 책임과 의무를 인식할 때까지 기다리셨다. 기적을 행함은 구원으로 가는 본래의 사명을 이루기 위해 보여주는 수단에 불과하다. 목적지는 구원이다.

예수께서 자신을 죽임으로써 사명과 비전을 달성할 것을 예언하셨다. 이것은 진정 플랫폼적 사고의 실천 의지였다. 마치 씨앗이 죽음으로써 싹이 나고 나무가 되는 것처럼. 어느 누구도 예상하지 못했던 충격적인 선언이었다. 누구든지 살기를 원한다면 자기를 부인하라고 하셨다. 아무리 생각해도 제자들은 이해가 되지 않았다. 낙담하면서 예수의 얼굴만 빤히 쳐다볼 뿐이다. 지금 함께 타고 가는 배 안에는 돈도 없고 떡도 별로 남아 있지 않다. 혼자서 먹을 양도 충분하지 않다. 이 상황에서 예수와의 관계에서 무슨 이득을 챙길 것인가? 당장 먹을 것이 없다는 것은 아직도 제자들에게 큰 숙제였다.

그러자 의중을 꿰뚫고 예수께서 갑자기 베드로에게 질문하셨다. "너는 나를 누구라고 생각하느냐?" 그는 과감하게 말하였다. "주는 그리스도이십니다." 이것은 실로 위대한 고백이었다. 다른 제자와 차별화된 선서였다. 그는 사후 가톨릭의 첫 번째 교황으로 추대된다. 그리스도는 머리에 기름 부음을 받은 자로서 구세주를 뜻한다. 베드로는 예수가 돌아가신 후에 그분의 비전을 한층 숭고하게 세운 믿음의 반석이 되었다. 예수께서 '아버지 하나님의 영광을 위해 돌아옴'을 약속으로 제시하셨다. 이것은 영혼의 소생이다. 고통 없이는 영광을 얻을 수 없다는 진리를 말해준다.

이어서 제자들에게 "나를 따라올 자는 반드시 자기 십자가를 지고 와야 한다"(개역개정판)고 말씀하셨다. 자기 십자가는 자신의 플랫폼적 사고의 표상이다. 자기 십자가를 인정하지 않는 것은 자신의 실존을 깨닫지 못한 것이다. 예수께서 자신의 숨겨진 사명을 드러내면서 각자 자기 십자가를 지고 가야 함을 강조하셨다. 역설적으로 보이겠지만, 자기 십자가를 피한다는 것은 죽음으로 생을 마감하는 행위와 같다. 자기 이익을 구하는 것은 썩은 목숨과 같다. "자기 목숨을 위해 얻는 자는 잃을 것이요, 나를 위해 자기 목숨을 잃는 자는 얻으리라." 예수께서 자기를 부인함으로써 구원을 얻으라고 강조하신다. 최상 의식 수준에서 죽음은 환상일 것이다. 삶은 육신이 지각하는 한계에 그치지 않고 저 너머로 지속된다고 말씀하신다. 이것을 영생이라고 부른다.

찬송 458장 : 너희 마음에 슬픔이 가득할 때

1절　너희 마음에 슬픔이 가득할 때 주가 위로해주시리라
아침 해같이 빛나는 마음으로 너 십자가 지고 가라

후렴　참 기쁜 마음으로 십자가 지고 가라
네가 기쁘게 십자가 지고 가면 슬픈 마음이 위로받네

2절　때를 따라서 주시는 은혜로써 갈한 심령에 힘을 얻고
주가 언약한 말씀을 기억하고 너 십자가 지고 가라

3절　네가 맡은 일 성실히 행할 때에 주님 앞에서 상 받으리
주가 베푸신 은혜를 감사하며 너 십자가 지고 가라

내가 이미 죽으면 다른 사람이 나를 죽일 수 없다. 이것은 몸에 관한 문제가 아니다. 영혼의 문제이다. 나를 죽임으로써, 즉 내 영혼을 예수께 투항함으로써 나는 새로움을 얻을 수 있다. 자기 십자가를 지는 것은 나의 영혼을 일깨워주며, 주위 사람들에게도 삶의 목적과 비전을 바라볼 수 있는 기회를 갖게 한다. 이것이 자기 부인이다. 나를

내어주는 것이다. 그래야 하나님이 찾아오신다.

자기 목숨에 집착하는 사람에 대하여 예수께서 경고하셨다. 십자가를 지려고 앞으로 나서는 예수께서 베드로로부터 그리스도라는 고백을 받고, 진심 어린 제자의 자세에 대하여 만족해하셨다. 그분은 세례자 요한도 아니고 엘리야도 아니다. 하나님의 아들로서 구원의 역사를 위해 이 세상에 오셨다. 그 구원의 역사는 십자가를 지고 가는 사람에게만 축복으로서 내려진다.

제자들은 아무리 해도 예수께서 행하시는 기적과 말씀을 이해하지 못했다. 예수께서 고초와 배척을 당한 후 3일 후에 돌아가시겠다는 말을 믿을 수 없었다. "그렇게 되면, 우린 어떻게 되는 건가요?" 자기 중심의 이기적인 생각은 우주적인 역사를 이해하지 못한다. 땅의 벌레가 하늘의 새를 어떻게 알겠는가?

비전은 현실적이고 매력적인 모습이다. 그것은 현재보다 낫고 성공적이며 바람직한 미래이다. 그러나 비전을 이루려면 고통이 뒤따른다. 비전은 그냥 이루어지는 것이 아니다. 예수께서 고통을 예언하셨다. 피할 수 없었다. 안타까운 마음으로 예수의 팔을 붙든 베드로도 핀잔을 받았다. "사탄아 물러가라." 베드로는 아직도 공적 임무 수행에서 사적이고 자기중심적인 사고에 묻혀 있었다. 예수께서 다가올 하나님 나라에 대한 비전을 계속 시사하고 있었지만, 제자들은 이해하지 못하고 있었다.

오늘날 많은 교회와 교인들은 예수도 사랑하고 물질도 사랑한다. 두 개가 양립할 수 없음에도 불구하고 말이다. 믿음이 점점 세속화되면서 하나님께서 하시려는 위대한 비전을 잃고 있다. 눈과 귀가 제대로 작동하지 못한다. 소음과 욕구 불만이 저잣거리를 메운다. 물신을 쫓는 마음은 번민으로 가득하다. 자기 십자가는 남에게 넘기고 무엇인가 새로운 욕구를 쫓는 데에 열중한다. 욕심은 생각을 돕지 못하고 깨달음도 얻지 못하게 한다. 나의 자리는 어디에 있는 것인가? 지금 여기에 있다. 미래에 있지 않다. 내가 감당할 플랫폼 성취는 무엇으로 가능한가? 지금 여기에서 자기 십자가를 지고 가는 것이 나의 차별화된 포지셔닝이다.

경영 이야기

경영은 기꺼이 책임지려는 사람에게 보상하는 기술이다. 한 연구에 의하면 고객 불만의 50% 이상이 현장 직원의 태도에서 야기된다고 한다. 조직에서는 책임감이 지속적으로 강조되고 있지만 진정한 권한 위임이 이루어지지 못하고 있다. 많은 관리자들은 부하에게 의무와 책임을 세트로 묶어서 강요한다. 명심할 것은 부하에게는 자발적 책임만 있다는 점이다. 반면에 상사에게는 이것 외에 의무적인 책임도 포함된다. 성공하는 기업의 직원들은 스스로 책임을 지고, 자신을 동기유발시키고, 자신의 일을 기꺼이 맡으려는 의지가 강하다. 반대로 실패하는 기업의 구성원들은 내적인 사직 상태에서 규정집을 뒤적거리고 있다. 일을 성공적으로 마치는 데에는 조직의 시스템 지원 부분이 20%, 본인의 내면적 의지가 80%라고 한다. 이른바 업무의 게임은 머릿속에서 이미 승부가 난다.

자기책임 의식은 일을 성공적으로 마치는 데에 중요한 역할을 한다. 한 청소부가 다 낡아빠진 빗자루로 거리를 쓸고 있었다. 너무 낡아서 쓰레기가 잘 모아지지 않았지만, 계속 비질을 하고 있었다. 지나가던 행인이 물었다. "새 빗자루로 하면 청소가 더 잘 될 텐데요." 그러자 청소부가 말했다. "새 빗자루를 신청하는 업무는 제 일이 아닙니다. 저 구청 안에 담당 직원이 별도로 있습니다."

회사에서 책임이 부담 아닌 기회로 인식하면 직원들은 일할 의욕을 가질 것이다. 책임은 상사가 자신의 리더십을 포기하고 권한을 떠넘기는 수단이 아니다. 조직에서 의사결정 시에 갖는 다음의 두 가지 질문은 매우 유용할 것이다.

- 어떻게 생각하는 것이 실질적으로 유용한가?
- 그 일이 나의 책임 의식을 높이는가?

실질적이고 책임 있는 자세가 조직을 성공시킨다.

자기책임 의식을 높이기 위한 방안은 자율적 선택, 주도적 행동, 창의적 사고 등을 포함한다[20].

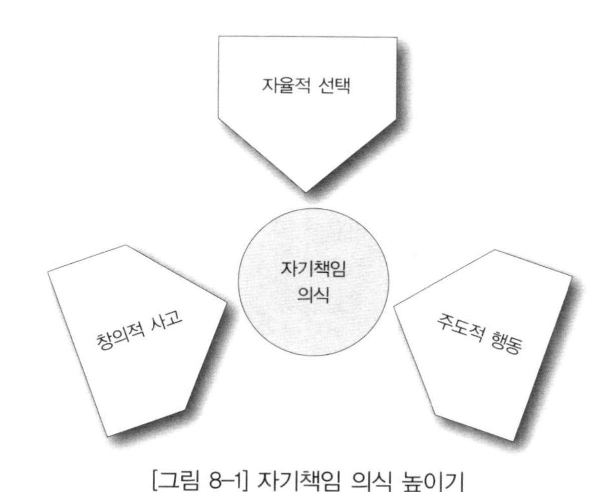

[그림 8-1] 자기책임 의식 높이기

첫째, 자율적 선택은 자기책임 의식을 높인다. 현재 우리 각자가 처한 상황은 자신이 선택한 것이다. 따라서 선택의 결과에 대해서도 책임이 있다. 우리에게는 선택의 자유가 있다. 어떤 사람은 이 자유를 다른 사람에게 위임하고 책임을 회피한다. 그러고서는 좋은 결과만 기대한다. 자유는 스스로 선택하라는 일종의 압력이다. 그래서 "자유는 책임을 의미한다. 이 때문에 대부분의 사람들이 자유를 두려워한다." 버나드 쇼의 말이다. 눈앞에서 벌어지고 있는 대부분의 일들은 나의 자발적인 결정과 책임의 문제이다.

둘째, 주도적 행동은 자기책임 의식을 높인다. 직장의 사람들은 서로 다른 경험과 언어 속에서 산다. 각자 자기의 그림을 가지고 있다. 어떤 사람은 이전 직장의 의사결정 방식을 계속 고집하고, 어떤 사람은 타인 의견에 무조건 반대하는 입장을 고수하는 식이다. 책임감 있는 행동은 상황에 적합한 행동을 뜻한다. 조건 반사적으로 반응하는 것도 아니고 이미 각인된 프로그램으로 행동하는 것도 아니다. 자발적으로 책임진다는 것은 사물에 대해 어떠한 체험을 하고 있으며 어떤 시각으로 행동을 선택했는가를 의미한다. "나는 회사 업무에 어떠한 기여를 하고 있는가?" 이 회사는 나에게 무엇을 하라고 말하고 있는가?" 등은 나의 주도적인 능력을 시험하는 질문이다.

셋째, 창의적 사고는 자기책임 의식을 높인다. 어떤 관리자가 말했다. "나는 지금까지 20년 동안 이 일에 종사하면서 밥을 먹어왔습니다." 그러나 그 일을 20년간 반복적으로 똑같은 방식으로 해왔다면, 결국 그의 경력은 1년에 불과한 것이다. 창의적이란 말은 과거를 훌쩍 뛰어넘어 새로운 변화를 구하는 것이다. 의심 없이 옳다고 여겨져왔던

선례를 과감하게 뒤집는 것이다. 우리의 둥근 머리는 둥근 지구만큼이나 코페르니쿠스적이다. 변화는 머릿속에서 시작한다. 고객들이 보는 것을 볼 수 있어야 하고, 그들이 생각하지 못하는 것을 생각해야 한다. 창의력은 파괴력을 가진다. 인습적인 행동 양식과 의무에 도전하는 데에서 가능하다. 마르셀 프루스트는, "진정한 여행은 새로운 풍경을 찾는 데 있는 것이 아니다. 세상을 새로운 눈으로 바라보는 데 있다"고 했다. 창의성은 이미 존재하는 것을 새롭게 바라보는 자신 안에 있으므로 자기책임 의식을 높여준다.

조직 안에는 다양한 사람들이 모여서 일한다. 각자 자기 방식대로 일한다면 그 결과에 대해서는 각자 책임을 져야 한다. 목표 달성의 책임감은 그런 다양성을 넘어선다. 특히 중요 사항에 대해 상사의 사전 승인 없이 스스로 결정할 수 있는 실력을 갖추어야 한다. 실력이 권력이다. 직급에 관계없이 열정 에너지를 낸다면 책임 있게 홀로 서기가 가능하다. 야구는 순간순간 감독의 작전 지시가 많은 운동이지만 탁월한 선수에게는 별로 사인을 내보내지 않는다. 그에게 맡긴다. 개인권력은 일을 통해 자신의 힘을 집중시켜준다.

결론적으로 말해서, 자기책임 의식은 자신의 플랫폼적 사고를 완성하는 데에 중요한 역할을 한다. 우리 모두는 자극과 반응 사이에서 무엇을 선택할 것인가 하는 선택의 자유가 있다. 자유는 두렵다. 책임을 져야 하기 때문이다. 무엇으로부터 도피하는 자유가 아니라 무엇으로 향하는 자유가 진정한 자기책임 의식이다.

더 생각해보기

1. 나의 책임감은 어느 정도 자발적인가?

2. 나는 조직에서 공식적으로 또는 비공식적으로 어떤 위치를 확보하고 있나?

3. 우리 조직은 사회에 대해 책임지려는 문화를 확보하고 있는가?

4. 우리 조직의 이해관계자들은 우리 회사 십자가를 함께 지고 갈 용의가 있는가?

09

기도의 힘으로 에너지를 끌어당겨라

> 싸움터에 나갈 때는 한 번 기도하라.
> 바다에 나갈 때는 두 번 기도하라.
> 그리고 결혼할 때는 세 번 기도하라.
>
> — 러시아 격언

개념 이해하기

살면서 소원이 있으면 기도가 절로 나온다. 일이 잘 되기를 바라는 욕구에서 나온다. 평소에 기도하는 사람은 의식(意識)적인 의식(儀式) 행위를 가진다. 경건 모드로 절대자와 대화하며, 간절하게 소원한다. 이것은 절대자의 마음을 돌리는 것이 아니라 기도자의 마음을 절대자에 맞추는 행위이다. 이 순간은 삶의 영광이며 또한 사랑의 표현과 실천이다. 때를 기다리는 통찰력과 함께 기도의 힘은 무한하다. 인생이라는 외나무다리를 건널 때 의심하면 불안해지고 다리에서 떨어질 수도 있다. 의심하며 기도하지 말라. 그런데 인간의 기도가 모두 이루어진다면 그야말로 이 사회는 큰 혼란에 빠질 것이다. 예컨대, 입시 때가 되어 너도나도 자기를 특정 학교에 모두 합격시켜달라고 기도한다면 학교가 그것을 어떻게 감당하겠는가? 욕심으로 구하지 말고 이미 기도한 것이 정녕 다 이루어질까 걱정하라.

기도하기는 어렵지 않다. 대상을 정하고 단순히 "감사합니다"만 반복해도 충분하다. 감사는 영혼의 단어이기 때문이다. 영혼이 찌질하면 감사 표현이 어렵다. 감사가 넘치다 보면 다른 주제가 생각나게 될 것이고 이걸 소원해도 된다. 기도는 자기가 믿는 절대자나 대상과의 대화이며, 간절한 소망이고, 삶의 방식이고 사랑의 표현이다. 기도는 살아 있는 경험이다. 기도는 자발적 현상이며 마음 대 마음의 대화이다. 기도에 사랑을 넣으면 아름다워진다. 온전한 사랑은 두려움을 쫓아내기 때문이다. 마치 현명한 친구에게 말하듯이 기도하라. 기도할 때 빌지 말고 마음을 비워라. 달라고 구걸하지 말고 실천하겠다고 선언하고 자비심을 구하라.

톨스토이의 단편 하나를 읽어보자. 호수 건너 마을에 세 명의 현자가 살고 있었다. 그들이 얼마나 현명한지 마을 사람들은 물론 방방곡곡에서 찾아와 그들의 말에 귀를 기울이고 감명을 받았다. 그들이 사는 지역에 신임 주교가 부임해 왔다. 어느 날 그는 그들의 명성에 호기심이 생겨나서, 호수 건너 마을에 행차하였다. 현자들의 표정은 행복해 보였으나 옷 입은 행색은 초라했다. 주교가 물었다. "자네들은 기도를 할 줄 아는가?" "예, 우리는 이렇게 합니다. 하나님은 성부, 성자, 성령 세 분이시니 각각 우리 세 사람에게 자비를 베풀어주십시오. 우리는 이것만 반복합니다." "에이, 그게 전부란 말인가? 자네들은 주기도문을 아는가?" "모릅니다요." "주기도문도 모르면서 어떻게 하나님의 말씀을 전한다는 것인가? 당장 주기도문을 외우게. 나를 따라서 해봐. 하늘에 계신 우리 아버지…" "예에, 하늘에 계신 우리 아버지…" "음, 그렇게 오늘 계속 외우게." "예에, 감사합니다. 그렇게 하겠습니다." 주교는 심히 만족한 모습으로 배를 돌려 마을을 빠져나왔다. 얼마쯤 가려는데, 뒤에서 다급한 목소리가 들렸다. "주교님, 아까 가르쳐주신 주기도문을 중간까지밖에 못 외웠는데 그다음이 뭐지요? 잊었습니다." 뒤를 돌아보니, 세 사람이 물 위로 빠르게 걸어오면서 외치는 것이었다. 배 안에 있던 주교는 그 자리에서 엎드려 예를 표하면서 말했다. "용서하시오. 당신들은 당신들의 기도를 계속하시오."

기도는 자기가 믿는 절대자나 대상과의 대화이며, 간절한 소망이고, 삶의 방식이고 사랑의 표현이다.
(이미지 출처 : pixabay)

기도하기가 신에 대한 예의라면 명상하기는 혼자 있는 기술이다. 이 기술은 몸에 익은 습관적인 반복 행위를 뜻한다. 기독교의 묵상은 성경을 읽으면서 그 속으로 들어가 하나님과 친밀하게 이야기를 나누는 시간이다. 일반 명상은 아무것도 하지 않고 있는 상태이다. 빈 공간을 만든다. 호흡만 있을 뿐이다. 기독교에서 기도는 하나님을 주인으로 모시는 과정이고 명상의 주인은 자기 자신이며 비움이다.

명상가들의 명상 이야기를 살펴보자. 호흡을 몸속에서 느끼도록 천천히 길게 쉰다. 호흡이 들어갔다가 머문 후에 떠나가는 것을 느끼는 것이 명상이다. 먼저 조용히 앉아 눈을 감는다. 내 안에 생각이 보이고, 주위의 소음이 들리기 시작한다. 이것들을 부정하지 말고 받아들여라. 천천히 호흡하며 편히 쉬어라. 숨을 내쉴 때 소음과 생각을 함께 내보낸다고 상상하라. 이렇게 하면 호흡도 느끼고 몸도 느껴진다. 호흡이 몸속에 침전된다. 시간을 갖고 천천히 익숙해져라. 호흡은 저 너머 세상과 다리 역할을 한다. 그러다가 갑자기 호흡이 깊어지면서 호흡에서 생명과 에너지를 느낀다. 영혼이 나에게 들어오는 것이다. 영혼은 나를 강요하지 않는다. 내가 초대하는 만큼 나의 삶에 들어온다. 영혼은 사랑, 관심, 지혜, 자비 등의 에너지를 경험하게 한다. 명상이 끝날 쯤이면 사랑의 에너지인 영혼과 친밀해진다.

본격적으로 일하기 전에 에너지를 모으는 행위는 기도나 명상뿐만 아니라 준비 의식(儀式)도 있다. 종교가 없더라도 개인적으로 무엇인가 에너지를 끌어당기는 준비 행위가 필요하다. 예를 들어, 차를 마신다든지, 음악을 듣는다든지, 화초를 돌본다든지, 산책한다든지 등과 같이 자기 자신을 그런 환경에 놓아본다. 그것이 즐겁고 행복하며 마음에 드는 환경이라면 습관화하라. 그러면 충분히 동기유발되고 일을 시작하고 싶을 것이다. 이런 준비 의식은 자심감과 자기신뢰를 얻게 해준다.

성경 이야기(마가복음 9장)

그들이 산을 내려와 다른 제자들에게 돌아오니, 주위에 큰 무리가 보이고 종교학자들이 제자들에게 따져 묻고 있었다. 예수를 보자마자, 무리 가운데 반가운 기운이 일어났다. 사람들이 달려와서 그분을 맞이했다. 예수께서 물으셨다. “무슨 일이냐? 왜 이렇게 소란스러우냐?” 무리 가운데 한 남자가 대답했다. “선생님, 귀신 때문에 말을 못 하는 제 아들을 선생님께 데려왔습니다. 귀신이 사로잡을 때마다 아이가 바닥에 거꾸러져, 입에 거품을 물고 이를 갈면서 막대기처럼 굳어집니다. 선생님의 제자들에게 구해주기를 바라고 말했지만, 그들은 하지 못했습니다." 예수께서 말씀하셨다. "하나님을 모르는 이 세대여! 내가 같은 말을 몇 번이나 해야 하느냐? 얼마나 더 참아야 하느냐? 아이를 이리 데려오너라." 그들이 아이를 데려왔다. 귀신이 예수를 보고 아이에게 발작을 일으키게 하니 아이는 입에 거품을 물고 바닥에서 몸을 뒤틀었다. 예수께서 아이의 아버지에게 물으셨다. "이렇게 된 지 얼마나 되었느냐?" "어려서부터 그랬습니다. 귀신이 아이를 죽이려고 불 속이나 강물에 던진 것이 몇 번인지 모릅니다. 만일 하실 수 있거든, 무엇이든 해주십시오. 불쌍히 여기소서. 저희를 도와주십시오!" 예수께서 말씀하셨다. "만일이라니? 믿는 사람에게 만일이란 없다. 모든 것이 가능하다." 그분의 입에서 말이 떨어지기가 무섭게, 아이의 아버지가 부르짖었다. "제가 믿습니다. 의심하지 않도록 도와주십시오!" 무리가 속속 모여드는 것을 보시고, 예수께서 악한 귀신에 대해 명령하셨다. "벙어리에 귀머거리 귀신아, 내가 네게 명한다. 아이에게서 나와 다시는 얼씬거리지 마라!" 귀신은 고함을 지르고 마구 몸부림치면서 나갔다. 아이는 송장처럼 핏기가 없어졌다. 그러자 사람들이 "아이가 죽었다."고 말하기 시작했다. 그러나 예수께서 아이의 손을 잡아 일으키시사 아이가 일어섰다. 집에 돌아온 뒤에, 제자들이 예수를 붙들고 물었다. "왜 저희는 귀신을 쫓아내지 못했습니까?" 예수께서 말씀하셨다. "이런 귀신은 기도가 아니고서는 쫓아낼 수 없다." (마가복음 9 : 14~29)

여기서 핵심은 마지막 29절이다. '이런 귀신은 기도가 아니고서는 쫓아낼 수 없다.' 예수께서 치유의 능력을 행하시기 전에 기도의 중요성을 강조하고 많은 사람들 앞에서 시범을 보이셨다. 제자들도 병치료를 시도했으나 실패하였다. 그 차이는 기도에 있다고 예수께서 지적하신다. 기도는 하나님과 깊은 사랑의 관계 안에 있는 행위적 소통이다. 하나님은 사랑이기 때문이다. 하나님께 먼저 말하면 지혜와 힘을 얻고 인도하심을 받는다. 기도의 밀도는 사랑과 소원의 간절함에 비례한다.

기도에서는 영혼의 깨우침과 도덕적 선을 소원한다. 그래서 사람들은 죄의 고백, 하나님에 대한 사랑, 찬송과 감사, 하나님의 성품과 일치됨을 비는 기도를 많이 한다. 이보다 한 단계 높은 차원으로, 침묵의 기도가 있으며, 이것은 하나님에 대한 가장 순결한 형식의 경배다. 진리는 사람들을 움직이지만, 기도는 하나님을 감동시킨다. 기도는 두려움에서 나와 사랑의 집으로 들어가는 소통의 길이다. 하나님의 뜻에 일치되어 우리 안에서 일어나는 변화는 오직 기도를 통해서만 가능하다. 예수께서 수많은 기도를 통하여 자신의 뜻을 하나님의 뜻에 합치시키고, 순종하셨고, 능력을 얻으셨다.

예수께서 제자들과 함께 변화산에 올라갔다. 그는 그곳에서 변화를 받고, 그의 옷은 광채가 나고 마치 방금 세탁한 것처럼 희고 눈부셨다. 하늘에서 옛 선지자의 목소리가 들렸고 이어서 구름 속에서 하나님의 음성이 들렸다. “예수는 하나님의 아들이니 그의 말을 잘 들어라”라고 제자들에게 명령하신다. 제자들은 무서움에 떨며 헛소리하면서 공포감에 휩싸였다. 그러나 예수는 더욱 담대해졌고 하나님 뜻에 의해 더욱 강화되고 있었다. 하나님의 음성을 듣는 그분의 기도 능력에서 나오는 담대함이었다.

예수께서 믿는 자들에게는 능치 못할 일이 없다고 강조하신다. 그의 변혁은 제자들을 놀라게 하였다. 단순히 외형적인 변화만을 말하는 것이 아니었다. 그분은 수난당할 것임을 두 번째 예고하시면서 내면의 권능을 더욱 강화하는 변화였기 때문이다. 예수께서 실로 극단적인 변혁을 강조하셨다. 불의한 일을 저지르면 두 팔을 자르고 눈을 빼버리라고 훈계하셨다. 물질과 욕망의 한가운데에서 엉거주춤하면서 서 있는 사람들에게 정신이 번쩍 들게 한다. 회개의 기도만이 변화할 수 있는 유일한 창구이다.

하산 길에서 제자들이 토론하고 있었다. '우리 중에서 과연 누가 제일 위대하며 누구를 선임으로 세울 것인가?'에 대해서였다. 예수께서 그 이야기를 듣더니 실소하고 말았다. 수평적 조직에서 어디가 상석이란 말인가? 상석은 조심해야 한다. 함부로 앉다가 나보다 더 높은 사람이 들어오면 그 자리를 양보해야 한다. 그것의 비참함은 겪어보지 않으면 모른다. 차라리 애초부터 한 단계 낮은 자리에 앉는 것이 현명하다. 그래서 예수께서 "누구든 조직의 우두머리가 되고자 하는 자는 오히려 끝자리를 맡게 된다"라고 경고하셨다. 제자들의 야망과 공명심을 저지하는 가르침이셨다.

그러나 이 토론보다 더 심각한 것은, 예수께서 처하신 상황을 전혀 눈치채지 못하는 그들의 어리석음이었다. 제자들은 산상 기도에서 예수의 존재가 빛으로 변모하는 것을 눈으로 직접 보았다. 메시아로서 구원의 길을 완성할 것이라는 예언이었다. 그들은 그것이 무엇을 의미하는지 아직도 이해하지 못했다. 그들은 메시아와 한 조직 안에 있었기 때문에 나중에 상임이사 자리라도 하나 차지하고 싶은 것이었다. 스승님이 고난 받은 후 죽을 것이며, 죽은 사람 가운데에서 다시 살아난다는 것을 믿을 수가 없었다. 유대교 사상에서 부활은 모든 의인에게 일어날 일이지 한 사람에게 일어날 일은 아니었다. 예수가 직접 십자가의 길을 가서 인류의 구원을 이루시리라는 것을 믿지 못했다.

일행들이 묵묵히 앞을 보며 걸어가는데 갑자기 한 남자가 황급히 예수님 앞으로 나섰다. 벙어리인 자기 아이가 귀신 들려서 죽어가고 있지만, 의사들도 제자들도 그 병을 고칠 수 없었기에 혹시나 하고 나왔다는 것이었다. "어떻게 하실 수 있다면" 하고 의심 어린 어투로 요청한다. 예수께서 간단히 꾸짖는다. "하실 수 있다면이 무슨 말이냐? 믿기만 하면 그대로 될 것인데." "죄송합니다. 정말 죄송합니다. 제가 믿습니다. 저의 믿음 없음을 용서하시고 도와주십시오." 절망 속의 외침은 예수로 하여금 자비심을 불러일으켰고, 곧 귀신을 꾸짖어 내쫓았다. 귀신은 달아났고, 예수께서 죽은 듯이 땅에 엎어졌던 아이를 일으켜 세웠다. 예수의 치유는 아이 부모는 물론이고 주위 사람들 모두를 놀라게 하였다. 제자들은 더욱 놀라서 물었다. "왜 우리는 그렇게 할 수 없었나요?" "자네들은 기도가 부족했네." 그분이 단호하게 말씀하셨다.

예수께서 자신이 역할모델이 되어서 제자들이 보고 배우도록 하였다. 그래서 "내가 행한 대로 그대들도 하기를 원한다"라고 말씀하셨다. 그분이 이 땅에 오신 목적을 잘 이해하기를 바랐다. "내가 온 것은 섬김을 받으려 함이 아니라 도리어 섬기려 함이요, 자기 목숨을 많은 사람들의 대속을 위해 주려 함이다." 특히 하인의 정신으로 세상 살기를 원했다. 하인은 주인보다 더 높을 수 없다. 심부름꾼은 보낸 사람보다 더 높을 수 없다. 이것을 알면 축복이 온다.[01] 또한 누구든 와서 도움을 청하면 "하나님이 해주실 것이다"라고 말하면서 은근히 미루지 않으셨다. 당장 도와주셨다. 진정한 리더십은 현장에서 만인을 위하여 자신을 희생하고 헌신한다. 어린아이에게도 병자에게도 연약한 사

---

01 요한복음 13:15~17 내가 너희에게 행한 것 같이 너희도 행하게 하려 하여 본을 보였노라. 내가 진실로 너희에게 이르노니 종이 주인보다 크지 못하고 보냄을 받은 자가 보낸 자보다 크지 못하나니 너희가 이것을 알고 행하면 복이 있으리라. (개역개정판)

람들에게도 연민의 정을 가지고 봉사한다. 리더에게 희생과 헌신이 없다는 것은 마치 소금이 제 맛을 잃으면서 그 역할을 하지 못하는 것과 같다.

경영 이야기

경영은 조직에서 기도하고 명상하는 사람을 격려하고 확보하는 기술이다. A 회사의 B 회장은 매주 월요일 아침 8시에 직원들과 함께 기도로 한 주를 시작한다. 기도하는 것이 어려우면 그날의 소망을 기원해도 좋을 것이다. 기도 모임을 하면서 직원들의 의견을 경청하기 때문에 사내의 현안 문제나 갈등이 쉽게 풀려나가는 것을 경험한다. 기도를 통한 소통, 하나님의 일을 한다는 사명감이 생기면서 조직에서는 생기가 돌게 되었다. 처음에는 구성원들의 많은 저항이 있었다. 당장 해결해야 할 일이 코앞에 닥쳐 있는데 기도한다고 이루어질까, 개인적으로 바쁜데 그런 한가한 시간이 왜 필요한가, 신앙은 개인적인 것이다 등의 반발이 있었다. 그러나 기도 모임이 진행되면서 차츰 사람들 간에 유익한 관계가 형성되고 소통이 원활해지는 효과를 얻게 되었다. 하나님의 일을 한다고 생각하면서 비판적이고 냉소적인 자세가 사라지고 대신에 서로 존중하고 가슴이 따뜻하게 변화되기 시작하였다.

사람들은 중요한 일을 하기 전에 혹은 한계 상황에 대비해서 무의식적으로 먼저 기도하는 습관이 있다. 원초적인 두려움 때문이다. 불안감과 불확실성 속에서 자신이 원하는 대로 이루어지기를 바란다. 의식적으로 기도하자. 때와 장소를 가리지 말고 기도하자. 걷거나, 앉아 있거나, 누워 있거나, 필요하면 기도하자. 자신이 원하는 것이 하나님의 뜻과 일치하면 하나님께서 들어주신다.[02] 그렇지 않으면 하나님께서 외면하시거나 미래로 미루어놓으신다. 기도한 대로 다 이루어지는 것도 아니고 그렇다고 해서 기도를 안 한다고 안 되게 하시는 하나님도 아니다. 땅 위의 벌레 같은 인생이 하나님의 뜻을 일일이 알 수 있겠는가? 키르케고르가 말한 대로, 삶은 항상 앞으로 진행되지만 삶에 대한 이해는 뒤를 돌아보는 방향만으로 가능하다. 마음속의 기도 습관은 복받은 인생이다.

론다 번은 저서에서 생각이 결과를 낳는다는 원리 하에서 '끌어당김의 법칙'을 제안하였다[8]. 많이 기도하고 생각하면 많이 끌려온다는 것이다. 자신이 원하는 것을 자기에게 끌어 당겨 놓아야 이루어진다. 그 저자는 간단하게 "구하라, 믿어라, 받아라"의 순서를 제안하였다. 여기서는 이를 변형하여 제시한다.

[그림 9-1] 끌어당김의 원칙

첫째, 원하는 것을 결정하라. 진정으로 원하는 것을 머릿속에서만 생각하지 말고 종이에 적어본다. 예컨대, "까칠한 상사와 친해져야 한다"라고 하자. 현재형으로 적어서 이것이 진정 내가 선택한 것임을 분

02 마태복음 21:22 너희가 기도할 때 무엇이든지 믿고 구하는 것은 다 받으리라 하시니라. (개역개정판)

명히 한다. 명확하면 결정된 것이다.

둘째, 형상화하라. 그 상사와 친밀하게 이야기를 나누는 모습을 마음속에 그려본다. 나의 마음을 기쁘게 만들고 '그는 이미 나의 것이 되었다'고 여기며 그의 웃는 모습을 그려본다. 지레 걱정하거나 안달하지 말고 지금 여기에서 그의 좋은 모습을 상상한다.

셋째, 대화를 느껴라. 생각만 하지 말고 구체적인 느낌을 받아라. 이를 위해 결과에 집중하라. 이미 이루어졌다고 간주하면서 그때의 감정을 느껴라. 이 감정을 노트에 간단히 기록하고 기억한다.

넷째, 믿으면 평안해지고 기분이 좋아진다. 그러면 저 너머에서 누군가가 내 안으로 들어와 내 소원을 이루어주신다. 그리고 감사하라. 지금 여기에서 이루어진 것에 대해 감사한 마음을 가져라. 감사하면 영혼이 더 풍요로워진다. 자신감도 생긴다. 감사한 마음으로 잠시 후에 상사를 대하라.

기도는 영혼이 행하는 가장 성숙한 기술이다. 불타는 열정과 진정성은 불가능을 가능하게 하며 진실한 삶으로 인도할 수 있다. 이루고자하는 목표를 노트에 적어놓고 시간을 들여 응시하라. 할 일을 계획하면서 자신을 기특하게 여겨라. 무엇인가를 해낼 수 있음에 찬사를 보내라. 그리고 충만함과 감사함을 느껴라. 이렇게 하면 나는 자석이 되어 주위의 힘을 모으고 의욕이 생길 것이다.

더 생각해보기

1. 나는 무엇을 위해 기도하는가?

2. 만일 화가 났다면, 그 화의 원인을 인식하면서 호흡을 천천히 길게 해본다. 이 명상적 침묵이 화의 문제 해결에 도움이 될 것 같은가?

3. 우리 조직이 진정 원하는 것은 무엇인가?

4. 우리 조직을 위해 기도하는 사람들은 누구인가?

10

민첩하고 세밀하게 주도하라

주도적인 노력에 의해 스스로의 인생을 고결하게 하는 인간의 불가사의한 능력보다 더 고무적인 것은 없다.

— 해리 데이비드 스쿨

개념 이해하기

헤르만 헤세의『동방으로의 순례』라는 소설이 있다. 일단의 귀족들이 레오라는 하인과 함께 동방 나라로 여행을 하게 되었다. 레오는 안내자로서 여행에 관련된 모든 일들에 대해 책임을 맡고 봉사하였다. 이동하기, 먹거리, 볼거리, 잠자리 등을 성실하게 서비스하였다. 귀족들은 호기심 있게 여러 나라들을 돌아보며 먹고 마시면서 며칠 동안을 즐거워했다. 그러나 얼마 지나지 않아 한두 명씩 몸이 피곤해지면서 불평하기 시작하였다. 여행이란 집에서 멀어질수록 불편하기 마련이다. 이 불편함을 긍정의 힘으로 전환시키는 것이 여행의 묘미일 것이다. 점점 심해지는 불만스런 소리에 레오는 더 이상 참기 어려웠다. 마침내 그는 야반에 도주해버렸다. 남아 있는 귀족들은 하인을 잃고 우왕좌왕하면서 여행은 혼란으로 끝나고 말았다.

여기서 그 하인이야말로 진정한 리더였음을 보여준다. 명령을 내리던 귀족들은 리더가 아니었다. 그들은 리더를 잃고 나서 오합지졸이 되었다. 하인은 불편과 불만 속에서 성실하게 여행 일정을 지키려 했지만 결국 중도에서 포기하고 말았다. 사실 그는 이 모임을 후원하는 단체의 우두머리였으나 봉사 정신으로 하인 임무를 자청하였다. 주도적이고 자발적으로 발휘하는 리더십은 자신을 상전이 아닌 하인의 위치에 놓는다. 그러면 봉사하는 마음이 저절로 생긴다. 그의 섬기는 서비스 정신을 서번트 리더십이라고 부른다.

삶을 주도한다는 것은 솔선수범의 자세를 가지고 일하며 결과에 책임을 지면서 사는 것을 뜻한다. 본능적 욕구를 통제하고 올바른 의사결정이 나에게 보상으로 연결된다는 믿음이 있다. 삶에서 타인의 평가를 의식하지 않으며 자신의 것으로 사는 것이 행복한 삶이라고 여긴다. 그리고 자신이 가지고 있는 즐거움, 탁월함, 존중, 배려 같은 핵심가치를 원칙으로 삼는다. 주도적 삶은 온전히 나의 것이 됨을 의미한다.

인생을 주도적으로 살려면 먼저 중장기 목표를 세우고 달성을 위한 계획을 세울 필요가 있다. 그리고 매일 조금씩 실행하는 자세를 익히면 된다. 예를 들어, 야구 선수나 축구 선수의 꿈은 국가대표가 되어 세계대회에 나가는 것이 목표가 된다. 세계 사람들이 보는 앞에서 자신의 기량을 뽐내고 싶을 것이다. 그러나 욕구가 나를 이끌어가지 않도록 조심하며 내가 욕구를 이끌어가야 한다. 이 욕구를 이끌어가는 방법에는 민첩성과 세밀성이 있다.

민첩성은 신경 반응에 의한 속도로서 자극에 대해 신속하게 반응하거나 신체의 자세를 재빠르게 바꾸는 능력이다. 이것은 균형력, 속력, 지구력, 체력 등의 조합을 사용하는 종합적 운동 능력이다. 예컨대 탁구, 테니스, 축구 선수 등에게는 민첩성이 요구된다. 운동뿐만 아니라, 일상 과업에서 환경적 자극이나 자신의 심적 변화에 얼마나 예민하고 신속하게 반응하는가에 따라 일의 성패를 가름할 수 있을 것이다.

세밀성은 자세하고 꼼꼼하게 일을 처리하는 성질을 뜻한다. 정교하고 구체적으로 계획을 세워 실행하는 능력이다. 미세한 차이를 인식하고 엉성함과 타협하지 않는 정신이다. 건축 설계, 작곡, 요리 등에서 전체 모습을 구성하는 요소들의 조화는 세밀성이 없으면 좋은 작품이 되기 어렵다.

어떤 사람이 사막을 도보로 횡단하던 중 갈증으로 인해 거의 정신을 잃을 지경이었다. 때마침 폐업한 주유소를 발견하였고 마당에 있는 펌프가 눈에 띄었다. 게다가 바가지에는 물이 가득했다. 감사해하며 한꺼번에 마셔버리려고 하는 순간 안내판이 눈에 들어왔다. "이 물을 전부 마시지 마세요. 다 마셔버린다면 다음 사람은 물을 마실 수 없습니다. 이 물은 마중물 용도입니다. 펌프로 새 물을 퍼올려 마시고, 바가지에는 원래대로 물을 담아두시기 바랍니다. 좋은 여행이 되시기를." 주인의 세심한 배려가 여행객을 살린다.

주도적인 삶을 사는 사람은 민첩성과 세밀성에 대해 내리는 판단을 중시한다. 간디 선생이 혼잡한 기차역에서 기차에 오르는 순간 한쪽 구두가 벗겨져 땅에 떨어졌는데 기차가 출발하기 시작했다. 간디 선생은 신고 있던 나머지 한쪽 구두를 재빨리 벗어 밖으로 던졌다. 수행 기자가 물었다. "아니, 왜 그렇게 하십니까?" 간디 선생이 말하기를 "그래야 다른 사람이 신발을 제대로 신을 것 아닙니까?" 그는 평소 민첩성과 세밀성의 덕목을 잘 지키면서 살아온 것 같다. 직장 또는 배우자 선택에서 내가 진정으로 원하는 결정이 아니라 조건에 좌우되는 경우, 반응적 삶이 될 것이다. 본능이 원한다고 해서 향락에 좌우된다면 조만간 후회할 날이 올 것이다. 통제력과 함께 자신을 지키려는 자세가 바로 자기주도적인 것이다.

성경 이야기(마가복음 10장)

세베대의 두 아들인 야고보와 요한이 예수께 다가왔다. "선생님, 우리에게 꼭 해주셨으면 하는 일이 있습니다." "무엇이냐? 내가 할 만한 일인지 보자." 그들이 말했다. "주님께서 영광을 받으실 때 우리에게도 최고 영광의 자리를 주셔서, 하나는 주님 오른편에, 하나는 주님 왼편에 있게 해주십시오." 예수께서 말씀하셨다. "너희는 너희가 무엇을 하는지 모른다. 너희는 내가 마시는 잔을 마시고, 내가 받을 세례를 받을 수 있겠느냐?" 그들이 말했다. "물론입니다. 왜 못 하겠습니까?" 예수께서 말씀하셨다. "생각해보니, 너희는 과연 내가 마시는 잔을 마시고, 내가 받을 죄를 받을 것이다. 그러나 영광의 자리를 주는 것은 내 소관이 아니다. 그것과 관련해서는 다른 조치가 있을 것이다." 다른 열 제자가 이 대화를 듣고, 야고보와 요한에게 분통을 터뜨렸다. 예수께서 그들을 불러놓고 바로잡아주셨다. "하나님을 모르는 통치자들이 얼마나 위세를 부리는지, 사람들이 작은 권력이라도 얻으면 거기에 얼마나 빨리 취하는지 너희가 보았다. 너희는 그래서는 안 된다. 누구든지 크고자 하면, 먼저 종이 되어야 한다. 인자가 하는 일이 바로 그것이다. 인자는 섬김을 받으러 온 것이 아니라, 섬기러 왔다. 포로로 사로잡힌 많은 사람들을 살리기 위해 자기 목숨을 내어주려고 왔다." (마가복음 10 : 35~45)

예수께서 가지고 있는 최고의 서비스 기술은 즉석 치유 능력이다. 병든 사람이 원하기만 하면 "믿음대로 될지어다" 하시면서 그 자리에서 해결해주셨다. 지금도 농어촌 봉사에서 사람들이 최고로 반기는 것이 의료기술이다. 그러나 그분은 단지 병을 낫게 하는 것만이 아니라 병들고 억압받는 사람의 영혼을 치유하는 능력도 가지고 있다. 후자가 본질적인 사명이다. 그리고 전자는 구원의 목적을 달성하기 위해 행하는 서번트 봉사 기술이다. 봉사하고 싶어도 기술이 없으면 할 수가 없다. 그분의 봉사는 몸을 민첩하고 세밀하게 움직이는 행위이다.

서번트 리더십은 사람들이 목표를 달성하도록 봉사하고 헌신하게 하는 영향력이다. 예수께서는 심지어 자신의 몸을 내어 죄 많은 인간들의 대속물로 되기를 바라셨다. 숭고한 서번트 정신이다. 그의 서번트 리더십은 하나님의 뜻에 순종하는 서번트 팔로워십이기도 하다. 예수의 십자가는 인류의 구원이라는 소명을 위해 낮은 자리에서 희생한 서번트 십자가였다. 리더가 진정으로 섬기며 봉사하고 있다는 것은 어떻게 알 수 있는가? 그것은 봉사 받고 있는 사람들이 정신적 변화를 일으켜 자신들도 하인의 위치에 있으려는 자세를 보이는가에 달려 있다. 사람들이 헌신적이 되고, 자발적으로 자기 변화를 일으킨다면 그 리더십은 올바르게 발휘된 것이다.

마가복음 10장 본문에서 보면 제자들은 선생님 밑에서 한 자리씩 차지하고자 논쟁을 벌이고 있다. 좌청룡 우백호의 권력에 접근하려는 의도이다. 콩고물이 떨어지면 그걸 챙기려고 혈안이 되어 있다. 예수께서 그들을 나무라신다. 업의 본질을 알지 못함에 대해 한탄하시는 것이다.

하인은 소유 재물이 없다. 최소한의 생필품만 가진다. 주인을 위해 일하면 그만이다. 예수께서는 자신을 보내신 하나님의 사명을 준수할 뿐이었다. 그분은 재물 소유에 대하여 경고하셨다. 부자가 하늘나라에 가는 것은 낙타가 바늘구멍에 들어가는 것보다 더 어렵다고 했다. 재물이나 명예는 구원의 길에서 걸림돌이 된다고 지적하셨다. 사람들은 많은 것을 가질수록 그것을 지키기 위해 더 많이 일해야 한다. 많은 재산을 운영하려면 현금이 추가로 필요하다. 부유함은 죄악이 아니다. 다만 조심성이 뒤따른다. 재산이 쌓일수록 마음을 빼앗길 수 있기 때문이다. 재산이 많으면 자기 과시가 일어날 수 있어 존재감도 커진다고 생각할지 모르겠다. 다른 상대와 비교하여 우월감이 생길 수 있다. 그러나 이것은 거품에 불과하다. 소유가 늘어나면 진정한 존재는 작아진다. 내가 누구인지 안다면 소유보다 실존에 대해 더 감사한 마음이 들 것이다.

심령이 가난해야 함은 물욕으로 인한 영혼의 게으름을 경계한 이야기이다. "부자는 재산 때문에 교만해지기 쉬우므로 예절을 알아야 하고 가난한 사람은 비천해짐을 느끼기 때문에 즐거움을 알아야 한다." 이것은 공자 말씀이다. 물질적 가난을 영혼의 부요함으로 극복해야 한다. 요사이는 먹을 것이 없어서 굶지는 않는다. 조금만 몸을 움직여도 먹고살 수 있다. 문제는 상대적인 박탈감이다. 자기 욕심에 자신이 굴욕당하기 십상이다. 영혼이 조잡스러우면 하나님께 감사할 일이 생길 때에 우울해진다. 우리는 영혼의 고상함을 구해야 한다. 고상한 영혼은 품위 있는 인생의 성공을 도와준다. 지상의 품위가 천국의 영혼을 구한다.

예수의 서번트 리더십은 연약한 어린아이를 보호하기 위한 정신으로 이어졌다. 요즈음에도 일부 나라에서는 어린아이들이 생계 수단으로 내몰리고 있지만, 그 당시에는 더 심했을 것이다. 어린이는 어른의 미래이다. 예수께서는 소박한 마음으로 어린아이가 다가오는 것을 반겼다. 아이들에게서 배울 점을 발견하셨다. 그들은 마음이 순진하여 믿음이 간결하다. 그들은 괜히 즐겁다. 서 있는 자리에서 이유 없이 깡충깡충 뛰어 다닌다. 마치 들판의 동물처럼 식물처럼 마냥 자기 몸을 흔든다. 즐거워하는 데에 조건을 붙이지 않는다. 성장하면서 제도권 교육을 받아, 그 순진함이 변질되는 것이 유감스럽지만, 하여튼 어린 그들은 조건 없이 즐겁다. 그 자체가 천국이다. 좋은 조건이 주어져야만 흥겨워하는 어른과 다르다. 어린아이의 즐거움은 구원의 일차적인 자세이다. 그래서 예수께서는 어린아이의 성품을 좋아하셨다.

예수께서 지속적으로 봉사 정신을 강조하고 있음에도 불구하고, 제자들은 딴마음을 품고 있었다. 출세의 표시로 높은 권력의 자리를 하나씩 차지하고 싶었다. 예수에게 잘 보여서 그 옆자리에 앉을 궁리만 하였다. 천국은 권력의 집이 아니다. 깨달음의 집이다. 깨달음에는 순서가 없다. 먼저 깨닫는 자가 먼저 천국에 간다. 그래서 먼저 된 자가 나중 되기도 하고, 나중 된 자가 먼저 되기도 한다.

경영 이야기

경영은 사람들이 자신의 일에 주도적으로 몰입하도록 리드하는 기술이다. 기업은 시장에서 고객의 필요와 욕구를 충족시키도록 운영에 집중할 필요가 있다. 운영은 다른 회사보다 더 잘하는 것이다. 시장에서 민첩성과 세밀성의 행동 능력이 있으면 주도권을 잡을 수 있다.

먼저, 민첩성은 시장 환경의 역동적 변화에 재빨리 그리고 효율적으로 반응하는 능력을 의미한다. 기업에서 민첩성을 유지하고 고객의 요구를 충족시키려면 제품과 서비스를 기업의 환경 변화에 적응시켜야 한다. 그러고 나서 인적 자원을 활용하여 유지하는 것이 필요하며, 경쟁사보다 더 빠르게 기회를 포착하고 행동을 취해야 한다.

리드 타임의 단축은 중요한 지표가 된다. 리드 타임이란 고객 주문에서부터 전달까지 걸리는 시간을 뜻한다. 올바른 제품이나 서비스를 신속하게 전달하는 능력이다. 사우스웨스트항공의 15분 회항은 민첩성을 보여주는 유명한 이야기이다. 도착해서 재출발할 때까지의 준비 시간이 15분 정도 걸리는 것이다. 보통 다른 항공사들은 1시간 걸리는 것을 이렇게 단축시키려면 모두가 참여해야 한다. 조종사도 화물 운반에 참여하고 지상요원은 항공기가 단시간에 이륙할 수 있는 활주로를 알려주기도 한다. 조직의 민첩성은 기업의 전략적인 비전을 실제 기업 운영 환경으로 실현하기 위해 CEO가 추구하여야 할 가치인 것이다.

다음으로, 세밀성은 운영에 필요한 모든 제원을 상세하게 구비하는 것이다. 예컨대, 맥도날드는 빵의 크기, 주문받는 매대의 높이, 빨대의 직경 등의 규격을 엄격하게 준수하고 있다. 우리나라의 경기대원(KD) 버스회사는 직원 중심의 경영으로 정평이 나 있다. 이 회사 버스는 가벼운 알루미늄 계통 재질의 타이어를 장착하고, 여분의 타이어를 싣고 다니지 않는다. 심지어 체중이 많이 나가는 운전수를 고용하지 않을 정도이다. 이렇게 운영에서 아낀 비용은 직원들의 복지를 위해서 사용된다. 이것은 직원을 위해 올바른 일을 하는 것이다.

기본적으로 표준화된 제품이나 서비스를 제공하는 것이 규모의 경제에 도움을 주지만, 고객 기대를 넘어서려면 유연하게 고객화할 수 있어야 한다. 코로나 팬데믹 발생 이후 미국의 많은 유통 채널이 파산하였으나 노드스트롬이나 메이시 같은 백화점은 탁월한 서비스로 살아남아 있다. 노드스트롬은 민첩한 고객서비스로 유명하다. 팔지도 않은 타이어 체인을 두말 않고 반품 받아주었다는 이야기가 있을 정도이다. 다른 이야기도 있다. 한 직장인이 와이셔츠를 사러 왔다. 그는 흰색 바탕에 파란 깃이 달린 자기만의 와이셔츠를 입고 싶었다. 점원이 재고를 조사하였으나 그런 것을 발견할 수 없었다. 점원은 잠깐 기다리라고 하고 자리를 뜨더니, 얼마 후에 그 고객이 원하는 상품을 만들어 가지고 돌아왔다. 그리고 그 점원은 나머지 파란 바탕에 흰 깃이 있는 와이셔츠도 함께 그냥 가져갈 것을 제안하였다. 고객은 엄청난 감동을 받았을 것이다. 다분히 신화적인 이야기이지만 권한 위임이 유연한 조직문화의 이야기이다.

이 과제의 해답은 고객가치 명제의 개발에 있다. 고객들은 품질, 자부심, 명성, 브랜드, 존중, 낮은 가격 등을 소중히 여긴다. 명제는 제품이나 서비스가 제공하는 높은 수준의 이득(해답)을 제공하는 시도이다. 목표 고객의 필요 충족에 집중한다. 고객이 소중히 여기는 가치 또는 해결하고자 하는 문제를 가설적인 질문으로 제기하는 것이 명제 개발의 시작이다. 예컨대, 젊은 학생들이 운동화를 구매할 때 어떤 이득, 즉 가치를 느끼고 싶어할까? 퇴직한 중년 아저씨는 구매하려는 컴퓨터에서 어떤 이득을 원할까? 대학 신입생은 입학한 대학에서 무엇을 원할까? 이득의 실현을 가능하게 도와주는 기능이 명제이다. 명제는 브랜드와 다르다. 브랜드는 쉽게 바뀌지 않지만, 명제는 목표 고객의 필요가 변하면서 또는 경쟁자가 시장에서 부상하면서, 시간이 지남에 따라 변하여야 한다. 그래서 일시적이다.

운동화는 젊은이에게 자부심 그 자체이다. 예전과는 완전히 다른 개념이다. 구매한 그날은 '생애 최고의 날'이 되고 싶은 것이다. '새 신을 신고 뛰어보자 팔짝'과 같은 기분일 것이다. 퇴직한 중년 아저씨의 컴퓨터 구매 목적이 게임이나 정보 검색도 되겠지만 뭔가 자기 사업을 원할지도 모른다. 유튜브와 함께 인생 90세까지 어떻게 지낼 수 있을

까를 궁리한다. 아마도 매점 서비스는 '항시 검색'보다는 '항시 도움' 일 것이다. 대학에서 신입생의 가치가 무엇일까? '취업 100%'의 홍보 문구로 그 가치를 입증하지는 못한다. 취업은 아직 너무 이르다. 신입생들은 당장 자신들이 환대받고 존중받는다는 느낌을 갖기를 원한다. 학교는 '가고 싶은 만남의 장소'가 되어야 할 것이다. 사람들은 점점 더 똑똑해짐에 따라 감성, 상상력, 공식적인 의식 등에 더 많은 가치를 두기 때문에 명제 개발이 중요하다.

사람들은 이기적이다. 대체로 그들은 자신이 듣고 싶은 것만 듣고 자신에게 중요한 것만 기억한다. 자신이 사용하는 친숙한 언어, 자신이 가지고 있는 문제를 해결해주는 논리적인 설명을 원한다. 명제가 제시하는 언어는 간단하고 유용해야 한다. 차별화되어야 한다. 그리고 그것을 접하는 순간 큰 그림이 그려져야 한다. 예컨대, DHL의 "언제나 빠른 길, 크기 제한 없음", 스와치 회사의 "시계는 정밀기계가 아니라 패션제품이다"라는 명제는 큰 그림을 나타낸다. 그러나 스와치도 경쟁사의 "건강 제품" 앞에서는 고전하고 있다.

소비자는 구매하려는 제품의 이미지에서 개인적 이득을 인식한 후, 이 이득과 다른 경쟁 상품을 비교한다. 그러고 나서 두 제품 간의 차별화된 이득에서 얻어진 우월한 부분과 지불하려는 가격 차이를 비교한다. 경제학적으로, 가치는 이득을 희생으로 나눈 것이다. 소비자는 이득이 희생(가격)보다 크다고 판단되면 최종 가치를 얻게 되면서 구매과정에 들어간다.

기업은 고객이 말할 때까지 기다릴 수는 없다. 사실 고객은 정말 자신이 무엇을 원하는지 잘 알지 못하며, 알아도 기업에게 잘 말해주지 않는다. 단지 경험 후에 약간 말할 뿐이다. 불만 문제의 해결은 이미 지나간 일을 다루는 것에 불과하다. 기업은 어떻게 고객의 필요와 욕구를 주도적으로 해결할 수 있는가? 이에 대한 답은 고객의 눈을 통하여 민첩하고 세밀하게 자신의 사업을 보는 것이다. 최근 신경정신과 연구에 의하면 고객이 구매 결정에 걸리는 시간은 3초 이내라고 한다. 진실의 순간은 이렇게 짧지만 사실 고객은 무엇을 살 것인지 도착 전에 이미 가치를 마음속에서 결정하고 입장한다. 기업에게는 고객가치를 활용하여 어떻게 매장 안에 계속 머무르게 할 것인지가 중요한 과제가 된다.

지금까지 명제 개발을 통한 기업의 주도적 행동에 대하여 제안했지만, 다음에서는 조직 안에서 개인이 자신 업무를 어떻게 주도적으로 실행할 수 있는가에 대해 생각해보자. 세상에는 두 부류의 사람이 있다. 자신이 할 일을 다른 사람에게서 허락받은 후에 하는 사람과 자신의 할 일을 직접 결정하는 사람이 있다. 하인도 노예 근성만 없다면 얼마든지 주도적으로 일할 수 있다. 주도적으로 일하기 위해서 다음 그림을 살펴보자.

[그림 10-1] 주도적으로 움직이기 과정

첫째, 내가 속한 조직에서 틈새와 기회를 엿본다. 예컨대, 회사 홍보 책자를 인쇄해서 내일 납품을 받아야 한다면, 전날 퇴근길에 거래처 인쇄소에 미리 들러서 충분히 검토하고 상의해서 다음 날 아침에 물건을 받아야 한다. 이 일을 시작하기 전에 퇴근 후 근무 시간으로 인정해달라고 요구할 것인가? 아니면 자발적으로 알아서 처리할 것인가? 다음 날 전달받은 물건에 혹시 하자라도 발견되면 하루 혹은 이틀 늦어질 것이다. 이런 사고가 순전히 인쇄소의 잘못으로 발생한다 하더라도 사전 예방하는 준비성은 일에 대한 완성도를 높여준다.

둘째, 적당한 기회가 오면 내가 원하는 책임과 역할을 상사로부터 위임받도록 자발적으로 제안한다. "제가 한번 해보겠습니다." 하고 위임받은 업무의 권한 행사에 대해서는 책임감을 가지고 정보를 수집한다. 일을 끝마치려는 의지를 굳게 세우며, 완성으로 인하여 파급되는 효과를 예측한다. 항상 대기 상태의 기분을 가지고 의욕을 보인다. 그러면 준비된 자에게 스승이 나타난다. 그 스승이 나를 도울 것이다.

셋째, 나의 경험과 기술을 활용할 방법을 찾는다. 그간에 정리해놓은 나만의 노트가 있어야 한다. 그 노트에는 업무 관련 기술 정보가 들어 있다. 예컨대, 회사 홍보 인쇄물에서 예술성을 발견해야 한다면, 색상과 서체에 관한 공부가 있어야 한다. 심미성에 대한 감각과 지식을 부단히 노트에 적어가면서 몸에 익혀야 한다. 컴퓨터에 넣어도 되지만, 자필로 자기 노트에 적어라. 수시로 보면서 참고하라. 그러다 보면 외워지고 몸에 밴다. 이것만이 기술이다. 기술이 있으면 저절로 발휘된다. 무슨 일이든지 알면 보이고, 보이면 사랑할 수 있다.

넷째, 추진력과 열정으로 나의 움직임을 주도한다. 열정은 뜨거운 태양과 같은 감정이다. 일을 주도적으로 시작할 때에 절대적으로 필요한 감정이다. 로켓 점화와 같다. 그러나 곧 열정을 식히고 냉정함으로 몸을 움직여라. 열정이 식어야 사랑이 온다. 열정은 흥분이지 사랑이 아니다. 혼동하지 말라. 현장은 일에 대한 사랑을 나타내는 행동 무대이다.

기회는 도처에 있다. 누가 와서 부탁하기를 기다리지 말라. 기회 근처에서 서성대고 망설이지 말라. 붙잡아라. 일에 대해 보상을 기대하지 말라. 일이란 그냥 하는 것이다. 일이 사랑이다. 사랑하는 상대로부터 이득을 취하려고 한다면 그 사랑은 환상으로 끝날 것이다. 일 자체에서 즐거움을 얻을 수 있다면 그만한 보상이 어디 있겠는가? 정신적 즐거움이 금전적인 보상에 비교되겠는가? 시간이 많이 걸리거나 혹은 어려운 일일수록 감사하라. 나를 발전시킬 절호의 기회가 온 것이다. 의식의 통로에서 길을 잃지 말고 목표를 주시하면서 나아가라.

다시 생각해보기

1. 내가 주도적으로 일한 경험을 말할 수 있는가?

2. 나의 민첩성 또는 세밀성은 언제 발휘되는가?

3. 우리 조직은 어떤 서번트 정신을 강조하는가?

4. 우리 조직의 신상품 개발 리드 타임은 얼마나 걸리는가?

11

배우고 혁신하라

> 배움 없는 자유는 언제나 위험하며, 자유 없는 배움은 언제나 헛되다.
>
> — 존 F. 케네디

개념 이해하기

혁신은 기존의 습관을 바꾸는 활동이다. 바꾸는 방식에는 점진적과 급진적, 두 가지가 있다. 점진적 혁신은 조금씩 고치지만 타성이 있어 견뎌내기 어렵다. 이왕 혁신을 하려면 크게 마음먹고 급진적인 방식을 택해보자. 예를 들어보자. 지금 하고 있는 일의 방식을 나열한 다음에 무조건 반대로 적어본다. 그리고 나서 두 상반되는 항목을 어느 정도로 적극 조정하는가에 따라 혁신의 가능성을 점칠 수 있다. 금연 계획 시 반대편 스펙트럼에는 제로 흡연이 있다. 그리고 중간에는 하루 몇 개 피라는 숫자가 있다. 이 중에서 무엇을 선택할 것인지 그것은 나에게 달려 있다.

진정으로 혁신의 성공 여부는 새로운 의지와 습관에 의존한다. 결과에서 진전이 없을 때에는 우선 습관을 바꾸어보아라. 일이나 공부에서 성과가 낮은 경우 무엇이 나를 방해하고 있는가를 살펴보자. 가장 큰 장애물은 내 안에 있을 것이다. 좋은 습관은 목표를 의식하고 즉시 실행하기, 나쁜 습관은 다음으로 미루기가 있다. 미루기 습관은 목표 실행에 방해가 되므로 제거되어야 한다. 좋은 습관은 일에서 우선 순위를 결정할 수 있게 해준다. 중요하고 급한 일이 최우선이다. 그러나 중요하면서 급하지 않은 일도 장기적으로 대비해야 한다. 예컨대, 건강 유지하기, 책 읽기, 최근 거래가 없는 회사 방문하기, 지인 안부 묻기 등과 같은 것은 지속적으로 습관을 들여야 한다.

참고로, 원하지 않는 습관을 고치는 데는 일반적으로 5가지 방법이 사용된다(출처 : 브리태니커 사전). 첫째, 이전의 반응을 새로운 반응으로 바꾸는 것이다. 예를 들어 단것을 먹고 싶어 하는 욕구를 충족시키기 위해 사탕 대신 과일을 먹는다. 둘째, 지치거나 불쾌한 반응이 생길 때까지 그 행위를 반복한다. 예를 들면 역겨울 때까지 담배를 억지로 피움으로써 담배에 대한 혐오감이 담배를 피우고 싶은 욕구를 대신하게 한다. 셋째, 환경을 변화시킴으로써 그 반응을 부추기는 자극에서 떼어놓는다. 넷째, 어떤 유발하는 자극을 점차적으로 도입한다. 예를 들면 큰 개를 무서워하는 어린이에게 강아지를 가지고 놀게 함으로써 그 두려움을 극복하게 한다. 다섯째, 가장 비효과적인 방법으로 자신에게 벌을 가한다.

습관은 오랫동안 되풀이되어 몸에 굳어진 무의식적인 행동이므로 고치기 어렵다. 행동뿐만 아니라 생각이나 반응도 습관이 된다. 습관은 힘든 일을 정신적으로 극복하여 수행하는 수단으로 유용하지만 점점 몸에 굳어져 틀에 박히는 단점도 있다. 뇌는 좋은 습관뿐만 아니라 나쁜 습관도 운영하는 데 익숙하다. 나쁜 습관이 자동적으로 작동하면 멈추기 어렵다. 습관이 무의적 속에 박히면 고치기 어렵다. 기존 습관은 내 몸에서 안락하다. 직장에서 컴퓨터를 약간만 이용하다가 퇴직 후에는 거의 컴맹 수준으로 떨어져버리는 경우가 허다하다. 갑자기 컴퓨터가 낯설게 보이고 두려움이 앞선다. 변화하려면 모르는 것을 모른다고 하면서 용기 있게 전문가나 멘토를 찾아가 조언을 구하는 것도 한 방법이다.

인생 목표를 향하여 나아가다 보면 때로는 장애물을 만난다. 체중 감량이라는 목표를 달성하는 도중에는 밤늦은 회식 자리, 작심삼일의 게으름 등이 기다리고 있다. 인생은 마치 육상의 허들 경기처럼 여러 가로막대를 만난다. 시냇물이 흘러갈 때는 바위를 넘어가기도 하고 옆으로 돌아가기도 한다. 다양한 방법으로 장애물을 넘는다. 일하는 도중 장애물에 지나치게 신경쓰지 말며 또한 일이 잘 안 될 것처럼 미리 염려하지 말아야 한다.

장애물 넘기는 배움의 과정에서 곧잘 발생한다. 배움 관점에서 사람들을 두 부류로 나눌 수 있다. 한 부류는 지식 습득에서 맛보기로 끝나는 사람들이고, 다른 한 부류는 자신이 할 수 있는 범위 내에서 활용하려고 애쓰는 사람들이다. 배움은 실제 일이나 독서를 통해서 지식을 얻는 기회이다. 지식은 어떤 대상에 대한 명확한 인식이나 이해를 뜻한다. 다양하고 많은 지식을 머리에 저장하자. 일차적으로 암기나 이해가 중요하다. 그러나 여기에 머무르지 않고 분석, 종합화, 일반화 등 차원 높게 배우는 것이 더 멋지다. 이런 사람은 기억하고 있는 지식에 만족하지 않는다. 비록 지금 이용 가능하지 않더라도 의기소침하지 않는다. 기회를 엿보며 자신의 방식으로 적용하려고 노력한다. 이렇게

공부는 남과의 경쟁이 아니다. 자신과의 싸움이다.　　　(이미지 출처 : pixabay)

변화를 추구한다.

공자 말씀에 "학이시습지 불역열호(學而時習之 不易說乎, 배우고 때때로 익히면 기쁘지 아니한가)"가 있다. 이 말씀은 세월에 관계없는 명언이다. 공부가 지향하는 것은 반복하는 것이며 또한 깨달음이다. 깨달음의 즐거움을 맛보라는 제안이다. 그런데 깨달음에는 유효기간이 있다. 그 기간은 길지 않다. 밤사이에 날아가는 것도 있다. 그래서 공자는 복습을 강조한다. 학생들의 경우, 예습과 선행학습의 차이를 구별해야 한다. 한 학기 미리 배운다고 절대 유식해지지 않는다. 미리 배운 것을 반복해서 익힐 현장이 없기 때문이다. 그런 지식은 학원 안에서만 머무를 뿐이다. 시간, 돈, 에너지 등이 낭비된다. 지금 여기는 미래가 아니다. 이번 학기이다. 공부는 남과의 경쟁이 아니다. 자신과의 싸움이다. 반복이 기적을 낳음을 믿는다면 복습의 기적을 믿어야 한다. 예습은 전날 밤에 간단히 책가방 준비하면서 들쳐보면 된다. 어떤 새로운 개념이 나오는가를 인지하고 간단히 메모해놓으면 된다.

학습은 양면성을 가진다. 이론적이며 동시에 실제적이다. 이론은 현상에 대한 체계적인 견해이다. 이것은 법칙의 일반화를 추구하며 멀리 보는 망원경이다. 이론이 너무 지나치면 남의 글, 다시 말해서 기존 참고문헌의 내용을 나열하게 되고 현실 감각이 떨어진다. 편리성만 추구하기 때문이다. 현실 문제는 가까이 있다. 학습은 지금 여기를 포함해야 한다. 너무 멀리 보면 가까운 곳에서 일어나는 문제 해결의 즐거움을 맛보지 못한다. 실용성이 떨어지기 때문이다. 공부는 유익하면서 재미있어야 한다.

배움에서는 반복하는 용기가 필요하다. 용기는 불확실성에 머무르는 준비 상태이다. 두려움을 피하는 것이 아니다. 두려움이 있음에도 불구하고 앞으로 나아가는 것이다. 마치 풍랑을 만난 배가 계속 항해하려면 선장은 두려움을 이겨내는 용기가 필요하다. 영어로 용기(courage)의 어원은 라틴어의 심장(cor)이다. 우리에게는 가슴이 필요하다. 머리는 이성적으로 계산하지만 가슴은 느낌으로 이해한다. 용기는 가슴의 방식에 따라 의식의 길을 따라 움직인다. 장애물과 위험물에 준비되어 있고 가슴은 새로운 것에 대한 열망으로 박동친다. 열정은 영혼을 여는 문이다.

성경 이야기(마가복음 11장)

그들이 예루살렘에 도착했다. 예수께서 성전에 들어가셔서, 거기에 상점을 차려놓고 사고 파는 사람들을 모두 쫓아내셨다. 환전상들의 가판대와 비둘기 상인들의 진열대도 뒤엎으셨다. 예수께서는 아무도 바구니를 들고 성전 안을 지나다니지 못하게 하셨다. 그러고 나서 다음 말씀을 인용해, 그들을 가르치셨다.

내 집은 만민을 위한 기도하는 집이라고 일컬어졌다.
그런데 너희는 그곳을 도둑의 소굴로 바꾸어놓았다.

대제사장과 종교학자들이 이 말을 듣고서 그분을 제거하는 방도를 모의했다. 그들은 온 무리가 그분의 가르침에 푹 빠져 있는 것을 보고 당황했다. (마가복음 11 : 15~18)

예수께서 지금까지 변두리 지역인 갈릴리 지방에서 사역을 수행하시다가 드디어 궁극적인 사명을 완수하기 위해 예루살렘에 입성하게 되었다. 지방에서 상경한 셈이다. 예루살렘은 유대교의 성지이며 유대인들의 수도이다. 그의 입성은 새로운 시대를 열기 위한 도전이다. 마치 낯선 시장에 처음 진출하는 경영자의 각오를 보는 것 같다. 이제 치열한 전투를 벌여야만 하는 순간에 놓이게 되었다. 싸움터에서 필요한 것은 용기이다. 예수께서 위험을 무릅쓰고 앞으로 나아간다. 죽음에 대한 두려움을 이겨야만 전투에서 승리한다. 군인들은 전장에서 의외로 평안하다. 거기서도 모든 일상생활이 이루어진다. 먹고 마시기, 노래 부르기, 책 읽기 등을 모두 한다. 내일 벌어질 전투에서 나는 더 이상 내가 아니다. 이미 자신의 목숨을 내어놓았기 때문에 두려움이 없다. 예수님은 알고 계셨다. 이미 만인을 위해 자신은 기꺼이 죽은 목숨이었다. 그래서 용기를 가지고 싸울 수 있었다.

예수의 미래가 다가오고 있었다. 미래는 씨앗과 같다. 발아하려면 어둠 속에서 기다려야 한다. 춥고 떨린다. 여정의 도착지는 예루살렘이다. 종점에 다다르면서 예언적 암시를 계속하셨다. 맞은편 마을에 있는 사람으로부터 나귀 새끼를 빌려 가져오라는 명령을 내렸다. 나귀 주인은 예수와 제자들을 예전부터 알고 지낸 사이도 아니었다. 예수께서 그냥 가보면 안다고 말씀하셨다. 제자들은 그분의 확신적인 명령을 의심 없이 받아들였다. 가보니 정말 주인은 두말 않고 나귀를 내어주었다. 거구의 기병대 말이 아니고 조랑말과 같은 어린 나귀였다. 예수는 그 나귀를 타고 예루살렘으로 겸손하지만 당당하게 입성하였다. 사람들은 자신들의 겉옷이나 나뭇가지를 레드카펫처럼 땅에 깔고 환영하였다. 드높은 찬송소리와 함께 다윗의 나라가 다시 오게 됨을 찬양하였다. 군중들은 열광하였다.

중앙 무대 예루살렘은 유대교와 신흥 예수교 간의 치열한 싸움터가 되었다. 예수께서 도전하신 것이다. 이미 다른 상품이 선점한 시장에 신상품을 자리 잡게 해야 한다. 이를 위해 거점을 마련하였다. 난민촌 베다니 동네에 숙소를 정했다. 이곳을 출발하여 성내로 가던 중 예수께서 처음으로 선전포고를 한 대상은 무화과나무였다. 아직 열매를 맺지 않을 시기였지만, 상징적으로 무화과나무에게 열매를 맺지 못할 것이라고 선언하셨다. 나중에 다시 숙소로 돌아올 때에 그 무화과나무가 말라 죽어 있는 것을 보고 제자들은 다시 한번 소스라치게 놀랐다.

다음의 선전포고 대상은 성전이었다. 그곳은 그야말로 상업주의가 넘치는 곳으로 변질되어 있었다. 예수의 여정에 큰 장애물이었다. 그냥 못 본 척하고 갈 것인지 아니면 무엇인가 응징하는 태도를 보여주어야 할 것인지 결정해야 했다. 성전의 본래 목적은 기도하고 믿음을 얻는 곳이다. 그러나 제사장의 묵인과 허락하에 장사꾼들이 방문객들을 상대로 환전이나 동물 판매와 같은 상업 행위를 하고 있었다. 예수께서 유대인들의 행위를 못마땅히 여기시고 그들의 상을 둘러엎어버렸다. 정의에 대한 확신은 장애물을 극복하는 중요한 역할을 한다. 정의는 본질의 목적에 맞게 기능하는 것을 뜻한다. 예수의 성전 정화는 성전 본래의 사명을 지키는 정의로운 행동이었다.

예수께서 제자들이 싸움터로 나아갈 때에 기도의 능력을 갖기를 원하셨다. 그 기도에 확신이 있고 용서가 넘치기를 바라셨다. 먼저, 확신이 있는 기도는 산이 움직여 옮겨지는 것을 볼 수 있다고 하셨다. 목적이 명확하고 확신 있는 기도는 그것을 가능하게 한다. 그렇게 되리라고 믿고, 의심하지 않으면 그대로 이루어지리라는 선언이다. 무엇이든지 기도하고 구하는 것을 받은 줄로 믿는 자기 확신이다. 바로 이 자기 확신에서 성과가 도출된다. 확신이 끊어지면 원하는 결과를 얻을 수 없다. 다음으로, 기도할 때 마음에 걸리는 사람이 있으면 용서하도록 가르치셨다. 기도는 용서를 구하거나 자비를 베푸는 소통 수단이다. 사랑은 받아본 사람이 사랑할 수 있듯이, 용서받은 사람이 용서할 수 있다. 남의 용서를 기다릴 수 없으면 내가 먼저 자신을 용서하는 것도 한 방법이다. 그래야 남을 용서할 수 있고 하나님께서 나의 죄를 용서해주신다. 용서야말로 마음의 벽을 넘어선 영혼의 정화이다.

예수께서 목적지에 가시는 동안 여러 권력을 행사하셨다. 이 권력들은 물론 지위에서 나온 것이 아니라 확고한 믿음에서 나온 것들이다. 그런데 대제사장이 집무하는 성전을 뒤엎다시피 거의 폭력적으로 정화하는 바람에 더 큰 위험에 처해 있는 상황이 되었다. 유대 지도자들이 예수께 힐문했다. "도대체 당신은 어떤 권한으로 그렇게 거리낌 없이 행동하는가? 누구의 허락을 받았는가?" 권한은 법적으로 내려지는 권리이다. 조직이나 기관에서는 권한을 합법적으로 부여해야 한다. 그분은 아무런 조직에도 속하지 않았을 뿐만 아니라 더욱이 범법의 경계를 넘어서고 있었다. 목적지를 향하여 나아가는 과정에 여러 장애물이 등장하였고 그것을 계속 넘어가지 않으면 안 되었던 것이다. 싸움터에 나가서 승리하려면 하나님께서 주신 기도의 능력과 용기가 필요했다.

경영 이야기

경영은 학습조직을 만들고 비즈니스 모델의 가설을 검정하는 기술이다. 이 모델은 조직이 고객을 비롯한 이해관계자들을 위해 가치를 창출하고 성과를 내는 운영 방법에 대해 가설들을 모아놓은 것이다. 시장에는 경쟁자와 고객이 있고 그들은 역동적이다. 경쟁자가 기존과 다른 신제품을 어느 날 갑자기 출시한다든지, 고객이 변심하다든지, 기술이 바뀐다든지 등, 조직은 시장에 예민하게 귀를 기울여야 한다. 이렇게 보면 경영은 사업 이론에 적합한 모델을 통해 실현하는 기술이라고 하겠다. 인터넷의 힘은 거부할 수 없는 대세가 되었다. 온라인으로 주문받고 양도하는 것이 가능하다. 자동차 오프라인 매장은 자사 제품을 모두 모아놓은 규모의 자동차 경주장 같은 곳 하나면 되지 않을까 싶다. 비용이 절감되면 이를 가격에 반영하여 고객들에게 혜택을 제공할 수 있다. 성공하려면 기존 판매 방식을 혁신적으로 바꾸어야 할 것이다. 사업은 의사결정과 실행을 통해 비즈니스 모델을 검증하고 계속 수정해 나가야 한다.

어떤 기업이 기존 사고를 파괴할 수 있는 것인가? 한때 삼성에서 "마누라 빼고 모두 바꿔라"라는 선언이 있었다. 애플의 명품 노트북 사례와 같이 혁신에 앞장서는 기업은 신제품으로 많은 이익을 올릴 수 있다. 그러나 약간의 변화는 쉽사리 모방된다. 모방자들이 곧 나타나서 낮은 가격의 유사제품으로 시장에 뛰어든다. 이 회사들은 품질이나 기능이 열등하지만 낮은 가격으로 충분히 소비자들에게 주목을 받을 수 있다. 현재 우리가 가지고 있는 스마트폰, 카메라, 컴퓨터, 가전제품 등에는 평생 손 한 번 대지도 않는 필요 이상의 많은 기능이 있다.

모방자들은 소비자들의 필요와 욕구의 우선 순위를 파악하고 소수의 기능을 가진 제품을 저렴하게 만들어 팔 수 있다. 경직된 조직문화나 단기 실적에 집착하는 조직에서는 불가능하지만, 유연한 사고로 얼마든지 발 빠르게 적은 이윤으로 틈새시장을 노려볼 수 있다. 비즈니스 모델은 노트에 적힌 복잡한 수학 공식이 아니다. 영리 단체는 돈을 어떻게 벌 것인가, 비영리 단체는 세상을 어떻게 바꿀 것인가 등에 대한 시나리오이다. 예컨대 동네 식당은 식사만 하는 장소로 국한시키지 않고 탁아소, 공부방, 부동산 중개소 등의 역할을 담당하여 동네 센터가 될 수 있다.

혁신은 경쟁사가 생각하지 못한 것을 실행해내는 능력이며 용기이다. 시장에서 혁신은 가치 창출, 성장과 이윤, 경쟁우위 등을 가능하게 하는 동인이다. 흔히 혁신은 제품이나 기술에 국한된다. 그러나 일하는 방식에 혁신을 줌으로써 조직은 새로운 모습을 갖출 수 있다. 예를 들어, 포스트잇으로 유명한 3M은 '해결할 수 없는 문제를 해결하기 위하여'라는 사명을 인식하고, 최근 5년 내 개발된 신제품 매출의 비율이 연간 총 매출의 25%가 넘도록 하였다. 회사는 이를 유지하기 위해 자발적이고 창의적인 조직으로 개편되었고, 자율적인 출퇴근은 물론, 자기 집에다가 실험실을 차릴 수도 있다. 그리고 자신이 개발한 신제품 매출의 30% 이상을 개인적인 수입으로 받을 수 있다.

혁신은 장애물 경주이다. 장애물의 종류에는 통제 가능한 것과 통제 불가능한 것이 있다. 해외 고객들과의 거래에서 가격은 통제 가능하지만 환율은 통제 불가능하다. 환율 변화의 추세를 눈여겨볼 뿐이다. 조직(또는 나) 안에 있는 것은 통제 가능하지만 밖에 있는 것은 통제하기 어렵다. 환경을 원망해봤자 목표 달성에 전혀 도움이 되지 않는다. 기억하라. 통제 가능한 것이 장애물이며, 이를 극복해야 성공한다.

혁신은 경쟁 회사가 생각하지 못한 것을 실행해내는 능력이며 용기이다.

(이미지 출처 : pixabay)

조직의 마케팅 혁신은 시장에서 영업 직원들의 사기를 드높인다. 폭넓은 사양과 경쟁력 있는 품질과 가격은 소비자들의 호감을 사기에 충분하기 때문이다. 소비자의 욕구와 필요를 발견하여 그들을 만족시킬 제품이나 서비스를 제공한다. 마케팅 활동은 고객가치 창출의 기초가 된다.

혁신 방식으로 크게 세 가지 방식을 들 수 있다. 첫째, 제품 혁신이다. 르노삼성자동차의 SM시리즈, 기아자동차의 K시리즈 같은 것은 점차 고급화되는 자동차 사양을 보여준다. 둘째, 상황 혁신이다. 고객이 경험하는 상황을 관찰하여 혁신을 시도한다. 예컨대, 맥주집에서 생맥주 꼭지를 각 식탁에 연결하여 각자 마시고 싶은 것을 마음껏 고르게 하는 것이다. 셋째, 비즈니스 모델 혁신이다. 델 컴퓨터는 회사와 고객이 모두가 가치를 얻도록 하였다. 이케아는 소비자가 가구를 손수 조립하는 재미와 언제든지 제품 교환이 가능하다는 개념을 심어주었다. 12,000개의 제품이 소개되는 이케아의 카탈로그는 매년 성경책 다음으로 많이 제작, 배달되는 책자이다. 이 촉진은 제품 혁신이 뒷받침하고 있다.

이런 사례들은 마케팅이 콘텐츠를 이용해 '날 좀 보소!' 하면서 밀어붙이는 푸시전략이 대부분이다. 마케팅 전략은 4P에서 5C로 변환

되고 있다.[01] 자세한 내용은 마케팅 교과서를 읽어보기 바란다. 새로운 전략은 매력 있는 가치를 제안하고 소통하고 전달한다. 조직이 할 일은 브랜드 커뮤니티를 조성하는 것이다. 예컨대, 할리데이비슨 라이더들은 지정된 날에 지정된 장소에 모여 할리 재킷을 입고 서로 소통한다. 이것은 그들이 회사를 옹호하는 모임이 되는 것을 의미한다. 호감을 가지고 다른 사람들에게 회사에 대해 설명하고 정보를 준다. 회사는 외부 네트워크 사람들의 응원을 받는 셈이다.

규모가 크든 작든, 스스로 혁신을 강조하고 실천하는 조직만 살아남을 수 있다. 플랫폼 비즈니스의 선두주자인 아마존 이야기를 살펴보자[18]. 제프 베이조스는 1995년 전자상거래에서 사람들을 해롭게 할 염려가 없는 '책'부터 시작하여 호감을 불러 일으켰다. 책은 창고에 있으면 되는 것이고 '맛보기'만 인터넷에 있으면 그만이었다. 아마존은 곧 독자의 서평이 서적 유통 판매에 결정적인 역할을 해줄 수 있음을 깨달았다. 따라서 인터넷의 강점인 책 선택과 배송 분야에 충실하기로 하였다. 그러고서는 점차 CD나 DVD같이 당시에는 익숙하지 않은 물품도 온라인에서 구매 가능하도록 하였다. 결과는 대성공이었고 점차 물품 종류를 확대하였다. 이뿐만 아니라, 이 회사는 경쟁자를 따돌리고 핵심역량을 강화하기 위해 아마존 마켓플레이스를 도입했다. 이것은 개별 판매자가 자기 물건을 팔 수 있는 장터이다. 판매자들은 이 전자상거래 플랫폼에 접근하는 혜택을 누리고 아마존은 추가 재고 비용 없이 판매 목록을 추가할 수 있었다.

---

01 4P : 제품(Product), 가격(Price), 촉진(Promotion), 유통(Place)
5C : 기업(Company), 고객(Customers), 경쟁자(Competitors), 협력자(Collaborators), 맥락(Context)

미국의 와비파커는 안경을 생산하는 패션 회사이다. 소비자가 안경을 주문하면 최대 다섯 종류의 샘플을 보내준다. 소비자는 이 안경들을 쓴 모습을 SNS에 올려 친구들의 평가에 따라 최선의 것을 선택할 수 있다. 이 방식은 친구들도 회사에 호감을 보이고 브랜드를 인지하는 계기가 된다. 이렇게 플랫폼 비즈니스는 생산과 소비가 플랫폼상에서 이루어지도록 한다.

혁신은 반드시 창의성에 관한 것이 아니다. 이윤이 남는 장사가 되도록 아이디어를 상업화하는 것이다. 단순히 제품 개선 차원의 혁신은 곤란하다. 이런 전통적인 혁신은 곧장 모방되기 때문이다. 따라서 플랫폼적 사고에 기반한 사업모델 차원에서 혁신이 이루어져야 한다. 사업모델은 아마존, 구글, 이케아, 사우스웨스트항공 등과 같이 이해관계자 모두에게 재화와 돈이 어떻게 흐르는가를 검토한다. 생태학적이고 통합적인 접근 방법이다. 이해관계자들 모두가 함께 사업에 참여한다. 이런 혁신은 복제 불가능하고 차별화된다.

더 생각해보기

1. 나는 일터와 가정에서 배움을 중시하는가?

2. 나의 좋은 습관과 나쁜 습관은 무엇인가? 그것들을 어떻게 유지 또는 개선할 수 있는가?

3. 우리 조직의 비즈니스 모델은 무엇인가?

4. 우리 조직과 부서는 혁신적으로 일하는가?

12

원칙 준수로 승리하라

새 계명을 너희에게 주노니 서로 사랑하라. 내가 너희를 사랑한 것 같이 너희도 서로 사랑하여라. 너희가 서로 사랑하면 이로써 모든 사람이 너희가 내 제자인 줄을 알리라.

— 개역개정판 요한복음 13: 34~35

역경은 누가 진정한 친구인지 가르쳐준다.

— 로이스 맥마스터 부졸

개념 이해하기

원칙이란 어떤 행동이나 이론에서 일관되게 지켜야 하는 기본적인 규칙이나 법칙이다. 예를 들어, 무죄추정 원칙이란 형사소송의 피고인은 사법부에서 유죄 판결이 확정되기 전까지는 무고한 사람으로 추정된다는 것을 의미한다. 여기서 추정이란 확실하지 않은 사실을 그 반대 증거가 제시될 때까지 진실한 것으로 인정하여 법적 효과를 발생시키는 일을 의미한다(나무위키, 표준국어대사전 발췌). 이러한 원칙은 관찰된 현상에 대한 규칙성을 일반화한 것이라서 사실과 직접적으로 관련이 있다.[01]

원칙은 어디서 발견할 수 있나? 경험이나 이론에서 발견할 수 있다. 먼저 오랜 경험에서 원칙을 추출할 수 있다. 흔히 말하는 "라떼~"에서도 원칙을 배울 수 있다. 만일 10년 이상 골프 캐디로 일한 경험이 있다면 나름대로 골퍼들에 대한 서비스 원칙을 가지고 있을 것이다. 머릿속에 기억된 경험이 아니라 노트 속에 정리된 원칙을 이론화하여 가지고 있다면 어떤 유형의 골퍼를 만나도 자신감 있게 리드할 수 있다. 발견된 원칙을 바탕으로 효과적인 응대가 가능하기 때문이다. 그리고 이 원칙을 가지고 다른 종류의 서비스 사업을 해도 실패하지 않을 것이다.

다음으로 책에서 배운 이론에 대해 살펴보자. 대체로 이론은 훌륭한 원칙으로 구성되어 있다. 많은 사람들은 이런 이론은 현실과 반대되는 개념이라고 여기고 있다. 그래서 어떤 주장은 너무 이론적이라서 현실적이지 못하다고 말하기도 한다. 또는 너무 교과서적이라 "순진하다"고 거부하기도 한다. 이런 사람들은 이론의 뜻을 잘못 이해하고 있다. 어떤 사람이 너무 이론적이라는 것은 설명 내용이나 결론이 충분히 경험적인 근거에서 이루어진 것이 아니라는 뜻을 내포하는 것이

01 원칙과 반대 개념으로 원리는 사실과 직접적으로 관련이 없고 사물이나 현상의 근본이 되는 이치로 기초가 되는 근거 또는 보편적 진리이다. 행동과 평가를 인도하는 개념이나 가치로서 법칙 가운데에서도 가장 근본적인 것을 뜻한다. 원리는 진리의 근본이 되는 것을 뜻하나 충분히 검토되지 않고 가설적인 것으로서 세워지는 것도 있다. 이것은 진리 발견의 수단으로서 유효하다 하여 발견적 원리라고도 한다(나무위키).

지, 현실과 다르거나 심지어는 참과 반대되는 의미를 가지는 것은 아니다.

이론이란 현상에 대하여 체계적인 견해를 제공하는 일반적인 진술 또는 명제로 구성되어 있으며, 경험적으로 검증이 가능하여 현상에 대한 설명과 예측을 목적으로 한다. 일종의 가설이다. 예건대, 단순 가설로서 "젊은 사람들은 직장에서 행복을 원한다"라고 할 때, 이에 대해 참인지 거짓인지 검증을 실시하고 결론을 내리게 된다. 이 결론은 일정 기간 동안 "진리"의 이론이 된다. 그래서 왜 어떤 사람은 행복하고 왜 다른 사람은 그렇지 못한가를 설명한다. 또한 행복하려면 무엇을 준비해야 하는가를 예측해줄 것이다. 그러나 환경이 바뀌면서 사내 행복보다 급여가 더 우선할 수 있다. 이때 이론의 수정이 일어난다.

이론이 추구하는 것은 법칙의 일반화이다. 이 일반화 원칙을 통해서 결정이나 예측을 내리게 된다. 이론은 다분히 학문적이며 제한적이다. 교과서적이다. 교과서 안에는 기본 지식이 있어 무장하기에 적합한 원천이다. 불행하게도 중고교 때 입시 중심의 공부로 인하여 교과서의 참맛을 잃은 사람이 부지기수이다. 이런 사람은 사회 생활하는 동안 지식 습득과 멀어진다. 이론을 발판으로 지식을 얻으면 권력 무장의 기회를 얻는다. 아는 것이 힘이다. 이론은 관심 주제의 환경과 방향에 따라 다양하게 접근된다. 입장마다 다른 형태로 전개될 수 있다. 기업 생존 이론에서 각 조직이 처한 산업 환경이 다르기 때문에 이론 지식은 다양하게 전개되고 적용된다.

우리는 삶에서 어떤 원칙을 세우면서 살아야 하는가? 핵심가치에서 골라 자신을 위한 원칙을 삼을 수 있다. 예컨대, 즐거움, 탁월함, 존중, 정직, 겸손 등과 같은 것이 있다. 진리의 원칙으로서 종교가 있는 사람은 진리에 대한 것을 경전에서 발견할 수 있다. 기독교의 경우 성경에는 우리가 지켜야 하는 십계명이 있다. 자신의 사상과 행동에 근본이 되는 셈이다. 종교가 없는 사람은 양심에 기준을 둘 수 있다.

언제나 원칙을 지키는 사람을 존중하라. 그들에게 호의를 베풀어라. 그들은 자신의 인격대로 행동한다. 반대로, 원칙을 지키지 않는 사람들은 안전하지 않다. 변덕스럽기 때문에 위험하다. 이들은 자신만의 패거리를 만들어 여기저기 휩쓸려 다니면서 세상을 어지럽게 한다. 상황 변화에 따라 과장과 아첨을 섞고 말을 바꾸기도 한다. 예외 없는 원칙이 없다고 하지만 원칙 없는 예외는 무정부적 사고이다.

이론을 전문 서적이나 간행물로 공부하라. 이렇게 공부하면 다음과 같은 이득이 있다. 첫째, 이론적 개념으로 큰 그림을 그릴 수 있다. 이 그림은 여러 가설들로 이루어져 있어 종합선물세트로서 각종 인과관계 이야기가 들어 있다. 둘째, 원칙과 경험을 간접적으로 익힐 수 있다. 선행 연구자들이 이루어놓은 업적을 직접 실험하지 않고서도 간접 경험을 통해 배울 수 있다. 셋째, 혼자서 이룰 수 없는 것을 여러 사람과 연결하여 공동으로 작업하는 것이 가능하다. 멘토나 전문가 집단을 만나려는 의욕을 가지게 된다.

성경 이야기(마가복음 12장)

예수께서 그들에게 여러 이야기를 들려주기 시작하셨다. "어떤 사람이 포도원을 세웠다. 포도원에 울타리를 치고 포도즙 짜는 틀을 파고 망대를 세운 다음에, 소작농들에게 맡기고 먼 길을 떠났다. 수확할 때가 되자, 그는 수익을 거두려고 소작농들에게 한 사람을 보냈다. 소작농들은 그를 잡아서 마구 때려 빈손으로 돌려보냈다. 주인이

다른 종을 보내자, 그들은 그를 골탕 먹이고 모욕을 주었다. 주인이 또 다른 종을 보내자, 그들은 그를 죽여버렸다. 결국은 한 사람밖에 남지 않았다. 사랑하는 아들이었다. 포도원 주인은 최후 방책으로 아들을 보내며, '저들이 내 아들만큼은 존중하겠지' 하고 생각했다. 그러나 소작농들은 오히려 이것을 기회로 삼았다. 그들은 욕심이 가득하여 두 손을 비비며 말했다. '이자는 상속자다! 그를 죽이고 재산을 다 차지하자.' 그들은 그 아들을 잡아 죽여서 울타리 밖으로 내던졌다. 너희 생각에는 포도원 주인이 어떻게 할 것 같으냐? 맞다. 그가 와서 그들을 다 없애버릴 것이다. 그리고 포도원 관리는 다른 사람들에게 맡길 것이다. 너희가 성경을 직접 읽어보아라.

"석공들이 내다버린 돌이
이제 모퉁잇돌이 되었다!
이것은 하나님께서 행하신 일,
눈을 씻고 보아도 신기할 따름이다!"

대제사장과 종교학자와 지도자들은 당장 예수를 잡고 싶었으나, 여론이 두려워 참았다. 그들은 그 이야기가 자기들을 두고 한 것임을 알았다. 그들은 서둘러서 자리를 떠났다. (마가복음 12 : 1~12)

종교학자 한 사람이 다가왔다. 그는 질문과 대답이 열띠게 오가는 것을 듣고, 또 예수께서 예리하게 답하신 것을 보고 이렇게 질문했다. "모든 계명 가운데서 가장 중요한 계명이 무엇입니까?" 예수께서 말씀하셨다. "가장 중요한 계명은 이것이다. '이스라엘아, 들어라. 주 너의 하나님은 한 분이시니, 네 열정과 간구와 지성과 힘을 다해 주 너의 하나님을 사랑하라.' 둘째는 이것이다. '내 자신을 사랑하는 것같이 다른 사람을 사랑하라.' 이것에 견줄 만한 다른 계명은 없다." (마가복음 12 : 28~31)

이제 영적인 전투가 본격적으로 벌어지게 되었다. 전투의 목적은 승리이다. 전면전이든 게릴라전이든 승리를 위해서는 전략적 행동 지침과 전술적 운영을 고려해야 한다. 먼저 예수님이 전투에서 승리하기 위해 가진 전략적 사고는 무엇인가? 그것은 바로 사랑이다. 사랑의 관점을 유지하면서 모든 어려움을 이겨내셨다. 사랑은 관계 감정 중에서 최고 수준이다. 이 씨앗은 저 너머에서 바람을 타고 오는 씨앗처럼 날아온다. 땅에 닿아 발아되고 자라기 시작한다. 보이지 않던 씨는 어느 사이엔가 보이는 나무가 되어 자라난다. 그래서 사랑은 비가시적이지만 의식적이다. 의식의 토양에서 사랑은 성장한다. 따라서 사랑은 존재 의식의 상태이다. 이웃 사랑은 하나님 사랑의 좋은 비유이다. "네 이웃을 너의 영혼 안으로 끌어들여라"라고 예수께서 말씀하신다. 현대인들은 복잡하고 경제적인 이익 관계에 익숙한 생활이라 그런지, 예전과 달리 이웃이 다가오는 것에 부담을 많이 느낀다. 더욱이 각자 연결망을 가지고 있어서, 옆집과 구태여 사회적 관계를 맺으려 하지 않는다. 이웃은 참으로 가깝고도 멀다.

다음으로 예수님께서 영적 전투 현장에서 어떤 운영 기술을 발휘하셨는지 검토하여 보자. 마치 씨름판에서 상대에 따라 기술 발휘가 달라지는 것처럼 다음과 같이 원칙을 준수하며 적절한 기술을 발휘하셨다.

첫째, 인지의 원칙이다. 예수께서 영적 전쟁에서 자신에게 대적하는 자가 누구인지 알고 계셨다. 그래서 예수를 반대하는 바리새인이나 사두개인들에게 포도원의 비유를 들어 그들이 회개할 것을 시사하셨다. 주인이 해외 출장으로 포도 농사를 직접 지을 수 없어 농장을 세놓았다. 주인은 세입자들에게 농사에 필요한 기구들을 마련해놓고 떠났다. 결실 때가 왔다. 그들은 주인에게 세를 내야 하지만 거부하고 오히려 주인 행세를 하기 시작했다. 세 받으러 온 주인의 하인들을 때리고 내쫓거나 심지어 죽이기까지 하였다. 마지막으로 온 상속자 외아들도 포도원을 차지할 욕심으로 죽였다. 당연히 농장 주인은 그 농부들을 징계하고 새로운 세입자를 구했다. 여기서 포도원 주인은 하나님, 하인들은 선지자들, 죽은 하인은 세례 요한, 죽은 아들은 예수님 자신, 완악한 세입자들은 유대인들을 암시하고 있다. 또한 긴 과정에서 하나님께서는 계속 오래 참음을 시사한다. 이 공격적인 포도원 비유에 유대인들은 분개하면서 예수를 처단할 기회만 엿보고 있었다.

둘째, 비유의 원칙이다. 유대인들이 계속해서 예수의 허점을 찾으려고 혈안이 되어 있었다. 많은 사람들이 예수의 뒤를 따라다니기 때문에 함부로 잡아들일 수도 없었다. 그렇기 때문에 질문의 그물망을 던져서 그 안에 걸려들기를 고대했다. 그들의 질문은 위험천만한 정치적인 것이었고, 잘못된 답변은 반정부적인 언동으로 체포될 수도 있었다. "가이사(로마의 카이사르)에게 세금을 바치는 것이 옳은 일인가요?"[02] 예수께서 질문의 의도를 알아차리셨다. 통치자인 가이사의 얼굴이 들어 있는 동전을 보여주면서 되묻는다. "이 얼굴은 누구이며, 여기 쓰여져 있는 글씨는 무엇이냐?" 하시며 곧장 해답을 제시하신다. 가이사의 것은 가이사에게, 하나님의 것은 하나님에게 바칠 것을 말씀하셨다. 이보다 더 나은 답은 불가능할 것이다.

---

02 마태복음 22:15-22

셋째, 존중의 원칙이다. 정치적 공세가 끝나나 했더니 유대인들은 다시 다른 종류의 공세를 퍼붓는다. 유대 관리자들은 가이사의 세금 문제 같은 것에 너무 쉽게 응수하시는 예수에게 주관식 문제로 싸움을 건다. “계명 중에 첫째는 무엇인가요?” 모세 십계명에 첫 계명은 ‘너는 나 외에는 다른 신들을 네게 있게 말지니라’이다. 거기에 모인 사람들이 이것을 몰라서 하는 질문이 아니었다. 예수의 신이 누구인지 의심스러웠다. 이번 질문은 율법적인 공세였다. 율법적인 마음에는 사랑이 없다. 비종교적이다. 율법적인 마음은 옳고 그름의 법적인 판단만을 생각한다. 법률가에게 자비를 구한다는 것은 연목구어이다. 율법은 사람을 생각하지 않는다. 계명의 첫 번째를 답변으로 말씀하신다. “네 몸과 마음을 바쳐서 너의 하나님을 사랑하라.” 왜냐하면 하나님은 공의로우시고 자비로우시기 때문이다. 그러고서는 곧이어 질문에도 없는 두 번째 계명을 교훈으로 제시하신다. “네 이웃을 네 몸과 같이 사랑하라.” 이웃 사랑이 바로 하나님의 사랑이기 때문이다. 예수께서 율법의 질문을 사랑의 해답으로 응수하셨다.

사랑하면 두려움이 없다. 예수께서 이 영적인 싸움터에서 두려움 없이 대적할 수 있었다. 사랑이 충만했기 때문이다. 하나님을 전적으로 사랑하고 의지했기 때문에 두려움이 없으셨다. 율법은 사랑의 부재이다. 사회를 법으로 다스린다면 사람들은 두려움 속에서 살 것이다. 만일 사회가 사랑에 기반을 둔다면 두려움이 사라지고 최소한의 법만 필요할 것이다. 법조인의 인기는 그리 높지 않을 것이다. 감옥은 교화 기회를 주기 어렵다. 범죄자를 더 나쁘게 만들 위험 소지가 크다. 오랜 감옥 생활에서 범죄 전문가가 될 확률이 높다. 또한 천국과 지옥의 구분도 율법적인 선언이다. 천국은 탐욕의 산물이고 지옥은 두려움의 산물일지도 모른다. 기독교에는 오로지 사랑만이 있는 것이다. 그것이 바로 예수의 가르침이다.

예수께서 우리가 삶에서 사랑을 중시해야 한다고 명확히 제시하셨다. 그런데 이웃을 사랑하기는 쉽지 않다. 가까워지면서 조심스러워질 수도 있다. 한번 감정적으로 어긋나면 이만저만 불편한 것이 아니다. 회복하기 어렵다. 그렇지만 그분은 어색함을 극복하기 바라고 이웃 사랑을 통하여 하나님 사랑을 실천하라고 가르친다. 이웃은 하나님께서 보낸 사람이다. 이웃사랑이 어렵기 때문에 훈계하는 것이다.

여기서 잠깐, 이웃이 누구인지 정의를 내려보자. 사전에서 보면, 이웃은 '나란히 이어서 경계가 서로 접해서 사는 집이나 사람'을 뜻한다. 아주 가까이 물리적으로 있는 사람을 일컫는다. 유대인들의 이웃은 율법을 준수하는 동료 유대인으로서 자기와 사상이 같은 집단을 뜻한다. 그래서 이방인에 대한 경계심이 대단하였다. 예수님이 질문하셨다. "누가 네 이웃인가?" "그러면 내 이웃이 누구니이까. 자비를 베푼 자니이다."(누가복음 10 : 29, 37)

어떤 사람이 강도를 만나서 상해를 입고 길가에 쓰러져 있었다. 이를 못 본 척하고 지나간 유대 성직자와 그 피해자를 구한 선한 사마리아인을 비교하는 이야기가 있다. 예수께서 이 비유를 들어 유대인들의 완악함을 꾸짖고, 모든 경계를 초월하여 이웃 사랑하기를 강조하였다.

사람들은 흔히 말한다. "상대방이 나를 사랑하지 않는다". 그러나 "내가 상대방을 사랑하지 않는다"고 왜 이렇게 말을 못 하는 것인가? 다시 한번 강조하면, 예수님은 "이웃을 네 몸과 같이 사랑하라"고 우리에게 명령하셨다. 여기서 눈여겨볼 단어는 '네 몸'이다. 조건적으로 말해서 이웃을 사랑하기 전에 제일 먼저 가까운 '나'를 사랑하는 연습이 필요하다. 이 사랑은 나르시스적이지 않다. 자기 배려이다. 내 영혼을 진정 사랑하는 사람이 적이든 동지이든 사랑할 수 있다. 사랑은 받아 본 사람만이 줄 수 있다.

그러나 예수께서는 내부 성찰을 통하여 '죽기까지' 자신을 사랑하셨다. 조건 없이 인류를 사랑하셨다. 마음의 조건은 사랑에 방해물이 된다. 사랑은 너무 크기 때문에 조건이라는 비좁은 마음 공간 속으로 들어갈 수 없다. 예수의 우주 같은 사랑은 우리로 하여금 인생에서 두려움이 없게 하고 빛 가운데에 거하도록 인도하신다. 우리는 예수께로부터 사랑의 빚을 지고 있다. 아니다. 그 사랑은 값없는 은혜이기 때문에 그냥 받은 것이다. 따라서 이웃 사랑이 가능한 것이다.

유대인들은 예수를 끝없이 공격하였다. 예수를 정치적이고 법적인 논쟁으로 끌어들였다. 시험적인 판을 계속 들이밀었다. 그들의 질문은 교묘했다. 악의적이었다. "모든 계명 가운데서 가장 중요한 계명이 무엇입니까?" 진정 깨달음이 없는 사람이라면 논리의 딜레마에 빠지고 무엇을 말하든 체포되는 질문이었다. 그러나 예수의 차원은 달랐고, 판이 달랐다. 율법의 음침한 골짜기에서 빠져나와 사랑의 높은 고지로 향하셨다. 여기서 예수께서 세 번째 대안을 해답으로 준비하셨다. "너는 너 자신을 사랑한 후에 이웃을 사랑하여야 한다. 그것이 하나님을 사랑하는 것이다." 이러한 제3의 대안이 하나님의 지혜이다. 이런 방식으로 예수는 싸움터에서 계속 승리를 거두고 있었다.

예수가 싸움에서 우위를 점할 수 있었던 것은 폭력적인 정권에 대해 기본적으로 비폭력의 정신을 가지고 맞서서 싸웠기 때문이다. 싸움은 두 가지로 승부를 낼 수 있다. 저항하든가 혹은 복종하든가로 끝낼 수 있다. 그러나 그분은 이것이 전부가 아니라고 판단하셨다. 원칙에 충실한 제3의 판을 짜는 것이다. 이것이 오히려 더 창의적이면서 도전적이다. 그러면서 상대를 패배로 몰아가지 않고 함께 승리하는 판이다. 현행법에 대해 맹목적인 순종보다는 존중심을 나타내셨다. 그러다가 하나님의 뜻에 맞지 않는 경우에는 과감하게 맞섰다. 불복종에 대한 형벌을 죽음으로까지 감수하였다. 이러한 용기를 위해 공의, 사랑과 함께 자존감을 강화하고 그리고 진정성을 유지하셨다.

> 내가 사람의 방언과 천사의 말을 할지라도 사랑이 없으면 소리 나는 구리와 울리는 꽹과리가 되고 내가 예언하는 능력이 있어 모든 비밀과 모든 지식을 알고 또 산을 옮길 만한 모든 믿음이 있을지라도 사랑이 없으면 내가 아무것도 아니요 내가 내게 있는 모든 것으로 구제하고 또 내 몸을 불사르게 내줄지라도 사랑이 없으면 내게 아무 유익이 없느니라 사랑은 오래 참고 사랑은 온유하며 시기하지 아니하며 사랑은 자랑하지 아니하며 교만하지 아니하며 무례히 행하지 아니하며 자기의 유익을 구하지 아니하며 성내지 아니하며 악한 것을 생각하지 아니하며 불의를 기뻐하지 아니하며 진리와 함께 기뻐하고 모든 것을 참으며 모든 것을 믿으며 모든 것을 바라며 모든 것을 견디느니라 사랑은 언제까지나 떨어지지 아니하되 예언도 폐하고 방언도 그치고 지식도 폐하리라 우리는 부분적으로 알고 부분적으로 예언하니 온전한 것이 올 때에는 부분적으로 하던 것이 폐하리라 내가 어렸을 때에는 말하는 것이 어린아이와 같고 깨닫는 것이 어린아이와 같고 생각하는 것이 어린아이와 같다가 장성한 사람이 되어서는 어린아이의 일을 버렸노라 우리가 지금은 거울로 보는 것같이 희미하나 그때에는 얼굴과 얼굴을 대하여 볼 것이요 지금은 내가 부분적으로 아나 그때에는 주께서 나를 아신 것같이 내가 온전히 알리라 그런즉 믿음, 소망, 사랑, 이 세 가지는 항상 있을 것인데 그중의 제일은 사랑이라. (개역개정판 고린도전서 13 : 1~13)

경영 이야기

경영은 목표 달성을 위해 운영적인 실천 원칙을 준수하는 기술이다. 운영은 목표 시장의 요구사항을 충족시키기 위해서 품질, 가격, 고객서비스 등에 관련하여 의사결정을 내린다. 조직이 운영에서 원칙을 잃고 산만해지면 시장에서 힘을 잃기 쉽다. 원칙을 인지하고 준수하는 것이 중요하다. 여기서는 효율성, 효과성, 유연성 등 3가지 원칙에 대해 알아본다.

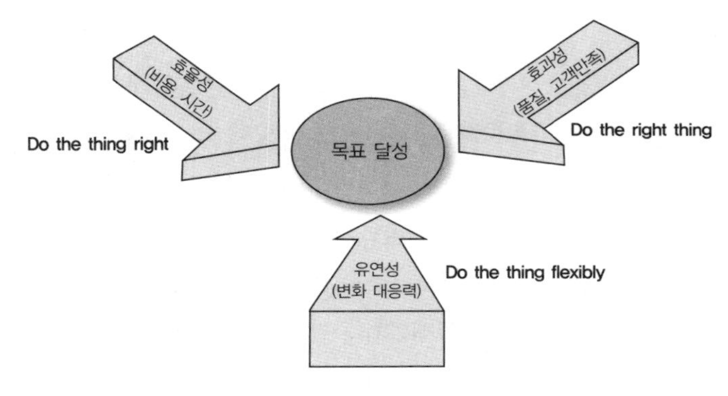

[그림 12-1] 운영의 3원칙

첫째, 효율성(efficiency) 원칙은 산출 대비 투입의 크기를 말하며 목표 달성을 위해 최소한의 자원 투입(시간과 비용)에 관심을 갖는다. 이 원칙은 일을 올바르게 하는 것이며 생산성과 유사한 뜻을 가진다. 기업에서는 원가 절감이 절체절명의 과제이다. 예컨대, 경쟁사와 동일한 품질의 제품(산출)을 만들 때, 투입이 적은 회사가 더 경쟁력이 있을 것이다.

둘째, 효과성(effectiveness) 원칙은 적합한 목표를 설정하여 올바른 일을 하는 것이다. 고객가치를 창출하고 고객만족을 통해 경쟁력을 유지하는 것이다. 제조업에서 팔리지 않는 제품은 재고로 남고 부채로 전락한다. 병원, 학원, 식당 같은 서비스업의 경우 손님을 채우지 못한 빈 좌석은 기회손실을 가져올 뿐이다. 품질 향상과 브랜드 파워 증대 등은 효과성의 원천이다.

셋째, 유연성(elasticity) 원칙은 환경 변화에 민첩하게 대응하고 조정할 수 있는 능력이다. 다양한 선택 사양, 판매량 등을 탄력적으로 조절할 수 있어야 한다. 또한 신제품 출시는 필수적인 역량이다. 많은 제품이나 서비스는 쉽게 진부화된다. 따라서 고객들에게 항상 새롭고 고급스러운 느낌을 유지해야 한다. 유연성은 시장을 지배할 수 있는 강력한 역량이다.

기업은 이 3E 원칙 중 어디에 우선순위를 두어야 하는 것인가? 효율성은 내부지향적이며, 효과성과 유연성은 외부지향적이다. 무엇보다도 먼저 내부 업무 프로세스에서 낭비가 있는지 여부를 살피고 개선해야 한다. 자원 소실을 막아야 한다. 그리고 구성원 모두가 외부 환경에 민감하게 반응해야 한다. 효과성과 유연성 원칙으로 만들어진 제품과 서비스만이 성공의 길이다.

운영 부서가 성공하려면 전략적 계획을 그대로 사업 성과로 연결시켜야 한다. 조직은 미리 세운 전략적 계획 안에서 각 사업부의 목표치와 결과치를 지속적으로 비교해야 한다. 그러나 대부분의 기업들은 전략과 실행에서 괴리를 극복하지 못하고 매년 전략을 새롭게 수립한다. 새해가 되면 수정을 되풀이하지만 실제로는 단기 운영에만 매달리는 꼴이 된다. 더 새롭고 더 나은 아이디어를 내기보다는 실패 게임에 몰두하는 셈이다.

조직에서 목표와 결과의 차이는 부실한 계획, 부적절한 자원 활용, 소통의 단절, 책임의식 결여 등의 원인에 있다. 특히 계획 원안이 승인되었음에도 불구하고 사내 소통이 부실한 경우가 있다. 효과성의 부재 때문이다. 예를 들면, "고객의 필요를 초월하는 고품질의 서비스를 제공하는" 것을 전략적 목표로 세웠다고 하자. 이에 부응하는 특별히 취해야 할 행동 또는 자원 계획을 효과적으로 세우는 것은 어려워 보인다. 그 문구가 추상적이기 때문이다. 실행 부서는 무엇을, 언제 실행하여야 하는지 등 운영 과정에서 구체적으로 대응하기 어렵고, 고위관리자들의 기대를 파악하기 어렵다. 또한 기대되는 성과가 실현되지 못하면 이에 대한 책임 소재를 찾기에 바쁘다. 원칙 준수의 상실이다. "고객이 항상 옳지는 않다"라는 명제를 세우면 직원들은 거의 잘못을 저지르지 않는다.

운영부서 실행의 반복적인 실패는 조직문화를 약화시킨다. 이름하여 조직멘붕이다. 미실현 계획 때문에 조직원들은 회사가 세운 계획이 실현되지 못할 것이라고 지레 판단한다. 사람들은 헌신적으로 일하려 들지 않고 관리자들은 최종 결과에 대해 변명하거나 자신을 방어할 생각에 빠진다. 성과를 향상시킬 방안을 찾기보다는 실패 행적을 감추는 데에 연연한다. 패배주의가 만연하고 자기 비판에 인색하다. 목표와 결과의 차이는 부실한 전략적 계획이나 무기력한 실행 때문에 발생한다. 조직에서는 이에 대한 조기경보시스템이 있어야 할 것이다.

다시 강조하면, 전략은 가설로 이루어져 있다. 아직 가보지 않은 길을 떠나려고 하는 방법론이다. 구성원들의 의식이 깨어서 이 가설들을 명확하게 이해하며, 조기경보시스템을 이용하여 지속적으로 검토해 나가야 한다. 운영이 전략에 일치되어 있는지 확인해야 한다. 경영자는 상황 변화를 예측하려고 하지 말고 전제 조건을 검토해야 한다. 중요한 행동이나 자원 동원 그리고 경쟁자의 움직임에 대한 전제를 끊임없이 검토하고, 그 내용이 조직 구성원들 간에 소통되어야 한다. 전략은 개략적 방법론이므로 이것을 운영의 효과성, 유연성으로 전환시켜야 한다. 사업에서 브랜드 파워를 높이는 전략 목표에 도달하려면 개발부서의 디자인, 생산부서의 품질, 영업 매장 분위기 등이 모두 연합하여 최고급을 달성해야 한다.

플랫폼 사업을 하는 구글의 운영 방식에 대해 알아보자[18]. 구글은 현대판 전지전능한 신으로서 우리의 지적 호기심에 반드시 응답한다. 일반 검색에서 질문자가 누구인지, 어디 사는지, 묻지도 따지지도 않고 공정하고 공평하게 정보를 제공한다. 사용자는 검색 결과를 신뢰한다. 광고보다 검색 결과를 더 자주 클릭한다. 구글은 광고비를 받으며 검색자의 희망과 걱정을 엿듣는다. 구글 홈페이지는 초보자에게도 익숙하다. "알고 싶은 것이 있으면 와서 검색어를 입력해보아라. 여기는 복잡하지도 않고 전문성도 필요 없다. 우리는 모든 것을 다룬다." 구글은 플랫폼 기업에서 영향력이 가장 크다. 이 회사는 플랫폼 공룡이 되었다.

구글은 검색어로 하여금 개개인의 독특한 문제, 목표, 욕망 등을 인식시키고 맞춤형 광고가 가능한 마케팅 전문가로 변신하였다. 마케팅은 어떻게 하면 행동 변화를 일으킬 수 있을 것인가에 관심을 가진 과학적 기술이다. 이 기술은 우리가 이것 아니면 저것을 사게 만들고 호불호를 평가하도록 유도한다. 구글은 물건을 만들지도 않으면서 원하는 자에게 돈만 내면 보내준다. 이 회사는 이미 우리 생각을 모두 보고 있는 현대판 신이다. 구글은 일반인의 콘텐츠로 수십억 조회수를 올리고 절대군주로 군림했다. 이 회사는 세계의 모든 것을 알고 있다.

그러나 이를 직접 활용하지는 않고 있다. 우리의 일상 생활에 필요한 존재가 되며 '사악해지지 않는 공익기업' 이미지로 남아 있다.

그런데 단기 승부를 노리는 극심한 시장 경쟁은 자칫 조직문화에 악영향을 미칠 수 있다. 목표 달성에 못 미치는 성과는 조직을 경직시키고, 조직원들에게 경쟁을 독려하는 채찍 소리가 커지게 된다. 조직 내부에서 조직원들 간에 지나친 경쟁 심리는 협동심보다는 갈등을 유발시킬 위험이 있다. 고객들에게 초점을 맞추지 못하고 회사나 직원들 개인의 이익을 도모할 위험이 크다.

조직에서 원칙을 적용하다 보면, 부하와 상사, 조직과 가정 간의 이해관계에서 갈등 문제가 다반사로 일어난다. 갈등적인 이슈를 해결하는 다음의 두 가지 방법을 생각해보자.

첫째, 무의식적으로 해결한다. 떠오른 문제를 잠시 접어두고 다른 일을 하거나 휴식을 취한다. '골치 아픈' 문제는 일단 손을 빼보는 것이다. 잠시 미루거나 잊고 있다 보면, 얼마 후에 갑자기 해결안이 떠오르는 수가 있다. 무의식의 잠재력을 신뢰하는 것이다. 그러다가 마치 "유레카!" 하듯이 답이 얻어질 수 있다.

둘째, 의식적으로 해결한다. 두 개의 경쟁적인 대안에서 선택 문제에 갈등이 있을 때, 한쪽의 이익보다는 양편의 협력을 모색한다. 예컨대, 업무 분담 문제에서 상사와 나 사이에 갈등이 있다고 하자. 이런 문제의 해결 방법은, 내가 일하고 있는 동안에 상사에게 진행 과정을 계속 보고하고 상의하는 것이다. 이때 부하는 100% 완성한 후가 아니라 전체 공정의 80% 정도 진척되었을 때 보고함으로써 소통을 시도한다. 20%의 여백을 놓고 상사를 위한 자리를 마련한다. 그러면 상사는 부하가 어떻게 일하고 있는가를 이해할 것이다. 일을 완벽이 해내려고 하지 말라. 왜냐하면 부하의 완벽이 상사의 눈에는 아닐 수도 있다. 수시 소통은 서로 상대의 고충을 이해하게 되고 상사도 속도 조절이 가능해진다.

다른 문제를 하나 더 생각해보자. 얼핏 보기에 두 개의 목표 사이에 정반대 모순이 있으나 모두 달성하고 싶을 때에는 어떻게 하면 좋을까? 먼저, 각각의 목표가 달성되었다고 긍정적으로 생각한다. 다음으로 두 문제가 모두 해결되었다는 가정하에서 합의된 결과를 상상하고 도출한다. 목표가 달성된 하나가 다른 하나를 어떻게 도와줄 수 있는가를 생각해본다. 예컨대, 일도 하고 공부도 하고 싶다고 하자. 사람에 따라 다르기는 하지만, 일도 많이 하고 공부도 많이 하면 행복할 것 같다. 그 행복한 모습을 그려보면서 아이디어를 내기 시작한다. 사실 나의 가장 큰 경쟁 상대는 나 자신이다. 가장 가까이에 있기 때문이다. 먼저 자신에 관련된 문제를 해결할 수 있다면, 밖의 변화에도 효과적으로 대응할 수 있다.

더 생각해보기

1. 나는 생활에서 어떤 원칙을 가지고 있나?

2. 나의 의식적 사고는 무엇인가?

3. 우리 조직의 운영적인 원칙은 무엇이며 어느 정도 탁월한가?

4. 우리 조직은 시장에서 전략과 운영이 일치되고 있는가?

제4부

미래편

성장하고 또 성장하라

13

깨어 있어라

6일간 매일 10분씩 퍼팅 연습하는 사람이 1주일에 60분 연습하는 사람보다 더 빠르게 향상한다.

— 레스리 숀

개념 이해하기

미래는 불확실하고 불안정하다. 한 치 앞을 내다볼 수 없는 것이 인생이다. 그렇다고 마냥 불안해할 필요는 없다. 우리에게는 오늘이 있고 내일의 가능성이 있다. 과거로 인하여 오늘이 있듯이, 오늘로 인하여 내일이 있을 것이다. 내일 어떤 일이 일어날지는 오늘 지금 여기에서 대비할 수 있다. 비록 오늘이 내일을 만들지 못하지만. "내일은 반값입니다"라고 해도 소용없다. 내일이 되면 또 오늘을 얻는다. 오늘에 사는 개념이 소중하다. 정확하게 말해서 내일을 대비하기보다는 오늘을 의미 있게 지내는 것이 더 소중하다.

지금 여기를 의식하면 욕심, 질투 등과 같은 부정적 에너지가 사라진다. 부정적 에너지는 과거 경험과 지식의 산물이다. 이것이 물러가면 대신에 긍정 에너지를 얻는다. 긍정성은 바로 실존적 사랑이다. 사랑하면 행복해진다. 이 에너지는 수용성이 크다. 저 너머의 세미한 음성을 듣고, 나는 잔잔한 호수가 된다. 여기에는 어두움도 없고 빛만 있다. 그 빛은 순전하다. 나는 새만큼 행복하고 나무만큼 행복하다. 실존을 끌어안을 수 있다. 러시아 속담대로, 지금 여기에서 아무도 보지 않는 것처럼 춤을 추고 아무도 듣지 않는 것처럼 노래를 부를 수 있다.

우리는 몸, 마음, 영혼 등 세 부분으로 구성되어 있다.

첫째, 몸은 마음과 영혼을 담는 그릇이다. 그런데 질그릇 같아 깨지기 쉽다. 몸을 함부로 다루면 건강을 해치기 십상이다. 몸이 아름답게 보이는 것은 선한 마음과 영혼이 담겨 있기 때문이다. 그렇지 않으면 몸은 상하고 금이 간 그릇과 같아진다. 몸은 마음과 영혼에 충실하도록 좋은 건강 습관을 가져야 한다.

둘째, 우리에게는 마음이 있다. 사람들은 마음이 상징적으로 가슴에 존재한다고 생각하지만 사실 머리에 있다. 마음은 지능과 인식의 한 단면이기 때문이다. 생각하고, 느끼고, 인식하고, 기억하고, 상상하는 등의 복합체이다. 마음은 여기저기 다니면서 자아 욕구를 충족시킨다. 이것은 생각의 길을 다닌다. 과거의 길도 가고 미래의 길도 떠나기를 갈망한다. 몸은 지금 여기에 있는데 마음은 설왕설래한다. 마음은 비자발적이며 무의식적이다. 생각의 길을 너무 멀리 가지 않도록 하여야 한다. 지나치게 과거에 집착하면 돌이킬 수 없고, 거의 불가능한 미래 이상향에 몰입한다면 과대망상의 신경증 환자가 될 수 있다. 마음은 어두운 골목길을 다닐 위험이 크다. 정신분석가 프로이트는 신경증 환자의 잠재의식을 의식화해서 치료하도록 권고하였다. 마음에 갇힌 사람들은 두려움이 많고 어두움 속에서 심한 갈등을 겪는다. 두려움 때문에 발생하지도 않은 것에 대해 미리 겁을 먹기도 한다. 심지어 증오와 분노로 진행된다.

셋째, 우리에게는 영혼이 있다. 어두움에서 나오는 방법은 오직 하나다. 지금 여기에서 영혼이 있음을 의식하는 것이다. 영혼이 깨어 있는 사람은 행복하다. 영혼은 사랑의 에너지다. 마음이 아니라 가슴에 관한 것이다. 영혼이 안 보인다고 해서 없다고 부정할 수 없다. 빛에 관한 것이 영혼이다. 빛은 안 보이지만 밝다. 빛을 육안으로 보는 순간 실명할 수도 있다. 하나님을 볼 수 없는 이치와 같다. 영혼은 초대하는 만큼 저 너머에서 다가온다. 영혼은 자발적이며 지식보다 수준이 더 높다.

깨어 있기 위해서는 무엇보다도 인식 능력이 필요하다. 몸, 마음, 영혼의 삼합을 이해하고 온전함을 성취하기 바란다. 인식은 지금 여기에서 대상을 알고 이해하는 것이다. 인식은 아는 것을 미루지 않는다. 이를 위해서 대상이 의미하는 것을 알고 또 어떻게 다루어야 하는가를 숙고한다. 이것에 익숙하려면 시간이 오래 걸린다. 옥수수 연구가로서 유전학 분야에서 노벨상을 받은 바바라 맥클린턱은 많은 시간을 옥수수밭에서 보냈다. 그녀는 옥수수에게 친밀감을 갖고 애정을 보이면서 관찰하다가, 어느 날 옥수수가 각기 개성을 가지고 있음을 알게 되었다. 개성을 존중하면 상대를 알게 되고, 알면 보이게 된다. 그리고 사랑하게 된다. 그녀는 문제를 풀기보다는 옥수수에게 집중하고 온몸으

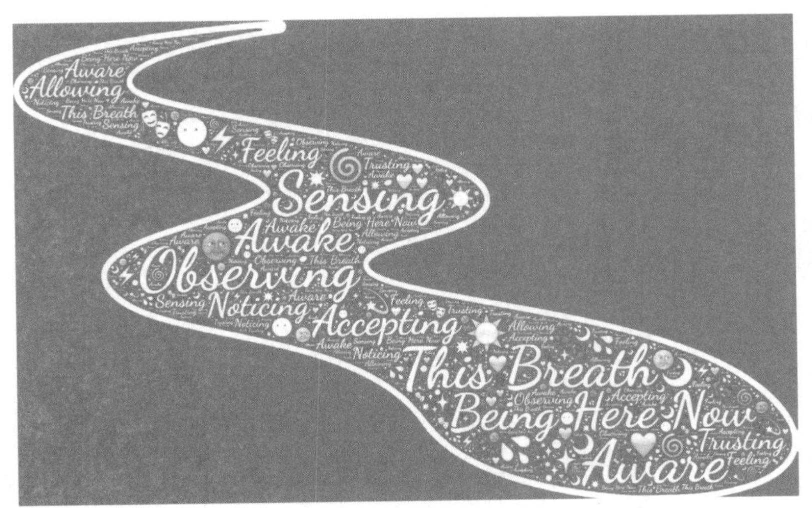

깨어 있기 위해서는 무엇보다도 인식 능력이 필요하다. (이미지 출처 : pixabay)

로 느꼈다. 이렇게 하여 그녀의 연구는 세계적인 결실을 맺게 되었다.

깨어 있다는 것은 순간의 일이 아니다. 영속적이다. 관계에 대해서도 마찬가지이다. 사람을 알려면 시간이 필요하다. 비록 그를 진심으로 알고자 하는 열망이 있고 상대에게 나를 보여주고 싶은 열정이 있어도 시간이 걸린다. 상대에게 나를 알리는 것은 쉬운 일이 아니다. 퇴짜 맞을 두려움이 있다. 그래서 적절히 좋은 인상으로 가면을 쓰고 상대하다 보면 어느 사이엔가 진실성 게임을 놓치고 만다. 먼저 자신이 누구인지 인식하고 그것을 상대에게 고백해야 한다. 자신의 가치관을 알리고 그대로 살고 있음을 느끼도록 해야 한다. 그러면 상대는 나에 대해 신뢰 여부를 결정할 것이다. 인식은 신뢰의 선행조건이기 때문이다.

진실로 사랑은 몸, 마음, 영혼의 삼합이다. 이 중에서 몸은 마음과 영혼의 계기판이다. 마음이 건강하면 몸도 건강하다. 영혼이 건강하면 몸도 건강하다. 몸은 본능에 속하지만, 자발성을 가진다면 지식보다 더 깊을 수 있다. 몸에게는 좋은 습관이 필요하다. 마음은 두려움을 갖게 할 소지가 크다. 영혼이 마음에 명령하면 생각하고 몸에 신호를 보내면 움직인다. 행동을 통해 사랑하고 깨닫게 된다. 의식은 영혼을 초대하고, 초대받은 영혼은 빛과 함께 찾아온다. 그래서 깨어 있는 사람은 자유롭고 행복하다. 영혼은 사랑의 에너지이기 때문이다. 방이 어두우면 지금 스위치를 올려서 불을 켜라. 어두움은 존재하는 것이 아니므로 제거할 수 없다. 어두움은 빛이 없는 상태이다. 빛이 오면 어두움은 물러난다. 이것이 깨어 있는 상태이다.

성경 이야기(마가복음 13장)

무화과나무에서 교훈을 얻어라. 싹이 나서 초록빛이 살짝만 내비쳐도, 너는 여름이 다가온 줄 안다. 너희도 마찬가지다. 이 모든 일을 보거든 인자가 문앞에 온 줄 알아라. 이것은 가볍게 여길 일이 아니다. 내가 지금 하는 말은, 어느 훗날의 세대에게만 주는 말이 아니라 이 세대에게도 주는 말이다. 이 일은 반드시 이루어진다. 하늘과 땅은 닳아 없어져도, 금방 내 말은 닳아 없어지지 않을 것이다. 그렇다면 정확한 날짜와 시간은 언제인가? 그것은 아무도 모른다. 하늘의 천사들도 모르고 아들인 나도 모른다. 오직 아버지만 아신다. 너희는 시간표를 모르니 각별히 조심하여라. 이것은 마치 어떤 사람이 집을 떠나 다른 지방으로 가면서, 종들에게 권한을 주어 각각 임무를 맡기고, 문지기에게 보초를 서라고 명하는 것과 같다. 그러니 깨어서 너희 자리를 지켜라. 집주인이 언제 돌아올지, 저녁일지 한밤중일지, 새벽 일지 아침일지 너희는 모른다. 그가 예고 없이 나타날 때에, 너희가 근무 중에 잠자는 일이 없게 하여라. 내가 너희에게 말하고 또 모든 사람에게 말한다. 너희 자리를 지켜라. 깨어 있어라. (마가복음 13 : 28~37)

예수께서 우리에게 “깨어 있어라” 하고 강하게 명령하신다. 미혹, 전쟁, 기근, 지진, 역병 등과 같은 환난 날에 대비하려면 영적으로 깨어 있어야 한다. 마지막 날을 예고하면서 그날에 잠들지 말고 깨어 있어야 한다고 강조하신다. 내일의 날씨는 만들지 못하지만 대비는 할 수 있다. 깨어 있다는 것은 오감을 열고 자신에게 집중하는 것이다. 지금 여기를 거부하는 것이 아니라 수용하는 것이다. 깨어 있을 때에는 잔다는 것이 무엇인지 알지만, 막상 잠들면 자고 있음을 모른다. “깨어 있어라” 명령은 내가 누구인지 모른 채 사는 것에 대한 경고의 말씀이다.

많은 사람들은 자신의 상상력으로 주위 상황을 이해한다고 생각한다. 예수께서는 상황의 추론이 아니라 깊이 있게 느끼기를 원하셨다. 내가 두통이 있다면 나는 그것을 느낀다. 그러나 나는 다른 사람의 두통을 느낄 수 없다. 그 사람이 두통을 말과 표정으로 호소하기 때문에 이성적으로 그의 말을 믿고 그것을 논리적으로 아는 것이다. 논리적으로 추론한다면 느낌이 생기지 않는다. 엄마는 아이의 아픔과 함께 한다. 느낌은 오직 타인의 존재를 의식해야 가능하다.

마찬가지로 “깨어 있어라” 하는 것에 대해 ‘지당하신 말씀’ 정도로 간과한다면 구원을 얻지 못한다. 예수의 구원은 단순히 위기에서 벗어나기 위한 것이 아니다. 인간과 하나님의 경계에서 벗어나 본향으로 가는 자기 회귀이다. 예수께서 영혼의 문제를 입술에 위치시키고 떠날 채비를 하신다. 사람들은 예수를 이해하지 못한다. 그분을 인격으로 그리고 구세주로 믿는다면 그분의 삶을 깊이 영접하는 것이다. 예수는 나의 이득을 위한 관념적 대상이 아니다. 내가 힘들 때 내 문제를 해결해주는 도구가 아니다. 상대를 관념으로 취급하면 관계는 효용적이 된다. 그 관계는 수단으로 축소된다. 그분을 목적으로 허용한다면 영혼 전체로 느끼게 된다. 예수를 인식하려면 머리가 아닌 가슴으로 의식해야 한다.

예수께서 깨어 있었기에 자신의 결과를 예언할 수 있었다. 그분의 예언 능력은 제자들의 예상을 뛰어넘는다. 이 세상의 종말이 다가오면 건물이 무너지고, 전쟁, 기근이 일어나서 분쟁이 심각하게 야기될 것임을 경고하셨다. 사람들은 미혹당하고 거짓 선지자들이 판을 칠 것이다. 그리고 자신의 제자들은 공식 재판에 회부되어 고통 받을 것이라고 예언하셨다. 이러한 고난의 길은 피할 수 없다. 모든 것들이 멸망과 함께 환난 날에 이렇게 심하게 일어나리라고는 누구도 예측하지 못할 것이라고 예수께서 경고하셨다. 그러나 그날은 아들인 자신도 모른다고 하셨다. 다만 아버지 하나님만 알 수 있다고 하셨다.

그날이 언제 올지는 아무도 모른다. 마치 주인이 모든 것을 하인에게 맡기고 해외로 떠났으나 언제 돌아올지 모르는 것과 같다. 태만하여 자신에게 주어진 권한을 소홀히 하고 있다가 주인이 돌아올 때 게으름을 후회해봐야 소용없다. 불침번을 설 때 잠들면 언제 어디서 적이 침입할지 알 수 없다. 예수께서는 우리가 늘 깨어서 그날이 언제 될 것인가를 마음에 두고 자신의 일에 충실하기를 원하셨다.

1950년 6월 25일 일요일 새벽 4시에 발발한 한국전쟁은 참혹했다. 대비없이 닥친 전쟁은 큰 환난으로 돌변하였다. 이 전쟁은 군인과 민간인의 사상자 및 실종자가 남북한 양측 모두 합하여 500만 명이 넘는 엄청난 비극을 가져왔다. 인명 손실로 수많은 가정이 사라지고 산업시설이 대량으로 파괴되었다. 3년간의 전쟁은 상처뿐이었고 양측에 증오와 두려움만 남겼다. 사랑은 저만치 가버렸다. 이러한 재난은 우리들에게 더욱 경각심을 주고 전쟁이 얼마나 무서운 결과를 초래하는지 경험하게 한 사건이었다. 이뿐만 아니라, 산업발전 과정에서 부산구포역 열차 전복(1993), 성수대교 붕괴(1994), 삼풍백화점 붕괴(1995), 세월호 사건(2014) 등 크고 작은 사건들은 순전히 깨어 있음의 부재로 일어났고 엄청난 아픔과 슬픔을 주었다.

예수께서 경고한 환난이 이러한 사건들보다 더할 것인지 여부는 알 수 없지만 늘 깨어 있으라는 명령이 우리에게 주는 시사점은 크다. 예수께서 예측하는 환난 날은 무서운 것이다. 성전 큰 건물의 돌 하나도 위에 남지 않을 정도로 무너진다는 것이다. 비몽사몽하지 않도록 우리에게 경고하신다. 깨어 있음으로 예언의 능력을 믿고 징조를 판단해야 한다. 마치 무화과나무의 가지가 연해지고 잎사귀가 나면 여름이 곧 올 것이라고 판단하듯이 말이다.

경영 이야기

경영은 조직원들을 깨어 있게 만드는 기술이다. 깨어 있는 기업이 있다면 이것을 어떻게 정의할 수 있을까? 유기농 제품을 전문으로 판매하는 미국의 홀푸드마켓은 1961년 대홍수를 만나 점포가 파괴되고 사업은 그대로 끝나는 듯싶었다. 매장의 제품과 설비 시설은 거의 못 쓰게 되었고 사장과 임직원들은 망연자실 바라보고 있었다. 그때 놀랍게도 고객과 지역 주민들이 달려와서 복구 작업에 자발적으로 참여하기 시작하였다. 그 이후로 주주, 협력회사, 채권자들까지도 와서 팔을 걷어붙이고 도움의 손을 내밀었다. 그야말로 합력하여 선을 이룬 덕분에 홍수 피해 28일 만에 복구하여 다시 개장할 수 있었다. 이것이 바로 깨어 있는 기업의 모습이다. 근무하는 회사에 불의의 홍수나 화재로 손실을 입었을 때에 누가 달려와서 도울 것인가를 생각해보면 깨어 있는 기업의 정의는 다음과 같이 내릴 수 있을 것이다. 깨어 있는 기업은 혼자서만 이익을 챙기지 않으며 관련 이해관계자들 모두가 지속적으로 존속하기를 바라는 회사이다.

최근 ESG 이슈는 기업이 얼마나 깨어 있는지 알려주는 지표가 되고 있다. 탁월한 기업들은 지속가능 성장을 위해 이 경영 원칙을 수립하여 실천하고 있다. ESG는 Environment(환경), Social(사회공헌), Governance(지배구조 개선)의 머리글자다. 시민들은 기업이 환경보호와 환경오염에 적극 대처하기를 원하며, 사회적 약자를 포함한 이해관계자들과 유기적인 관계를 유지하도록 촉구하고 있다. 그리고 기업의 지배구조가 상식과 공동선에 부합하게 개선하도록 요구하고 있다. ESG는 아직 논란의 여지가 있지만 우리나라를 비롯해서 유럽연합, 미국 등 선진국에서 기업 평가에 중요한 기준이 되고 있다.

기업의 이해관계자는 투자자, 직원, 협력회사, 고객, 지역사회 등을 포함한다. 회사가 이들에 대해 깨어 있다면 지속가능 성장이 이루어지고 그렇지 못한 보통 회사보다 더 큰 이익을 올릴 수 있다. 깨어 있는 기업은 사업 생태계 전체를 의식하기 때문에 이해관계자들 모두에게 이득을 준다. 이 기업은 상호의존 관계를 이해한다. 예컨대, 스웨덴의 이케아는 가구들의 부피를 획기적으로 줄여서 운송 및 보관에 관련된 부담을 줄이고 가격도 낮춘다. 그리고 쿠션의 속은 퀼트 제품 생산 시에 발생하는 자투리로 채워 넣어 폐기물을 줄이고 생산비를 줄인다. 이케아는 "결코 끝나지 않는 작업"을 통해 이해관계자들과 함께 플랫폼적 사고를 실천하고 있다.

깨어 있는 기업의 사회적 책임은 기업 내 한 부서의 일이 아니라 전체 경영활동의 핵심으로 자리 잡고 있다. 사회적 책임은 기업 자신의 이익과 함께 전반적으로 사회 복지를 보호하고 개선하는 활동을 취하는 윤리적인 의무이다. 이것은 법적이거나 노사협의회에서 요구되는 수준의 범위보다 더 큰 의무감이다. 나아가서 사회적 책임은 기업시민정신으로 발전된다. 이것은 기업이 공유된 도덕적 · 윤리적 원칙을 준수하고, 이해관계자의 요구사항의 균형을 맞추면서 기업의 장기적인 가치를 높이고 또한 자기 이익을 고상하게 실천하는 정신이다. 이런 회사는 구성원들과 비전을 공유하고 이들의 자발적인 참여를 이끌어내며, 또한 외부의 이해관계자들과 지속가능 성장의 기회를 함께 활용한다.

많은 기업들이 비영리단체에게 기부금을 주거나 예술단체를 후원하고 있다. 기부금은 이윤의 일부가 외부로 나가는 것이므로, 기업은 여러모로 득실을 계산한다. 자비심보다는 경제적 관계를 염두에 두기 때문이다. 이 문제를 해결할 곳은 기업 자신밖에 없다. 홀푸드마켓은 창의적으로 기부금 문제를 해결한다. 자선단체에 기부금을 주면, 그 단체 회원들이 일반 사람들에게 회사의 선행을 홍보해주고, 회원들은 쇼핑에서 할인 혜택을 받도록 한다. 이렇게 되면 신규고객이 늘어나고 평생고객도 확보할 수 있다. 그러면 매출이 증가하고 이익도 올라가게 되는 것이다. 아마존은 이 아름다운 회사를 인수했다. 아마존은 온라인 영업을 한층 더 강화할 목적으로 오프라인 매장을 운영한다.

보통 기업은 인사이드-아웃 경영을 한다. 내부에서 세운 전략으로 시장에서 이기기 위해 애쓴다. 이런 회사는 자신이 지금 어디에 있으며 어떻게 달라질 수 있는가를 생각한다. 운영 원칙은 효율성만 강조하고 적은 비용으로 많은 수익을 올리려고 계획한다. 자기 중심적 사고이다. 그러나 깨어 있는 기업은 아웃사이드-인의 방식으로 경영한다. 이런 기업은 시장이 변화하고 가능성을 준다는 것을 알고 있으며 시장을 포함하여 이해관계자들이 기업보다 더 빠르게 변화한다는 것을 인식한다. 이 회사는 이해관계자들의 필요와 욕구를 이해하고 창의적으로 문제를 해결한다. 따라서 내부의 핵심역량도 중요시하지만 이해관계자가 제공하는 외부 기회를 더 적극 활용한다.

깨어 있는 기업은 이해관계자들이 기업보다 더 빠르게 변화한다는 것을 인식하고 있다. (이미지 출처 : pixabay)

깨어 있는 기업은 플랫폼적 사고를 하며 다음과 같은 내부 특성을 가지고 있다.

첫째, 플랫폼이 탁월하다. 조직의 플랫폼은 철학이며 사상이다. 벽에 걸려 있는 액자가 아니다. 사명과 비전 그리고 핵심가치를 행동으로 전환시킨다. 핵심가치는 기업의 중심을 잡아주는 행동 강령이다. 탁월한 플랫폼은 올바른 목적과 목표를 제시하고 차별화된 전략을 수행할 수 있게 해준다.

둘째, 전략과 운영을 정렬한다. 환경요인을 고려하는 것은 비용 개념이 아닌 기회이다. 외부 이해관계자들도 함께 이익 창출에 공동으로 참여하는 기회로 삼는다. 예컨대, 자연환경을 보존하기 위해 협력회사와 협업을 통해 폐기물질의 배출을 제로로 만드는 생산 프로세스를 지향한다. 보다 나은 운영을 위해 효율성과 효과성에 대하여 민감하게 반응하며 프로세스를 지속적으로 개선한다.

셋째, 평생 고객을 인식하고 이해한다. 고객은 우리 회사가 제공하는 가치를 수령하는 사람이다. 이들과 평생관계를 유지하도록 노력해야 한다. 평생 고객의 가치를 계산해보자. 예컨대, 한 손님이 우리 식당에서 매주 한 번씩 만 원짜리 점심을 먹는다고 하자. 이 고객은 평생 이 식당에 얼마나 공헌하는 것일까? 얼추 일 년이면 50만 원, 20년 동안 1,000만 원의 매상을 올려준다고 하겠다. 이 기간의 20년 동안의 매출액을 현재 가치로 따지면 얼마가 될까? 연 매출액을 내부 이자율로 나누면 그 답을 얻는다. 따라서 연간 매출 50만 원을 내부 이자율 10%로 나누면 500만 원이 된다. 이 손님은 단순히 만 원짜리가 아닌, 500만 원짜리 고객인 것이다. 이 금액을 평생 고객가치라고 부른다. 기업이 이런 고객을 몇 명 보유하고 있는가에 따라 기업가치가 결정된다. 손님은 한 번 스쳐가는 바람이 아니다. 옷깃만 스쳐도 인연이다. 지속적으로 관계를 유지하는 것이 평생고객 개념이다. 신규고객 유치보다 이런 고객을 유지하는 것이 비용도 훨씬 적게 들고 이득이다. 이 고객은 자신만 충성하는 것이 아니라 지인들을 데리고 와서 신규로 매출을 일으킬 가능성이 높다.

조직에서 정확한 의사결정을 내리기 위해서는 향후 가능한 변화를 염두에 두고 계획해야 한다. 정교한 과거 자료가 있다 하더라도 미래는 과거의 연장이 아니다. 조직을 둘러싸고 있는 상황을 잘 검토할 필요가 있다. 먼저 얻고 싶은 결과를 염두에 두고 이 결과가 내포하는 여러 전제 조건을 제시한다. 그러고 나서, 각 전제 조건에 대하여 다음의 질문을 고려한다. ① 가장 발생 가능성이 높은 전제는 어떤 것인가? ② 가장 중요한 전제는 무엇인가? 이렇게 전제 조건을 검토하면서 조직의 최고 성과를 위한 가시화 노력이 필요하다.

가시화 능력은 목표 달성에 필수적이다. 이 능력은 회의, 협상, 문제 해결 등에서 도움을 준다. 두려움 없는 기도는 최고의 종합적 가시화 기술이다. 가시적 이미지는 행동하기 전에 미리 연습함으로써 자신감과 유연성을 준다. 가시적으로 상상해봄으로써 감정 상태를 가늠해 보고 수정이 가능하기 때문이다. 회의에서 신제품 개발 시안 발표를 앞두고 가시적 상상으로 연습해보면 불안한 마음을 긍정적인 자신감으로 바꿀 수 있다.

효과적인 가시화 능력을 위해 다음을 생각해보자. 먼저 나만의 노트를 마련한다. 나의 노트는 지식 창고이며, 종이 노트, 휴대전화, 노트북 등을 다양하게 이용할 수 있다. 평소에 개인생활의 지식 노트와 직장의 업무 노트를 구분해서 정리해놓는다.

다음으로, 주제에 대한 마음의 반응을 인식한다. 어떤 사건은 결과에 중요한 영향을 미치지만 그렇지 않은 것도 있다. 예컨대, 한 달 후 부서에서 중요한 과제 발표가 있다고 하자. 2, 3일마다 정기적으로 어떤 것이 중요한지 자신에게 물어본다. 그러면 이 질문에 대해 예행연습 시기를 언제 정해야 할지 마음에 답이 온다. 중요한 사안이 있을 때에는 걱정, 불안 등이 점점 커지고 잠이 잘 안 오기도 한다. 걱정과 흥분의 신호를 주시하면서 예행 시기를 잡고 연습에 들어간다.

비디오를 상영하는 것처럼 예행연습을 반복 실시한다. 걱정하고 있는 부분을 알아내고, 만족할 만한 성과를 얻을 때까지 내 노트에서 여러 방식을 찾아보면서 상영한다. 내 성과의 약점을 알아내고 만족할 때가지 개선 사항을 계속 적는다. 그리고 상황에 대응하는 여러 방식을 전략적으로 상상한다. 예를 들어보자. 청각 전략으로서 가장 듣기 좋은 대안은 무엇일까 자신에게 물어본다. 시각 전략은 가능한 대안을 상상하고 시각화한다. 감각 전략은 대안에 대한 배짱 있는 반응과 느낌을 유지한다. 오감을 깨워라. 마음이 흔쾌히 허락을 내리면 그 발표는 제대로 진행될 것이다. 발표 현장에서 "쫄지 말고" 하면서 자신감 있게 성공적으로 마칠 수 있다.

우리 뇌는 기본적으로 세 가지 사고를 구사한다. 청각적, 시각적, 감정적 사고가 그것이다. 각 사고는 장단점을 가지고 있으며, 이를 복합적으로 잘 활용하면 효과성을 극대화할 수 있다. 먼저 질문을 받으면 청각적 사고가 자극을 받는다. 이어서 내면 대화가 열리고 시각적 사고가 촉진된다. 시각적 사고는 많은 가능성을 빠르게 상상하는 데에 적합하다. 감정적 사고는 여러 대안 중에서 최선의 것을 선택할 때에 요긴하게 쓰일 수 있다.

상사에게 보고할 경우, 상사에 따라서 선호하는 소통 방식이 다르다는 사실을 알아야 한다. 상사가 시각적인 것을 선호하면 발표 자료를 아름답게 만들어서 논리적으로 설명할 필요가 있다. 그런데 청각적인 상사는 언어적인 표현을 중시하며 발표 자료의 시각적 효과에 대해서는 크게 신경쓰지 않는다. 이러한 감각적 인식은 발표자가 깨어 있어야 함을 나타낸다.

진정으로 깨어 있음은 지금 여기에 저항하지 않고 투항하는 것이다. 말하자면, 지금 여기를 수용하는 것이다. 그러면 주위의 모든 것이 사랑스럽게 보이고 기쁘고 감사한 마음이 든다. 문제를 해결하려고 하지 말고 느끼도록 하라. 감각과 감정을 최적으로 결합하여 의식의 통로에 머무르면서 목표 지점을 향하여 나아가라.

깨어 있는 감각은 우리를 의식 세계의 통로에 계속 머무르게 한다. 감각이 깨어 있으려면 규칙을 세우고 연습을 습관화하여야 한다. 많은 독서와 경험은 이 길을 열어줄 것이다. 나만의 기술을 연마해야 한다. 연습이 이 몸에 배어야 한다. 자신의 영역에 속한 기술에 달인이 되어야 진정 창의적 감각을 일깨울 수 있다.

더 생각해보기

1. 나는 지금 여기를 중시하며 깨어 있는가?

2. 나는 인생이 즐겁고 감사한가?

3. 우리 조직은 깨어 있는가?

4. 우리 조직의 ESG는 어떤 모습인가?

14

중심을 지켜라

내일 지구에 종말이 온다 할지라도 나는 오늘 한 그루의 사과나무를 심겠다.

— 스피노자

개념 이해하기

중심 잡기는 사람이나 사물의 중요하고 기본이 되는 핵심이다. 좌로나 우로나 치우치지 않고 정도(正道)를 가는 것을 의미한다. 도형에서는 중력의 합이 작용하는 지점이다. 대인관계에서 우리를 중심에 있게 하는 원칙은 과연 무엇일까? 그것은 가치관의 원칙이다. 외부 요인에 관계없이 가치관을 지킨다면 자신의 중심을 잡을 수 있다. 사람이 유명해지면 큰 나무가 된다. 그 아래에 많은 사람들이 모여든다. 어떤 사람들은 편히 쉬기도 하지만, 또 어떤 사람들은 흔들어보고 돌까지 던진다. 그래서 떨어진 열매를 얻어먹거나 상처까지 내고 싶어

한다.

만일 나무가 시냇가에서 너무 가까이 자란다면 뿌리가 얕게 퍼진다. 물이 많기 때문에 깊이 박을 필요가 없다. 그러나 홍수를 만나 시냇물이 넘치면 나무는 쓰러진다. 뿌리가 약해서 중심이 무너진다. 준비가 덜 되어 있기 때문이다. 한편 척박한 곳에서 자라더라도 뿌리 깊은 나무는 열악한 상황에서도 쓰러지지 않는다. 중심을 잡으면서 많은 잎을 내고 사람들은 그 밑에서 더위를 피할 수 있다. 때가 되면 열매를 맺고 사람들에게 나누어준다.

공자의 중용(中庸)이라는 말이 있다. 이것은 말과 행동에서 중간(中間)을 선택하는 것이다. 과유불급(過猶不及). 지나친 것은 미치지 못한 것과 같다는 것이다. 부족하면 상대로부터 아쉬운 말을 듣기 쉽고 넘치면 부담스러워 한다. 상황에 맞게 적절함을 지키려는 노력이 필요하다.

다음은 13세기 페르시아 시인 샤비스타리(Shabistari)의 작품이다.

> 삶의 핵심 덕목은 지혜, 절제, 용기 그리고 정의.
> 이 넷을 모두 갖추어야 온전한 인간이라네.
> 지혜가 가슴에 채워지면, 교활하거나 바보스럽지 않겠지.
> 절제가 욕망을 저지하면, 무절제와 무감각이 동시에 사라지겠지.
> 용기는 비참함과 자만심 없이 순수하여, 소심하거나 성급하지도 않아.
> 불공정이 악의 도포라면, 정의는 선한 옷이라네.
> 이 덕목들은 한가운데에 놓여 있어, 과함도 부족함도 없네.
> 중용은 좁은 길이며, 길옆은 끝없는 나락이지.

현명한 사람은 자기 스스로 기준을 세우고 중심을 지킨다. 좋은 것이든 나쁜 것이든 극단적으로 밀어붙이지 않는다. 중용은 지혜의 근본이다. 아무리 옳은 것이라 하더라도 지나치면 역효과가 날 수 있다. 지나치게 머리를 쓰면 번아웃되어 생각이 바닥난다. 생각이 피로해진다. 잠시 쉬면 다시 생각나는 경우가 흔히 있다. 그리고 친구 관계에서도 지나치게 맑으면 매력을 잃는다. 물이 지나치게 맑으면 물고기가 모이지 않는 이치이다. 알면서 모른 척해주고 내버려두는 것도 상대를 용납하는 한 방법이다.

상대가 여러 말을 하는 경우 마지막 말을 믿는 것은 어리석다. 스스로 판단 능력이 없어 그럴듯한 말로 앞의 말을 이어나가는 경우에는 더 그러하다. 이런 사람은 자신의 기준이 없기 때문에 갈팡질팡하면서 여러 사람의 의견을 구한다. 심지어 아첨에 달콤하게 속아 넘어가거나 비판에 날 세우고 화를 내는 것은 중심이 없다는 것을 드러낼 뿐이다. 가능하다면 이런 사람은 피해야 한다.

생활이 부유해지면서 자만해지고 감사를 모르는 사람도 있다. 자기 배려가 없어 교만의 함정에 빠질 수 있다. 스스로 겸손하고 부족함을 견디는 연습이 있어야 강해질 수 있다. 우리나라 부모들은 대체로 자녀의 습관이나 행동에 대해 관대하고 빠른 시일 내에 경제적으로 안정되기를 바란다. 용기보다 안정을 권한다. 독립심 없이 자란 자녀는 부모의 것을 탐닉할 뿐이다. 가정을 돈만큼 중요하게 생각하지 않는다. 게다가 가정에서 독립에 대한 의식 교육이 없다. 독립 중의 최고의 것은 경제적인 독립이다. 한국전쟁 후의 짧은 경제성장 역사에서 부모도 합리적인 교육을 받은 경우가 많지 않다. 축적이 없고 계승만 있다. 숟갈색 타령이 늘고 있다. 반대로 서양의 부모와 자녀는 철저하게 독립적이다. 자녀는 제로 베이스에서 시작하며 부모도 으레 그러려니 한다. 제로에서 시작한 자녀는 헝그리 정신으로 자신의 중심을 지키면서 새로운 가치와 부를 창출한다. 이런 국가는 새 출발한 다음 세대들 덕분에 더 부강해진다.

『명상록』의 저자 아우렐리우스는 자신의 마음속에 일어나는 움직임을 주시하기를 권한다. 그러면서 자신의 상상력을 경계하기를 충고한다. 우리는 "항상 기뻐하고, 범사에 감사하고, 쉬지 말고 기도하면" 생활 속에서 중심을 잃지 않을 수 있다. 플랫폼적 사고를 지닌 사람은 중심을 지키면서 살기를 원한다. 행복의 근원은 나 자신이기 때문이다. 일에서 즐거움을 체험하려면 지금 있는 그대로 나를 온전히 마주대하고 나 자신을 긍정적으로 인정해야 한다. 중심을 외부에 놓으면 무너진다. 내부에 놓아야 한다. 내부 중심은 강건한 플랫폼 구축에 도움이 된다. 올바른 사상이나 철학을 가져야 중심을 지킬 수 있다.

중심 지키기는 인생을 평가하는 주요 지표 중의 하나이다. 내가 누구인지 아는가에 대한 것이다. 많은 사람들은 사후에도 "결국 그 사람은 중심을 지켰지"라는 평가를 받고 싶을 것이다. 많은 위인들은 큰 나무이다. 사람들이 와서 흔들어보지만 정중동(靜中動)의 삶에서 뿌리가 깊어 전혀 흔들림이 없다.

중심 있는 사람은 뿌리 깊은 참나무와 같다. 참나무는 "재질이 단단하고 화력이 좋으면, 연기를 내지 않을 뿐만 아니라 먹을거리가 되는 도토리까지 주는 진짜 나무"이다(『신비한 식물의 세계』, 대원사, 2016). 앨프리드 테니슨의 시 「참나무(The Oak Tree)」를 감상해보자.

> 젊거나 늙었거나 저 참나무 같은 삶을 살아라. 봄에는 찬란한 황금빛.
> 여름엔 무성해지고 가을에는 다시 소박한 황금빛으로 변하지만,
> 결국엔 모든 잎이 떨어지고, 보아라, 강인한 저 나목(裸木)을.

성경 이야기(마가복음 14장)

예수께서 나병환자 시몬의 손님으로 베다니에 계셨다. 예수께서 저녁을 들고 있는데, 어떤 여자가 아주 값비싼 향유 한 병을 가지고 다가왔다. 여자가 병을 따서 향유를 그분의 머리에 부었다. 몇몇 손님들이 발끈해서 자기들끼리 말했다. “이렇게 한심한 일을 하다니! 완전히 낭비다! 이 향유를 일 년 치 임금보다 더 많이 받고 팔아서 가난한 사람들에게 줄 수도 있을 텐데.” 그들은 화가 치밀어서 당장이라도 여자에게 분통을 터뜨릴 태세였다. (마가복음 14 : 3~6)

베드로가 불쑥 말했다. “모든 것이 무너지고 모두가 주님을 부끄러워하더라도, 저는 그러지 않겠습니다.” 예수께서 말씀하셨다. “너무 자신하지 마라. 오늘 바로 이 밤, 수탉이 두 번 울기 전에 네가 나를 세 번 부인할 것이다.” 베드로가 거세게 반발했다. “주님과 함께 죽는 한이 있더라도, 절대로 주님을 부인하지 않겠습니다.” 다른 제자들도 모두 똑같이 말했다. (29~31)

예수께서 그들에게 말씀하셨다. “내가 위험한 범죄자라도 되는 것처럼 칼과 몽둥이로 나를 잡으러 오다니, 이게 무슨 짓이냐? 내가 날마다 성전에 앉아서 가르쳤지만, 너희는 내게 손 하나 대지 않았다. 사실 너희가 한 일은, 예언자의 글을 확증하는 것이다.” 제자들은 모두 황급히 달아났다. 한 청년이 예수를 따라가고 있었다. 그는 홑이불 하나만 몸에 걸치고 있었다. 사람들이 그를 붙잡았으나, 그는 홑이불을 버려둔 채 벌거벗은 몸으로 급히 달아났다. (48~52절)

대제사장들은 유대 의회와 공모해 예수께 사형을 선고할 만한 불리한 증거를 찾았지만, 하나도 찾지 못했다. …(중략)… 이때 대제사장이 일어나서 예수께 물었다. “이 증언에 대해 너는 뭐라고 말하겠느냐?” 예수께서 침묵하셨다. 아무 말씀도 하지 않으셨다. 대제사장이 다시 나서서 이번에는 이렇게 물었다. “네가 찬양받으실 분의 아들 메시아냐?” 예수께서 말씀하셨다. “그렇다. 내가 그다. 너희 눈으로 직접 보게 될 것이다. 전능하신 분의 오른편에 앉은 인자가 하늘 구름을 타고 올 것이다."

대제사장이 흥분해서, 자기 옷을 찢으며 소리쳤다. "여러분이 이 말을 들었소? 이러고도 우리에게 무슨 증인이 더 필요하겠소? 그가 하나님을 모독하는 짓을 여러분이 들었소! 여러분은 이 신성모독을 그냥 두고 볼 셈이오?" 그들은 일제히 예수를 정죄했다. 사형선고가 내려졌다. 그들 가운데 몇 사람이 예수께 침을 뱉었다. 그들은 예수의 눈을 가린 채 그분을 치면서 말했다. "너를 주먹으로 친 사람이 누구냐? 알아맞춰봐라!" 경비병들은 그분을 주먹과 손바닥으로 때리면서 끌고 갔다. (55~65절)

예수께서 십자가에 못 박혀 돌아가시기 전에, 그분의 중심을 흔드는 사건을 여럿 만난다. 여인의 향유, 제자 유다의 배반, 제자 베드로의 허세, 대제사장의 추궁 등이 그것이다. 예수께서 마지막 때가 다가오면서 제자들은 믿음을 버리고 집단의 중심에서 흩어져버렸지만, 그분은 하나님에 대한 소명과 신뢰를 잃지 않았다. 다른 사람들은 예수 나무를 흔들었다. 나무가 크고 열매가 많으면 사람들은 그 나무를 탐낸다. 그래서 돌도 던지고 흔들어도 본다. 여러 사람들이 예수의 중심을 흔들었지만 넘어지지 않으셨다. 중심 흔들림의 이야기 세 편을 함께 알아보자.

첫째, 여인의 향유 이야기이다. 예수께서 난민촌인 베다니 동네에서 기거하고 계셨다. 식사도 문둥병 걸린 사람의 집에서 하셨다. 이때, 한 여인(베다니의 마리아)이 찾아와 매우 비싸고 귀중한 옥합을 깨뜨려 그분의 머리에 향유를 부었다. 예수님은 이런 명품으로 무슨 호사인가 하고 잠시 궁금해하셨다. 눈을 지그시 감고 향내를 맡았다. 이것이 이 여인의 냄새인가 하고 생각했다. 그러나 곧 이 여인의 행위는 예수의 죽음을 준비하는 직관적이고 헌신적인 마음으로 기름 부었다는 것을 아셨다. 예수께서 가장 값진 것을 내놓은 여인의 행동을 귀하게 받아들이고 칭찬하셨다. 반면에 제자들은 그 여자를 싸잡아 비난하였다. 일 년 치 임금에 해당하는 비싼 명품 향유를 팔아 가난한 사람들에게 나누어주는 것이 더 합당하다는 논리를 폈다. 예수께서 스승의 마지막 길을 아직도 깨닫지 못하는 제자들을 가르치셨다. 마을의 어려운 사람들은 차후에도 얼마든지 도울 수 있다. 지금이 스승께 가장 좋은 것을 드릴 수 있는 마지막 기회다. 그분은 자신의 죽음을 통해 하나님 나라가 임할 것이라는 예언을 아직도 믿지 못하는 제자들을 안타까워 하셨다.

예수께서 오늘 밤이 지나 다음 날 새벽에 자신이 붙잡혀 갈 것을 알고 계셨다. 그분은 자신의 죽음을 예언하고 있었다. 죽음은 공포스럽다. 인간적으로 죽음의 잔을 피하고 싶었다. 이제 그분은 영원한 세상에 들어가기 위해 이 세상의 끈을 놓을 참이다. 아버지 하나님의 뜻대로 순종할 수밖에 없음을 지금까지 알고 왔다. 자신의 일이 모두 성경 예언대로 이루어지고 있음을 알았다. 인간으로서 두렵고 떨렸지만, 깨어 있는 영혼은 오직 하나님에 대한 믿음과 순종으로 채웠다.

피할 수 없는 운명 속에서 그분이 하는 일은 기도하는 일만 남았고 조용히 그때를 기다렸다. 동산에서 기도할 때, 제자들은 스승이 무엇을 기다리는지 알지 못했다. 아직도 깨달음이 없는 그들이었다. 예수께서 졸고 있는 그들을 세 번이나 깨우면서 안타까워하셨다. 그들의 눈꺼풀은 너무 무거웠다. 그리고 그분은 제자들이 결정적인 순간에 배반하고 도망치리라는 것을 알고 있었다. 최후의 만찬을 하는 중 제자들에게 두 가지 일이 일어날 것을 경고하셨다. 하나는 제자들 중 한 사람이 돈을 받고 예수를 팔아넘길 것이며, 다른 하나는 제자들이 예수를 부인하고 도망치리라는 것이었다.

둘째, 유다의 배반 이야기이다. 예수께서는 제자 중에서 가룟 유다가 자신을 배반하고 팔아넘길 것이라는 것을 미리 알고 계셨다. 유다는 지식인이었다. 그는 처음부터 기회주의자였을 것이다. 그가 예수를 따른 이유는 무엇인가 지식적으로 배울 것이 있으리라는 기대감 때문이었다. 예수의 말씀에 정면으로 거역하지 않으면서 제자인 척하고 계속 따라 다녔다. 앞의 마리아의 향유에 대해서도 주동이 되어 비난하였다는 증언도 있다. 예수께서는 그에게 진실성이 없음을 진작 아셨다. 어둠이 깔린 저녁 그는 유대 지도자들에게 예수가 누구인지 알게 하였고, 결국 예수는 결박당하고 말았다. 돈 받고 예수를 팔아넘긴 것이다. 그러나 유다는 결국 자기 목숨을 스스로 끊고 말았다. 그는 '나무'가 되지 못했다. 예수의 죽음은 짧은 공생애 과정 중에 피할 수 없는 부분이다. 예수께서 인간적으로 두려웠어도 피하지 않으셨다. 하나님과의 약속을 믿으며 자기 십자가를 부인하지 않고 골고다 언덕으로 올라가시게 되었다.

셋째, 베드로의 허세 이야기이다. 예수와 같이 완벽한 리더일지라도 항상 그에 상응하는 부하를 갖지는 못한다. 예수의 경고에 베드로는 결코 스승을 버리지 않을 것이라고 장담하였다. 그러나 예수께서는 베드로를 포함한 제자들 모두가 깨달음이 부족한 한통속이라고 질책하시고, 특히 베드로는 새벽 닭이 두 번 울기 전에 세 번 부인할 것이라고 예언하셨다.

예수께서 하나님에 대한 신뢰의 중심을 잃지 않았으나, 제자들이 두려움과 나약함 때문에 믿음의 중심에서 오차 한계의 범위를 벗어날 수 있다는 것을 예상하셨다. 추종자들이 뒤따른다고 해서 완전하게 그들의 마음을 통째로 살 수는 없다. 뭔가 여지를 남겨놓고 실패의 허용치를 용인하는 것이 리더의 현명한 판단일 것이다. 예수에 대한 부인은 믿음이 연약한 제자들로서 충분히 예견되는 허용치이다. 사람들의 마음속에는 하루에도 몇 번씩이고 부정적 번민이 오간다. 감정이 들락날락한다. 영혼의 평안과 안녕이라는 중심에서 약간 벗어난 변동은 허용 범위 안에서 자연스러운 것일지도 모른다. 우리가 진정 조심할 것은 두려움, 욕망, 배신, 분노, 실망 같은 파격적인 극단값이다.

예수께서 유다의 배신으로 체포당하는 순간 옆에 있던 혈기 방장한 베드로가 칼을 빼서 대제사장 시종의 한쪽 귀를 잘라버렸다. 그의 행위가 얼마나 부적절한지 성서의 저자는 "곁에 서 있던 사람 중의 하나"라고만 밝혔다. 리더를 잃은 부하들은 어찌할 바를 몰랐다. 결국 베드로를 포함한 나머지 제자들은 도망가버렸다. 자칫 죽임을 당할 수 있는 순간을 모면하고자 하였다. 그러나 멀리 못 갔다. 예수께서 심문당하는 것을 그리 멀지 않은 곳에서 망연자실 바라볼 뿐이다.

베드로도 안타까운 심정으로 어찌할 바를 몰랐다. 이때 누군가가 그의 뒤로 다가와 어깨를 툭 치면서 "당신도 한패거리가 아닌가?" 하며 다그쳤다. 그는 손사래를 치며 부정하였지만, 곧이어 두 번 더 동일한 질문에도 모두 부인하고 나서 황급히 자리를 떴다. 순간 닭이 두 번째 울었고, 예수께서 자기에게 경고한 말씀이 생각나서 눈물이 났다. 두려움과 거짓을 참회하는 순간이었다. 베드로는 열두 제자 중에서 가장 뛰어난 사람으로 알려져 있다. 천주교에서는 그를 믿음의 반석으로 삼아 초대 교황으로 추앙하고 있다.

예수께서 유대 지도자들에게 끌려가서 국문을 당하셨지만 당당하게 자신이 누구인지 밝혔다. "나는 참 예언자이며 메시아다. 옳고 그름은 하나님께서 판단하실 것이다." 그들은 예수에 대한 범법 증거가 불충분함을 알았지만 신성모독이라는 죄목으로 판결하였다. 이제 그분은 목숨까지 잃을 판국이지만 끝까지 자기 중심을 잃지 않으셨다. 자신의 정체성을 잃지 않으셨다. 이미 자신을 하나님께 투항했기 때문이다. 그러나 제자들은 현장에서 모두 도망함으로써 목숨을 부지했지만 중심을 잃었다.

경영 이야기

경영은 환경 변화에도 중심을 지키는 기술이다. 조직은 어떻게 경영 플랫폼의 중심을 잡아야 하나? 예컨대, 즐거움, 탁월함, 존중, 사랑 등과 같은 가치관은 기업이 중요시하고 추구할 덕목이다. 성공하는 회사의 최고경영자는 직원 만족의 핵심가치를 믿고 지킨다. 지도자는 언행일치를 통하여 조직 전체에 역할 모델이 된다. 가치관은 목표를 달성하기 위한 수단이 아니다. 가치관을 준수하는 것이 조직의 목적이다. 리더는 자신의 가치관을 확실하게 정립하고 밝혀야 한다. 그래야 부하들은 그 발자취를 보고 따라온다. 이렇게 됨으로써 공유된 가치관은 조직의 행동기준 역할을 하게 된다.

잭 웰치(GE), 로이 바젤로스(머크), 빌 게이츠(MS), 스티브 잡스(애플), 허브 켈러허(사우스웨스트항공) 같은 최고경영자들은 시장에서 탁월한 성과를 올렸을 뿐만 아니라 회사 구성원들과 사회로부터 존경을 받고 있다. 그들이 이끄는 기업은 초일류가 되어 있다. 이 기업들의 공통점은 다음과 같다.

험한 세상에 다리가 되어 자신의 가치관을 조직의 가치관에 일치시키는 최고경영자들이 초일류기업을 만든다.
(이미지 출처 : pixabay)

- 비전 제시의 리더십
- 가치관을 생활에서 실천하기
- 지속적으로 혁신하고 학습하기 등을 중시한다.

이들은 험한 세상에 다리가 되어 자신의 가치관을 조직의 가치관에 일치시켰다.

개인이 내부의 중심을 지키려면 주체성과 관계성을 고려해야 한다. 여기서는 조직원으로서 자신이 지켜야 할 것과 타인과의 관계에서 지켜야 할 것을 각각 세 가지를 설명한다.

먼저 자신이 지켜야 할 것으로서 자유, 즐거움, 용기를 제시한다.

첫째, 자유는 궁극적인 가치관이다. 자유는 육체적으로 즐길 수 있지만 영적으로 인식해야 한다. 자유는 나 자신이 되는 용기이다. 탈출의 자유는 아무런 행복을 보장해주지 않는다. 일상 생활, 직장 등에서 일탈의 자유를 꿈꾸지만 어려움에 봉착한다. 어디로 갈 수 있다는 것인가? 정작 가출하고 나면 더 큰 위험에 빠진다. 목적 지향의 자유를 추구해야 한다. 그것은 바로 내면에서 자신을 찾는 자유이다. 나는 순수하게 깨어 있다. 다시 말해서, "예, 아니오"를 필요에 따라 말할 수 있고, 침묵을 지킬 수 있다면 자유의 능력을 갖춘 것이다. 선택의 자유에서 최종 의사 결정권자는 바로 나 자신이다.

둘째, 즐거움은 내부의 행복감이다. 이것은 상황에 의존하는 쾌락과 다르다. 쾌락은 소유에 관심을 갖게 하고 나를 떠돌이로 만든다. 즐거움은 존재에 관한 것이다. 이것은 타인과 관계없이 오직 나에게 집중한다. 내 고유의 것으로서 평안의 상태가 즐거움이다. 그 안에 하나님과 같은 절대자를 모시어 들이면 참 기쁨이 온다. 절대자를 초청하여 함께 기거하는 것이다. 하숙집의 손님은 언제든 떠나야 한다. 그러나 주인으로 모신 하나님은 함께 기거한다. 그와 더불어 먹고 마시며 지낸다. 이것이야말로 구원이고 열반이다. 나는 무한한 것으로 가득 차고 내 안은 하늘, 바람, 햇볕, 별, 나무로 가득 찬다. 새로운 삶이 시작되고 나는 기쁨으로 다시 태어난다.

셋째, 용기는 두려움이 있음에도 불구하고 미지의 세계로 나아가는 준비성이다. 마젤란의 지구 항해, 린드버그의 대서양 횡단 비행 등은 당시 최고의 모험이었다. 이들은 미지의 도전을 용기로 극복했다. 겁쟁이는 자신의 두려움에 귀를 기울이지만, 용사는 그것을 제쳐두고 앞으로 나아간다. 성공의 믿음만이 용기를 갖게 한다. 과학은 아는 것을 다루지만, 종교는 모르는 것을 다룬다. 과학과 종교의 결합은 인생에서 용기를 준다. 20세기 물리학자 아인슈타인은 "종교 없는 과학은 온전히 걸을 수 없으며, 과학 없는 종교는 온전히 볼 수 없다"고 말했다. 종교와 과학의 결합은 용기를 가지고 위험하게 사는 것을 즐길 수 있게 한다. 익숙함을 거부하고 목숨을 담보로 불확실성을 인내할 수 있다. 인생에서 폭풍을 만날 때 가슴을 내밀며 그것을 즐기는 것이다.

다음으로 타인과의 관계에서 지켜야 할 것으로서 신뢰, 존중, 사랑을 실천해야 한다.

첫째, 신뢰는 믿고 의지하며 약속을 준수하는 것이다. 신뢰는 먼저 자신을 중심으로 한다. 오직 나를 신뢰할 때 타인에 대한 신뢰가 가능하다. 가장 근본적인 것은 내 안에서 먼저 일어나야 하기 때문이다. 자기 신뢰 수준은 지니고 있는 성품과 역량에 달려 있다. 상대 신뢰를 측정할 수 있는 지표로는 판단력, 긍정성, 인내력, 정직성 등이 있다. 관계에서 신뢰 쌓는 데는 오랜 시간이 걸리지만, 한 번의 실수로 단시간 내에 무너질 수 있다. 이러한 신뢰의 비대칭성 때문에 관계가 무너지기 쉽다. 신뢰는 자발적이다. 상대가 요구해도 억지로 만들어지지 않는다. 먼저 나 자신을 신뢰한 후에 자신이 원해서 마음을 여는 것이다. 신뢰에는 책임이 뒤따르므로 일종의 모험이다. 우리나라 카페에서 테이블 위에 휴대전화, 가방 등을 놓아둔 채 잠깐 자리를 비울 수 있다는 것은 그만큼 사회적 신뢰가 크다는 것을 보여준다.

둘째, 존중은 상대의 가치나 존엄성을 인정하는 것이다. 상대가 어떠한 사람이든 간에 그의 가치를 알고 이해하는 것이다. 톨스토이가 말했다. "사람은 일하지 않아도, 부자나 가난한 자나 모두 쓸모 있다." 내 주변에 존중할 것들이 많아지면 내 삶은 그만큼 풍성해진다. 부모, 형제, 친구는 물론 책 속의 인물, 살아 있는 것들, 무생물까지도 모두가 존중 대상이다. 그들의 품격을 높이어 공경한다면 내 삶은 결코 초라해지지 않는다. 상대를 있는 그대로 수용하고 그의 강점과 함께 공로에 눈길을 돌리고 공개적으로 인정하는 행위가 존중이다.

셋째, 사랑은 많이 좋아하는 것 그 이상이다. 대상이 있어야 하며 시간이 상당히 걸리는 감정 또는 관계이다. 사랑의 다양한 속성은 성경에 잘 나와 있다. 사랑은 오래 참고 온유한 것이다. 사람은 사랑 없이 살 수 없다. 사랑은 인생의 목적지이기 때문이다. 사랑하기 전에 신뢰와 존중이 필요하다. '존중이 순수하게 옷을 입으면 사랑이 된다'고 한다. 사랑을 성취하지 못하면 방랑객이 된다. 사랑은 누가 원한다고 해서 만들어지지 않는다. 또한 "사랑하라"고 명령한다고 해서 사랑이 이루어지지 않는다. 사랑은 수줍은 것이다. 사랑은 어느 날 저 너머에서 찾아와 의미 있는 관계로 이어진다.

중심을 잡으려면 먼저 내 안에 자유, 즐거움, 용기를 붙잡아야 한다. 그러고 나서 타인과의 관계에서 신뢰, 존중, 사랑의 경지까지 나아갈 수 있다. 내 안에 중심을 잡으면 나는 우주적인 관계에서 센터가 된다. 다음의 유튜브 콘텐츠를 감상해보기 바란다. 동물과 헤어진 후 다시 만나는 장면들이다.(https : //www.youtube.com/watch?v=zhE4wn4hb1k)

더 생각해보기

1. 내가 중심을 지킨 경험이 기억에 있는가?

2. 나는 중심 잡기 덕목에서 어느 것을 선호하는가?

3. 우리 조직과 부서는 외부 영향에도 중심을 지키고 있는가?

4. 우리 조직의 가치관과 경영자의 가치관이 일치하는가?

15

헌신하라

정열적인 사랑은 빨리 달아오른 만큼 빨리 식는다. 은은한 정은 그보다 더 천천히 생기며, 헌신적인 마음은 그보다 더 더디다.

— 로버트 스턴버그

개념 이해하기

헌신이란 가지고 있는 힘을 다해서 어떤 일에 대해 상당 기간 동안 진력하는 모습이다. 헌신하는 사람은 시간이나 금전을 아까워하지 않는다. 자신의 몸과 마음을 기꺼이 바친다. 이와 유사한 단어로 희생이 있다. 희생은 두 부류로 나눈다. 하나는 계산적으로 보상을 기대하면서 생색내듯이 일에 임하는 경우이다. 다른 하나는 우연히 예기치 않게 사고를 당하는 경우이다. 교통사고나 범죄로 목숨을 잃는 경우와 같이 허무하게 제물처럼 당하지만, 숭고한 정신도 가끔 등장한다. 전동차가 지하철역으로 들어오는 상황에서 레일 위에 떨어진 사람을 구하고 나서 숨진 구조자의 이야기는 사람들을 숙연하게 한다. 일터나 전장에서 죽기를 각오한 사람들은 헌신, 열정, 용기 등과 같은 숭고한 덕목을 가졌다. 사후에도 그 덕목이 기려지고, 그 가치가 높이 평가된다. 헌신이나 희생 중에서 가치가 가장 큰 것은 분명한 목적 앞에서 자신을 포기하는 것이다.

어떤 사람들은 기존 틀에서 벗어나는 것에 대해 두려움이 있다. 자기를 포기하고 싶지 않은 모습이다. 아이디어를 떠올리고 기존 지식에 도전하는 것은 용기 있는 행동이다. 영웅은 다른 사람이 생각할 수 없는 것을 생각한다. 자동차, 휴대전화, 우주선 등의 발명은 도전적인 이야깃거리이다. 새 아이디어는 헌신하게 만든다. 사실 새 아이디어는 처음에 부정적인 것으로 인식된다. 잘 모르는 것은 위험하다고 생각하기 때문이다. 새것에 대한 본능적인 방어 자세이다. 생각할 수 없는 것을 생각하는 용기가 필요하다. 불가능해 보이는 아이디어를 가능하게 만들려면 오랜 시간과 노력을 바쳐야 한다. 지나가던 한 행인이 농부가 능숙한 솜씨로 트랙터를 고치고 있는 모습을 보고, "어떻게 해서 그렇게 잘 하시는가요?" 감탄하면서 물었다. 농부가 이에 답했다. "당신도 시간과 노력을 바치면 이렇게 할 수 있습니다."

열린 마음으로 귀를 열고 변화가 필요함을 인식하고 받아들여라. 주위 사람들은 자기 관점에서 잠재적 이득이 감지되면 움직이기 시작한다. 아이디어를 내는 사람은 조롱을 각오하라. 심지어 "바보"라고 불릴 것을 각오하라. 바보라고 불린다고 해서 사람이 죽는 것은 아니다. 두려워하지 말라. 흔히 그 두려움 때문에 입을 닫는다. 두려움은 아직 일어나지도 않은 일에 대한 걱정과 불안감이다. 어쨌든 아이디어를 낼 때에는 자신감을 가지고 덤벼들어라. 아직 실행 직전이다.

많은 일을 하고 싶으면 지금 당장 하나를 시작하라. 능동적이고 헌신적인 사람이 되어라. 일 재촉을 받고 제풀에 괜스레 화내지 말라. 지금 당장 시작하는 사람과 미루는 사람을 주위에서 발견하고 비교해보아라. 전자는 군소리가 없고 다 마치면 보고한다. 후자는 자신이 현재 어디에 있는지 모른다. 마감일이 촉박해서야 죄송스러워하는 척한다. 지금 시작하는 사람으로 변신하라. 과제는 '내는 날'에 하지 말고, '내준 날'에 시작하라. 그러면 예정대로 일을 마치며, 스트레스도 적고, 계속 과제 완성에 대한 상상력을 유지할 수 있다.

올바른 인정과 보상은 지속적 개선을 가능하게 한다. 그렇지만 타인의 인정과 보상을 기대하지 말라. 그냥 하는 것이다. 일을 사랑하라. 이것이 헌신이다. 마치 산에 오르는 것은 그 산이 앞에 있기 때문인 것처럼 말이다. 무엇인가 있거든 잘 관찰하고 적절한 생각과 함께 준비가 되면 지금 행동에 옮겨라. 다른 사람의 재촉을 기다리지 말고, 주도적으로 헌신하라.

우리는 각자 씨앗이다. 씨앗은 죽어야 싹이 나오고 새로운 생명을 얻는다. 버티면 썩는다. 죽을 준비를 하라. 욕심도, 감정도, 분노도 모두 죽여라. 다른 사람이 죽이기 전에 내가 먼저 나 자신을 죽여라. 내가 먼저 죽으면 다른 사람이 죽일 수 없다. 그렇지만 막상 죽으려 하니 아쉽기도 하고 떨리기도 하다. 망설여지고 도망치고 싶다. 바닥 모를 심연이 기다리고 있기 때문이다. 그러나 자기 신뢰는 심연의 바닥을 알게 한다. 그 바닥을 치고 다시 올라오게 한다. 우리가 죽기 전에 죽는 것을 알면 여기에는 죽음이 없다는 것을 안다. 깨달음만이 있다. 죽고자 하는 자는 산다. 두려움을 극복할 수 있다. 신앙이 어리석어 보이지만, 믿을 수 없는 것을 믿는 것이 신앙이다. 영혼을 신뢰하면 생활 체험 속에서 의식을 잃지 않고 기다릴 수 있다. 깨달음의 때가 온다.

성경 이야기(마가복음 15장)

병사들은 오전 아홉 시에 예수를 십자가에 못 박았다. '유대인의 왕'이라고 쓰여진 그분의 죄목이 십자가에 적혀 있었다. …(중략)… 정오에 하늘이 칠흑같이 어두워졌다. 어둠은 이후 세 시간 동안 계속되었다. 세 시에 예수께서 깊은 데서부터 큰 소리로 부르짖었다. "엘로이, 엘로이, 라마 사박다니?" 이 말은 '나의 하나님, 나의 하나님, 어찌하여 나를 버리셨습니까?'라는 뜻이다. 곁에서 이 말을 들은 몇몇 사람들이 "들어보아라. 이 사람이 엘리야를 부른다" 하고 말했다. 누군가가 솜뭉치를 신 포도주에 적셔서, 장대에 달아 올려 예수께 주면서 말했다. "엘리야가 와서 그를 내려주나 보자." 그러나 예수께서 크게 소리 지르고 숨을 거두셨다. 그 순간, 성전 휘장 한가운데가 찢어졌다. 그분 앞에서 보초를 서고 있던 로마군 지휘관이 그분의 숨이 멎는 것을 보고 말했다. "이 사람은 하나님의 아들이 틀림없다!" (마가복음 15 : 25~39)

예수께서 돌아가셨다. 그분은 인류 구원의 목적으로 자신의 몸을 희생 제물로 드린 것이다. 그 희생은 그냥 얻어진 것이 아니다. 모욕, 억울함, 조롱거리가 되어 마음으로 큰 상처를 입었고, 못 박히고 찔림을 당하는 육체적인 혹독함, 더 고통스럽게는 하나님 아버지로부터 버림받은 것 같은 영적 비참함 등의 비용을 지불하셨다. 이러한 대가를 치르신 것은 자신의 사명과 비전의 성취라는 숭고한 이득을 우리에게 주려고 하셨기 때문이다. 또한 그 비용을 우리에게 전가하지도 않았다. 우리는 그분의 헌신과 희생으로 구원이라는 이득을 얻게 되었고, 그것에 상응하는 값을 지불할 필요가 없다. 가치방정식에서 가치는 이득을 희생으로 나눈 값이다. 그분의 희생적 헌신은 값으로 계산할 수 없는 '값없는' 가치이다. 분모의 값이 영이면 가치는 무한대이다. 그래서 예수의 구원은 위대한 것이다.

빌라도 총독은 예수에게 무죄 판결을 내릴 수가 없었다. 유대인 지도자들이 예수를 위험한 인물로 판정한 상태에서 죄인 아닌 죄인을 놓아줄 수는 없었다. 아예 자신의 판결을 주위의 권력자들과 대중들에게 미루어버렸다. 빌라도는 공정한 재판관이 되어야 한다는 의무를 수행하지 못했다. 다만 유월절에 즈음하여 민중의 폭동을 막고 그 명절을 무사히 넘기면 그만이었다. 그리고 대제사장들은 자신의 권위만 유지할 수 있다면 대만족이었다.

군중들은 정치적인 종교 지도자들에 의해 선동되어 미친듯이 달아오른 열기에 사로잡혀 예수를 십자가에 못 박으라고 소리쳐댔다. 빌라도는 명절에 한 사람을 사면하는 관례를 꺼내 들었다가 엉뚱한 범죄자를 풀어주는 우를 범하였다. 국가 역모죄를 범한 죄인을 사면하고 대신 죄없는 예수를 죽게 하는 것이다. 군중은 창의적이지 않다. 모방적이다. 모방심리가 군중들 사이에 전염병처럼 번져나갔다. 빌라도는 판단력을 잃고, 예수를 십자가에 못 박으라고 판결하였다. 십자가는 로마 제국이 가진 권력의 상징이었다. 로마가 이스라엘을 지배하면서 유대인 반란자들을 처형하기 위해 사용한 도구였다. 십자가 처형은 잔인하고 참혹하였다. 그곳에 모인 군중들은 자폐적인 환상에 집착하며 로마 권력을 추종하였다. 진리에 대한 호기심은 찾아보기 어려웠다. 대신 환상으로 대체되었다.

군중들은 간단한 자극에도 극단적으로 반응한다. 불안감 때문에 복종할 주인을 찾는다. 프로이트는 이것을 일종의 히스테리라고 불렀다. 이들은 자극받기 쉽고, 충동적이고, 조급하게 판단한다. 자기 의식이나 자기 책임이 결여되어 있다. 대중은 인간적 존재의 무리라기보다는 야생동물의 떼와 같다. 집단 정신만이 존재한다. 도덕적인 개인들이 모였다 해도 무책임하고 비도덕적인 집단으로 변질되기 쉽다. 아무런 개성도 소유하지 않은 단순화된 무리 가운데에서 비이성적인 전염병이 퍼져 개인들은 자신의 정체성을 상실해버린다.

군집이 클수록 구성원들은 스스로를 더 이기적으로 표현한다[1]. 집단 행동의 야수적 성격과 이기주의는 전형적인 비합리성을 보여준다. 개인들 간의 관계에서는 도덕적이고 합리적인 조정과 설득이 가능하다. 그러나 집단 대 집단의 경우에서는 거의 불가능하다. 이익 조정은 윤리적인 문제가 아니라 정치적인 문제로 변질된다. 집단들 간의 의사결정 방법은 각 집단의 요구와 필요성을 비교 검토하여 합리적으로 결정되는 것이 아니라 각 집단이 지닌 힘의 비율에 따라 결정되기 때문이다. 그 힘에는 합법적인 것과 비합법적인 것 모두가 포함된다. 현재 우리나라가 이념적으로 양분되어 겪고 있는 갈등에서 잘 알 수 있다. 간디는 사회적 악으로서 희생이 없는 종교와 원칙이 없는 정치를 예로 들었다.

예수께서 말없이 당당하게 십자가에 달리셨다. 자신의 십자가는 피할 수 없는 한판의 운명이었다. 하나님께서 그를 이 땅에 내려 보낼 때에 죽음이라는 최고의 희생으로 이 세상을 구원하기를 원하셨다. 이 어마어마한 요구를 인간 예수는 피하고 싶었으나 이제는 때가 되었다. 군중들이 조롱하는 가운데 "나의 하나님이여 어찌하여 나를 버리셨나이까?" 하고 절규하셨다. 인간의 모습으로 처절한 고통으로 신음하였다가 숨을 거두셨다. 이때 갑자기 한낮에 어두움이 찾아오고 성소의 휘장이 찢어졌다. 우리는 그분의 헌신 덕분에 성소에 들어갈 수 있는 은혜를 입었다. 하나님의 보좌 앞에 나아갈 수 있게 되었다.

그분은 어떻게 죽음의 공포, 고통, 비참함을 이겨내셨을까? 그것은 자신에 대한 깊은 통찰력에서 나왔기에 가능했다. 예수께서는 십자가의 고통을 수용하고 깊이 그 속으로 들어갔다. 십자가는 피할 수 없는 운명임을 이해하셨고, 자신을 하나님께 투항하셨다. 삶의 문제를 어떻게 해결하는가를 몸소 보여주셨다. 고통이 더 이상 머물 이유가 없었다. 이 문제의 해답으로 예수는 자유롭게 되었고 깊은 신뢰 속에서 부활의 선물을 받았다. 구원을 얻었다.

예수께서 이 세상에 사랑의 진리를 가지고 오셨다. 율법을 완성하러 오셨다. 완성된 율법은 우리에게 죄를 인식시키며 사랑과 은혜로 이동하라는 교훈을 준다. 길가의 버려진 돌이 새로운 초석이 되려는 순간이다. 그러나 유대 율법학자들은 기존 율법을 파괴한다고 판결하였다. 그분은 반역죄로 십자가에 달렸다. 죄악 세상의 기반을 송두리째 흔들어 부수었기 때문이다. 어느 시대의 사회든 예수같이 혁명적인 사람을 판단할 기준은 마련되어 있지 않다. 기득권에 도전하는 사람은 무조건 징벌감이다. 진리를 아는 것은 판단 기준이 마련될 때까지 고통스럽다. 이런 기이한 사람의 평가는 세월이 지나 먼 훗날에나 가능한 것이었다.

예수는 씨앗이다. 씨앗이 생명을 얻으려면 죽어야 한다. 씨앗이 이 기적으로 "나는 이것으로 충분하다"고 버티면서, 그냥 씨앗으로 계속 머물면 결국 썩고 만다. 나무가 될 수 없다. 예수께서 자기 헌신으로 커다란 나무를 우리에게 선물하셨다. 예수 씨앗은 죽음으로 시작하여 곧 싹이 나고 큰 나무가 되었다. 복음의 씨앗이 되어서 우리에게 성령의 열매를 주셨다. 다시 태어나기 위해서는 죽는 수밖에 없다. 유다처럼 자살은 무의미하다. 자살하는 사람은 이 세상에 돌아올 수 없고 멀리 가버린다. 절대적인 외로움으로 마감하고 나무가 되지 못한다. 예수께서 당하신 끔찍한 죽음의 십자가는 자유의 상징이 되었다. 그분은 자기 몸을 내어줌으로써 하나님이 우리 세상에 말씀으로 오실 기회를 잡았다. 그 말씀을 통하여 우리의 가능성이 새롭게 열리게 되었다. 우리는 그의 증거이다. 말씀과 믿음을 통하여 변화할 수 있는 기회를 갖게 되었다.

오! 그대,
삶의 마지막 완성인 죽음이여.
나의 죽음이여,
다가와 나에게 속삭여주십시오.

날마다 나는 당신을 바라봅니다.
당신으로 인하여 나는
삶의 고통과 즐거움을 견디고 있습니다.

내 자신의 모든 것,
내가 가진 것과 희망하는 것
그리고 나의 모든 사랑은 깊은 신비 속에서
그대를 향하여 꽃을 피우고 있습니다.

그대의 눈길이 스쳐갈 때,
나의 삶은 영원히 그대의 것입니다.

신랑을 위해 꽃은 엮어지고 화환이 준비됩니다.
혼인식이 끝나면 신부는 그녀의 집을 떠나,
밤의 고독 속에서 주인을 맞이하는 것입니다.

— 타고르, 「죽음」(『기탄잘리』 91편)

경영 이야기

경영은 헌신을 격려하며 이에 보상하는 기술이다. 요즈음 같은 세태에서 조직 구성원들은 기꺼이 헌신하려고 하는가? 장기 고용 개념이 무너지고 있는 가운데, 조직에서 얼마나 많은 사람들이 내적인 사직 상태에서 일하고 있는 것인지. 헌신은 조직에 몸과 마음을 바쳐 진력하는 모습이다. 헌신하는 사람은 시간이나 노력을 아까워하지 않는다. 헌신하는 분위기는 비전 공유, 상사 리더십, 보상 체계 등으로 파악할 수 있다. 비록 현재 급여가 경쟁사보다 많지 않아도 이 세 가지 요인이 충족된다면 충성심이 높아지리라. 조직은 결산 시기가 되면 이윤을 계산할 뿐만 아니라, 조직의 정신 상태를 측정하고 검토해야 한다. 정신은 조직의 가치를 결정하기 때문이다.

조직원들이 자신이 속한 부서 목표 달성에 머무르지 않고 회사 전체의 가치 창출에 대해 관심을 확장하도록 한다[20]. 아웃사이드-인 사고는 각자 행동하는 태도와 보유하고 있는 기술을 검토하게 한다. 환경 변화에 불평하면서 의자에 파묻힌 사고방식에서 벗어나 고객 중심의 사고를 가질 수 있다. 지금까지 일해온 것에 대해 "나는 무엇을 더 헌신할 수 있는가?"라고 묻는다면 자신의 잠재력을 개발하고 확장해 나갈 수 있다.

헌신할 수 있는 영역은 구체적으로 부서의 결과 산출, 회사의 가치 창출, 인재의 양성 등 세 가지이다[20].

첫째, 부서의 결과 산출에 대해 말해보자. 조직은 크게 고객에게 직접 서비스를 제공하는 부서와 서비스를 지원하는 부서로 나눈다. 여기서 서비스는 제품 생산과 판매를 아우르는 포괄적 개념이다. 핵심 성공요인은 고객 관점에서 고려되어야 한다. 예컨대, 콜센터에서 걸려오는 전화의 수를 셀 뿐 아니라, 고객의 문제 해결에 도움이 되었는가도 측정해야 한다. 측정이 없으면 개선이 없다. 모든 부서의 직원은 플랫폼적 사고를 키워야 헌신할 수 있다.

둘째, 회사의 가치 창출에 대해서 생각해보자. 모든 조직은 영리를 추구하든 아니든, 제품을 판매하든 아니든 가치를 제공하는 포괄적인 서비스 조직이다. 서비스란 생산자 입장에서 독자적으로 혹은 부가적으로 판매하는 무형적인 상품이다. 소비자 입장에서는 사람이나 재물에 대하여 베풀어지는 활동이며 혜택이다. 소비자로 하여금 넉넉함의 인식을 갖게 하는 것이 서비스의 핵심 요령이다. 예컨대, 백화점에 입점한 점포들은 경쟁관계를 의식하기보다는 고객들이 원하는 정보를 알려주어, 더 나은 서비스를 제공할 수 있다. 기업은 고객 기대에 부응하여 무형적인 요소들을 가치로 제공할 때 조직원들의 헌신이 가능해진다.

셋째, 인재를 양성해야 한다. 교육 시스템을 개발하고 누구든지 학습하는 기회를 갖도록 한다. 비록 직장이 학교는 아니지만 배움터가 되어야 한다. 유식해야 목표 달성에 헌신할 수 있다. 직장인은 지식인이다. 고객의 문제 해결을 이해하는 지적 능력이 요구된다. 이 능력으로 헌신이 가능하다. 이 능력은 자신이 설정한 기준만큼만 성장한다. 사내교육을 받고 나서 강사가 되거나 학위를 받거나 하는 일은 인재가 되는 길이다. 배웠으면 가르치는 능력으로 조직에 헌신이 가능하다. 그리고 업적 평가 과정에서 측정한 조직 공헌도에 공정한 평가가 이루

성공하는 기업에는 헌신적인 영웅들이 있다. (이미지 출처 : pixabay)

어진다면 조직 미래에 대한 소망을 잃지 않을 것이다.

성공하는 기업에는 헌신적인 영웅들이 있다. 그들은 플랫폼적 사고가 탁월하다. 예컨대, 3M에는 신제품 개발의 영웅들이 많다. 그래서 신제품 및 신시장 혁신이 가능하다. 영웅들은 실패를 질책하지 않는 조직문화 속에서 헌신적으로 자란 직원들이다. 골리앗과의 싸움에서 겁을 내지 않는 다윗과 같다.

두 종류의 영웅을 살펴보자. 먼저, 용감한 영웅은 회사 정책을 넘어서서 개인 수고를 아끼지 않는 사람이다. 예컨대, 자신의 일을 마치고 불만 고객을 찾아가서 회사의 선의를 적극 설명한다. 이것이 자기 일이 아님에도 불구하고 말이다. 또한 퇴근 시간 이후에도 잔업수당과 관계없이 회사에 남아서 일을 완성하려는 의지를 보인다. 일이 아무리 많고 어려워도 언제나 잘 소화하며 자신의 가치관에 맞추어서 일한다.

다음으로, 열정적인 영웅들은 겁이 없다. 명백한 고객 실수에도 불구하고 회사의 처리 과정을 변경시켜서라도 고객을 돕는다. 손님 실수로 중복 주문한 음식을 말없이 회수해 가거나 또는 공짜로 제공하는 식당 주인의 마음 같은 것이다. 또한 회사 일에 개인 취미를 연결시켜서 고객을 붙잡는다. 업무와 관계없는 음악 전공의 실력을 살려서 고객이 좋아하는 음악을 USB에 담아 선물하기도 한다.

회사의 영웅들은 헌신적인 열정을 가지고 주위를 관찰한다. 그들은 관찰하는 것을 무료하다고 생각하지 않는다. 이런 헌신은 아이디어를 낳는다. 그들은 거의 '미친 존재감'들이다. 영웅들에게 일은 즐거움이며 사랑이다. 회사의 영웅들은 자발적으로 나타난다. 태어나지 않는다. 영웅을 환영하는 조직문화 속에서 출현한다. 따라서 영웅은 개인적인 특질이 아니라 무대 상황이다. 장소가 영웅을 만든다.

경영자는 직원과 고객 중에서 누가 우선 관심 대상인지 밝혀야 한다[3]. 고객이 왕은 아니다. 고객은 고객이다. 직원 우선 정책이 조직문화로서 가시화되어야 한다. 직원들은 "자신이 옳다고 생각하는 대로 행하라"라는 정책을 의심 없이 받아들이고, 선한 의도로 일한 것의 결과가 항상 긍정적으로 평가된다는 확신이 들어야 한다. 경영자의 가치관이 그대로 반영되어야 영웅들이 나온다. 사우스웨스트항공은 사업 초기에 회사가 아무리 곤경에 처했어도 직원을 해고하지 않았다. 대신에 비행기를 처분했다. 또 다른 이야기도 있다. 달라스 공항에 근무하고 있는 어느 여직원은 목적지 공항의 기상 악화로 인하여 한 할머니가 출발하지 못하고 공항 구석에서 낭패감으로 한숨 짓고 있는 모습을 발견하였다. 퇴근 후 그녀는 할머니를 회사 비용으로 호텔에 모시고 가서 함께 밤을 보낸 후에, 다음 날 목적지 공항에 도착한 것까지 확인하였다. 어떻게 해서 이런 일을 했는가라는 질문에, "우리 회사 회장님도 임직원도 모두 나처럼 행동했을 것임을 확신합니다"라고 대답했다. 이 여직원은 회장이 강조하는 직원 우선 선택의 신조에 신뢰를 보이며 헌신을 실천하였다.

직원은 자산이다. 고갈되는 자원이 아니다. 경영자는 막 뒤로 사라지더라도 직원들은 무대 위에 계속 남아 있고 대차대조표의 자산 항목으로 보이지 않게 기록된다. 이들이 진정 회사를 변화시키는 자원이다. GE의 잭 웰치나 MS의 빌 게이츠는 공부하는 것을 즐겼고 가르치는 일에 서슴지 않고 앞에 나섰다. 직원들이 보석과 같이 빛나기를 원했다. 영웅들도 두려움이 있으나 그것을 드러내지 않을 뿐이다. 자신이 이류라는 것을 결코 보여주지 않는다. 일류는 겁이 없어 보인다. 확신에 차 있기 때문이다. 헌신적이고 용기백배한다. 희생과 변화를 두려워하지 않는다.

더 생각해보기

1. 나는 매사에 묵묵히 헌신하려고 노력하는가?

2. 나는 일에서 발생한 장애물을 무엇으로 극복하는가?

3. 우리 조직은 헌신을 강조하는가?

4. 우리 조직은 헌신적 성과에 올바르게 보상하는가?

16

부활하라

이제 그리스도께서 죽은 자 가운데서 다시 살아나사 잠자는 자들의 첫 열매가 되셨도다.

— 개역개정판 고린도전서 15:20

개념 이해하기

사전적으로, 부활이란 생명체가 죽었다가 다시 생명을 얻어 살아나는 것이다. 부활의 시작은 죽음이다. 그래서 죽음을 '잠들었다'라고 말하기도 한다. 살아서 부활은 없다. 부활 없이 산다는 것은 완고한 씨앗처럼 썩어 없어짐을 향하여 나아가는 시간의 흐름이다. 씨앗이 죽기를 거부하면 썩음의 종착역을 향하여 나아갈 뿐이다. 실존에서 자아가 죽으면 영혼이 소생할 수 있는 기회를 얻는다. 부활은 새로운 집에 와서 사는 것을 의미한다. 이른 아침 잠에서 깨어 영혼을 돌려받는다면 부활이다. 매일 살아 있으면 새로운 날을 맞이하면서 매일이 부활의 연속이리라. 부활은 사랑처럼 영적인 단어이다.

인간을 포함한 생명체는 연속극처럼 재생이 안 된다. 재활은 가능하지만 죽었다가 다시 살 수는 없다. 한 번뿐인 인생은 종단적으로 또는 횡단적으로 사유할 수 있을 뿐이다. 긴 인생을 위해서는 올바른 플랫폼을 구축하고 연령대에 걸맞은 삶을 사는 것이 바람직하다. 사명과 비전을 잊지 않으며 목표 달성 과정에서 핵심가치를 지키는 것이다. 유년 시절에 받은 질문은 "이다음에 커서 무엇이 되려는가?"이지만, 나이 들면 완벽을 추구했던 삶이 부질없어 보이고 "어떤 사람으로 기억되고 싶은가?"로 바뀐다. 질문이 바뀌기도 하지만 동일한 질문에 대한 대답도 세월이 가면서 달라진다. 환경 변화를 인식하고 이에 대응하는 삶이 있어야 죽지 않은 모습이다. 연령대에 합리적인 해답을 구하는 것이 의미 있는 인생을 사는 길이다.

통상적으로 젊어서는 돈을 많이 벌고, 나이 들면 건강과 평안을 구하려고 한다. 의미 있는 인생은 지속적으로 배우면서 성과를 낸다. 음악가 베르디는 80세에도 오페라를 작곡했다[20]. 그는 이미 19세기 최고의 오페라 작곡가로 인정받고 있었다. "왜 그 나이에 굳이 어려운 오페라를 쓰는가?"라고 질문을 받았을 때 그는 이렇게 대답했다. "작업에서 완벽을 추구했지만 늘 아쉬움이 있었다. 나에게는 한 번 더 도전해볼 의무가 있다." 또한 여러 책을 쓴 작가에게 "지금까지 쓴 책 중에서 어느 것을 최고로 뽑는가?"라는 질문에 "바로 다음에 나올 책"이라는 농담 아닌 진담도 새겨 들을 만하다. 이것이 죽지 않은 프로 정신이며 부활 정신이다.

운동선수가 현재 자리에 머물러 있지 않고 더 노력하려는 의지는 발전 가능성을 제시한다. 공식 연습 시간에는 기본기를 익히고 팀워크 전술을 배우면 끝난다. 감독의 임무는 여기서 그치지만 선수가 남은 시간에 무엇을 하는가에 미래가 달려 있다. 지난 축구 시합에서 한 골밖에 넣지 못했다면 다음에는 두 골을 넣으려는 마음 자세를 가질 것이다. 이런 각오로 무장한 선수는 제일 먼저 연습장에 도착하고 제일 나중에 퇴장하는 습관을 가진다. 공식 훈련 시간뿐만 아니라 자기 시간에도 연습이 몸에 배어 있다. 이것이 부활의 정신이다. 감독은 이런 선수를 더 눈여겨보게 된다.

죽지 않은 사람은 목표 달성을 향해 부단히 나아가는 사람이다. 16세기 예수회(가톨릭)와 칼뱅파(종교개혁파)는 사전 기록과 사후 검토를 습관화하였다[20]. 그들은 의사결정과 행동의 예상 결과를 기록해두었다가 일이 끝난 후 실제 결과와 비교해보았다. 이렇게 함으로써 개선점을 찾고 더 배워야 할 점을 찾아냈다. 그리고 자신이 할 일과 다른 사람에게 맡길 일을 구분하였다. 이렇게 자기만의 시간을 가지고 비판하는 자세를 가졌다. 비록 결과가 좋았지만 더 많은 노력을 했어야 한 일을 검토하고, 다음으로 내가 잘못한 일, 그리고 내가 더 열심히 했어야만 했는데 등한시한 일 등을 검토하였다. 이것이 살아 있는 자의 일상적 부활 내용이다.

공부하면 지속적으로 뇌기능이 활성화되고 살아 있게 된다. 공부가 추구하는 것은 깨달음이다. 깨달음은 부활의 상징적 표현이다. 이를 위해 자신만의 방법을 개발하고 가시적인 성과를 얻도록 한다. 3~5년마다 새로운 주제를 선택하고 그 분야의 책을 읽는다. 지식이 쌓여야 지혜가 나온다. 책은 통상 세 번 읽는다. 처음에는 책을 읽고 다음에는 저자를 읽고 마지막 세 번째에는 나를 읽는 방식을 생각해본다. 이것을 실행하는 방법은 처음 책에다 밑줄을 그으면서(2B 연필 추천) 읽어 나간다. 소설류는 밑줄 없이 읽어도 되지만 자기개발서나 전문서적은 주요 내용에 밑줄을 긋는 것이 두 번째 읽는 데에 도움이 된다. 두 번째 읽기에서는 밑줄 그은 부분을 노트에 옮겨 적는다. 이때 좌백우필의 원칙을 지킨다. 노트 좌측면은 여백으로 하고 우측에 주로 옮겨 적는다. 세 번째로 나를 읽기 위해서는 노트에서 밑줄 긋기 그리고 필요하면 좌측 여백에 메모를 추가한다.

지식을 얻기 위한 이런 방법이 반드시 옳은 것은 아니지만 자기 나름대로 방식을 정하는 습관이 소중하다. 책 읽기가 어려운 사람은 관심 분야를 정한 후 큰글자본이나 요약본부터 시작해본다. 지금 시작하라. 지식은 영혼을 일깨운다. 몸 건강을 소중히 하는 사람은 많으나 영혼의 건강에 관심 있는 사람은 많지 않아 보인다.

인생은 여정이다. 여정은 살던 집을 떠나면서 시작된다. 이 떠남은 반드시 물리적으로 살던 집을 출발하는 것만이 아니다. 집에 있어도 여행이 가능하다. 가상현실을 탐험할 수 있지만 여기서는 영적 여행을 의미한다. 이 여행에서는 안락하고 편안한 에고를 떠난다. 이기적인 에고에 머무른다면 성장은 멈춘다. 성장을 원한다면 위험을 감수하고 무엇인가를 추구하러 떠나야 한다. 곧 장애물이 나타날 것이다. 두려움과 게으름의 도전이 기다린다. 장애물을 넘고 한참 다니다 보면 집으로 되돌아오게 되는데 그 집은 더 이상 옛집이 아니다. 새로운 부활의 집이다. 영혼은 새로운 정체성을 갖게 한다.

영혼은 지금 여기를 중시한다. 영혼의 담당은 과거도 아니고 미래도 아니다. 영혼은 지금 여기에서 생각과 행동의 길을 담당한다. 그래서 영혼이 있으면 성과가 있다. 영혼은 지금 여기에서 행복하기를 기원한다. 절대자를 지금 여기에 초대하라. 어떤 사람들은 불행할 때에만 절대자를 찾는다. 그리고 다른 사람들에게 자신의 불행 이야기를 늘어놓는다. 그들은 무감각하게 지켜볼 뿐이고, 어떤 사람은 타인의 불행을 즐기기까지 한다. 자신의 불행 이야기는 별무소용의 시간 낭

비일 수도 있다. 절대자 이름을 부르고 얼른 빛 가운데에 나오라. 지금 여기에서 기뻐하고 감사하고 소망을 가질 수 있다. 기도하면 행복해지는 것이 아니라 행복하면 기도가 나온다. 그러면 인생 해답이 나온다.

앞의「02 목표를 소유하고 전략적으로 사고하라」에서 언급한 이태석 신부가 세상을 뜬 후 2021년, 당시 어린이들이 자라 어른이 되어 그의 숭고한 정신에 따라 헌신적인 삶을 이어갔다. 의사, 약사, 기자, 공무원 등의 직업을 가지면서 이태석 신부처럼 헌신하는 자세로 살고 있다. 영화 〈부활〉에서 이를 말해준다. 부활은 몸에 관한 것이 아니다. 진정 영혼에 관한 것이며 또한 믿음, 소망, 사랑을 포함한다.

성경 이야기(마가복음 16장)

안식일이 지나자, 막달라 마리아와 야고보의 어머니 마리아와 살로메는 예수께 바르려고 향료를 샀다. 일요일 이른 새벽 해 뜰 무렵에, 그들은 무덤으로 갔다. 그들은 "누가 우리를 위해 무덤에서 돌을 굴려줄까?" 하고 서로 걱정하며 말했다. 그들이 문득 고개를 드니 돌—아주 큰 돌이었다—이 이미 굴려져 있었다. 그들은 곧바로 안으로 들어갔다. 한 청년이 흰 옷 차림으로 오른쪽에 앉아 있는 것이 보였다. 그들은 몹시 당황하여 놀랐다. 그가 말했다. "두려워 마라. 너희가 나사렛 예수, 십자가에 못 박히신 그분을 찾는 줄 안다. 그분은 다시 살아나셨다. 그분은 더 이상 여기 계시지 않는다. 너희 눈으로 보는 것처럼 이곳은 비어 있다. 자, 어서 가거라. 그분께서 너희보다 먼저 갈릴리로 가신다고 제자들과 베드로에게 말하여라. 그분이 전에 말씀하신 대로, 너희는 거기서 그분을 뵐 것이다." 그들은 얼른 밖으로 나왔다. 현기증 날 정도로 정신이 없었고, 너무 놀라서 아무한테도 말하지 못했다.

예수께서 죽은 자들 가운데서 살아나신 뒤 일요일 이른 아침에, 막달라 마리아에게 나타나셨다. 마리아는 예수께서 전에 일곱 귀신에게서 구해준 사람이다. 마리아는 예수와 함께하던 사람들이 슬퍼하며 울고 있는 곳으로 가서 말했다. 그들은 살아 계신 그분을 분명히 뵈었다는 마리아의 말을 듣고도 믿지 않았다. 나중에 그들 가운데 두 사람이 시골 길을 걸어가고 있는데, 예수께서 다른 모습으로 그들에게 나타나셨다. 그들이 돌아가서 나머지 사람들에게 말했으나, 역시 믿지 않았다. 그 후에, 열한 제자가 저녁을 먹고 있는데 예수께서 나타나셔서, 그분이 살아나신 것을 본 사람들의 말을 믿지 않은 제자들의 불신앙을 아주 엄하게 꾸짖으셨다. 그리고 말씀하셨다. "세상 속으로 들어가거라. 어디든지 가서, 하나님의 복된 소식인 메시지를 모두에게 알려라. 누구든지 믿고 세례를 받으면 구원을 받고, 누구든지 믿지 않으면 정죄를 받을 것이다. 믿는 사람들에게 따를 표적 몇 가지는 이렇다. 그들은 내 이름으로 귀신을 쫓아내고, 새로운 방언으로 말하고, 손으로 뱀를 잡고, 독을 마셔도 상하지 않고, 병자에게 손을 얹어 낫게 할 것이다." 간략하게 말씀하신 뒤에, 주 예수께서 하늘로 들려 올라가셔서, 금방 하나님 옆 영광의 자리에 앉으셨다. 제자들은 어디든지 가서 메시지를 전했다. 주님이 친히 그들과 함께 일하시며, 명백한 증거로 메시지를 확인해주셨다. (마가복음 16 : 1~20)

기독교의 마지막 무대는 부활의 장이다. 인생이 생로병사(生老病死)의 순서로 끝나는 것이 아니라 다시 태어나는 것을 보여주는 생로사활(生老死活)의 모습이다. 예수의 죽음은 주검으로 끝나지 않았다. 무덤에서 일어나 새로운 변화된 모습으로 다시 오셨다. 예수께서 죽음에서 사흘 만에 다시 사는 부활의 대역사가 일어났다. 그분의 부활은 구원의 완성이며 영혼이 지향하던 바로 그곳이다. 부활은 새로운 문을 여는 것이며 변화를 의미한다. 몸이 다시 살고 영혼이 다시 사는 순간이다. 죽었어야 할 사랑이 세계적인 종교로 시작되는 순간이다.

그분의 육신은 예전의 것이 아니며 새로운 모습이어서 알아볼 수 없다. 마치 영화 〈사랑과 영혼〉의 남자 주인공 모습과 같아서 육안으로 볼 수 없다. 예수의 부활을 알아본 사람도 있었지만, 못 알아본 사람도 있었다. 그분은 여러 모습으로 사람들에게 나타나셨다. 이 사실은 천사들이 먼저 알게 되었고, 예수께서 사랑했던 여인들에게도, 엠마오로 낙심하며 내려가던 두 제자에게도 친히 나타나셨다. 그리고 열한 명의 제자들에게 보이셨다. 몸이 다시 산다는 것은 우리가 생각하는 육체의 모습과 다르다. 새 옷을 입은 모습이다. 그래서 사람들은 그가 옆에 있어도 누구인지 몰랐다. 제자들조차도 몰랐다. 영이 있어야 볼 수 있다. 부활은 신비 차원의 이야기이다.

예수께서 제자들의 믿음 없음을 꾸짖고 자신의 부활을 사람들에게 널리 알리도록 당부하셨다. 부활 이후에도 사역을 그치지 않고 믿음에 대한 확신과 비전을 주셨다. 예수께서 부활의 소식을 제자들, 특히 베드로에게 알릴 것을 당부하셨다. 베드로는 예수가 돌아가시기 전에 세 번이나 부인하면서 자신의 연약한 믿음에 대해 낙담하고 있었다. "주는 살아 계신 그리스도"라고 고백했던 그가 예수를 부인함으로써 모든 것을 잃어버린 순간이었다. 그는 어떤 형태로든 다시 돌아올 용기가 필요했다. 예수께서 새로운 발을 내딛으면서 베드로를 회복시키고 있었다. 베드로에게는 초기 열정이 식고 진정한 사랑이 찾아오고 있었다.

예수는 결코 종말론자가 아니다. 그분의 끝은 모든 것이 허무하게 마감되는 것이 아니라 하나님 앞에서 새롭게 태어나는 것이다. 유대교의 죽음은 끝을 의미하였다. 성경에서 예수의 죽음은 부활을 통하여 다시 새롭게 사는 것을 의미한다. 부활은 단순히 죽기 전의 옛 모습으로 살아 돌아오는 것이 아니라, 하나님에 의해 정화된 생명이 다른 모습의 삶으로 변화되는 것을 뜻한다. 부활은 죽음 이후의 삶으로 천사들처럼 육체가 없는 영혼으로 살 것이라고 해석하기보다는, 오히려 죽음을 역전시키는 사건으로 믿어야 한다. 하나님의 세계에서 영생을 누릴 새로운 몸을 선물로 받는 것이다.

부활을 믿는 것은 궁극적 미래에 대한 최상의 소망이다. 이 소망을 간직하기 위해서는 현재의 세계에 온전한 가치를 부여하여야 한다. 이것이 실존이다. 하나님은 자신이 만든 것을 새롭게 만드신다. 모든 일에는 끝이 있다. 왜냐하면 시작이 있었기 때문이다. 예수께서 구원이 있으려면 환난과 멸망이 있어야 한다고 강조하셨다. 죽음은 시작을 의미한다. 끝은 또 다른 시작의 날이 될 것임을 예언하셨다. "나는 다시 오며 하나님의 권능과 영광의 몸으로 다시 올 것이다"라고 강조하셨다.

우리는 씨앗과 같다. 씨앗이 죽기를 거부하면 나무가 되지 않는다. 씨앗의 껍질은 감옥일 뿐이다. 씨는 나무를 죽이기도 하고 살리기도 한다. 내가 있으면 하나님이 없고, 내가 없으면 하나님이 있다. 씨가 없어져야 싹이 있다. 싹이 나온 후, 씨앗을 찾기 위해 땅을 파본들 발견할 수 없다. 씨앗은 이미 어두운 감옥에서 나왔고 자유의 몸이 되었다. 육신의 예수는 이제 보이지 않는다. 죽어서 다시 태어난 성령만 있다. 부활은 예수께서 말씀하신 대로 약속의 결과이다. 예수와 아버지 하나님과의 신뢰 관계에서 다시 살아나셨다.

신뢰는 관계를 지속 가능하게 한다. 없는 것에서 있게 하는 힘이다. 아기가 태어날 때 의사가 필요하듯이, 진리의 나무를 키우는 하나님의 보살핌이 필요하다. 새싹은 연약하고 부러지기 쉽기 때문이다. 대자연의 돌보심을 받고 나무는 성장한다. 나무가 커지면 새들이 찾아

씨앗과 같은 우리가 죽기를 받아들이면 나무로 다시 태어난다. 하나님의 돌보심을 받고 나무는 성장한다. 나무가 커지면 하나님이 찾아오시고 사랑, 희락, 화평, 인내, 자비, 양선, 충성, 온유, 절제 등의 열매를 맺게 하신다.
(이미지 출처 : pixabay)

와 안식처를 만든다. 우리는 더 이상 방황하지 않고 나무가 되어 하나님이 찾아오신다. 그리고 열매도 맺게 해주신다. 예수께서 말씀을 통하여 탁월한 성과를 보이셨다. 우리에게 구원을 허락하시고 사랑, 희락, 화평, 인내, 자비, 양선, 충성, 온유, 절제 등의 열매를 주셨다(갈라디아서 5 : 22~23).

예수께서 안락한 집을 나와서 결코 편치 않은 구원의 길을 걸어가셨고 진리를 전파하셨다. 그의 고통스런 죽음은 본향으로 가서 새롭게 태어나고 그리고 새로운 사랑의 무대로 연결되었다. 메시아 소명이 이루어졌다. 예수께서는 사랑의 신념이 확고하셨다. 자기 자신이 사랑이며 또한 하나님을 지극히 사랑했기 때문이다.

경영 이야기

경영은 지속적인 성장을 추구하는 기술이다. 많은 기업들은 인간처럼 생로병사의 길을 걷는다. 2020년 현재 시총 10위권 이내 기업에는 삼성전자, SK하이닉스, 삼성바이오로직스, 네이버, 셀트리온, LG화학, 삼성SDI, 현대자동차, 카카오, LG생활건강 등이 있다. 반도체(삼성전자, SK하이닉스), 헬스 · 바이오(삼성바이오로직스, 셀트리온), 정보기술 플랫폼(네이버, 카카오), 배터리(LG화학, 삼성SDI) 등이 현재 한국을 대표하는 주력산업인 셈이다. 이들 기업들은 거의 신생기업이다. 이 중에서 삼성전자 그리고 현대자동차(비록 10위권 밖이지만)가 초기 산업화 시대 이후부터 살아남아서 오늘날까지 한국을 대표하고 있다. 애플의 스티브 잡스나 아마존의 제프 베조스처럼 이들 회사의 기업가는 꿈을 좇으며 모험을 감행했다. 현재에 안주하기보다는 불확실한 미래를 향하여 항해하기를 두려워하지 않았다. 그들만의 독특한 용기를 가지고 지속적으로 변화와 혁신을 추구했다.

조직이 궁극적으로 원하는 것은 탁월한 성과다. 열심히 일하는 과정도 좋지만 결과가 더 중요하다. 일이 어떻게 이루어졌는가를 보여주는 결과가 성과다. 이익을 포함한 탁월한 성과를 얻으려면 플랫폼적 사고에 기반하며 전략과 운영을 일치시켜야 한다. 이것은 동기유발되고 헌신적인 직원들, 고품질의 제품과 서비스, 유기적인 프로세스 등이 통합하는 것을 의미한다. 세계적인 기업들은 이런 방식으로 탁월한 성과를 올리고 있다. 이것은 지속가능 성장의 필수조건이다.

탁월한 성과는 연말 결산에 그치지 않는다. 기업은 매년 사업 결과를 연말 시점에서 마무리한다고 하지만, 내년 내후년에는 어떠한 성과를 올려야 할 것인가를 고민해야 한다. 오늘 판매하면서 내일의 가치를 창출해야 한다. 다시 말해서 성공하는 기업은 지속적으로 변화를 모색한다. 우리 회사 고객이 갑자기 발걸음을 멈추고 경쟁 회사로 발걸음을 옮기기도 한다. 고객은 회사의 소속이 아니다. 그들은 자신들의 계획을 회사에 알려주지 않는다. 회사는 깨어 있어야 그들의 변화를 감지할 수 한다.

경영자는 환경 변화에 더욱 민첩하고 전문적으로 대응해야 한다. 예컨대, 어떤 자동차 회사가 전기차를 생산하려고 한다면 기술적인 이해가 최우선이다. 지금까지와 다른 생산 방식을 요구한다. 모든 작업자는 전기전자 지식을 가지고 고도의 자동화 라인을 이해해야 한다. 순전히 개인적인 지식 무장이 요구된다. 유감스럽지만 강도 높은 인력 구조조정도 피할 수 없다. 만일 노조가 이러한 문제들에 대해 협조적이라면 전기차 전환은 좀더 일찍 당겨질 것이다.

조직의 리더는 우선 자신을 신뢰하고 비전을 지속적으로 강조하며 변화의 필요성을 전달하고 확인해야 한다. 또한 구성원들 개개인의 성장 욕구와 관심사에 주의를 기울여야 한다. 관리자의 몰입, 제품 디자인의 고객 충족, 품질 향상, 고객과 협력회사와의 소통, 직원 참여와 교육 훈련, 정보 수집 및 분석 능력 등의 수준을 평가함으로써 변화 의지를 파악해야 한다.

변혁적 리더들은 사명과 비전이 플랫폼적 사고를 유지하고 있는지 확인한다. 진정으로 인생에서 승리한 사람은 정신을 남긴다. 이병철, 정주영, 구본철 같은 기업가들은 국부(國富)와 함께 위대한 정신을 남겼다. 그들의 혁신적 기질은 자신의 개성에 따라 다른 색깔을 가지고 있었으나, 성공에 필요조건인 의사결정, 소통, 전략적 사고, 세계화 인식 등에서 공통적으로 탁월함을 보였다.

리더십은 경영자의 전유물이 아니다. 변혁적 리더십을 가진 직원은 누구든지 지위에 관계없이 조직의 변화와 개선에 지속적으로 관심을 기울이며, 개인의 이익보다는 조직과 구성원들의 장기적인 발전에 더 노력한다. 반면에 이러한 리더십이 없는 사람은 기득권적인 이익에 갇히며 현상유지에 머문다.

지식 적용은 협력적 관계에서 가능하며, 진정한 동기유발과 권한위임이 자라난다. 무엇보다도 필요한 것은 각자의 기술적 역량이다. 기술은 사람을 독립시킨다. 독립이 상호 신뢰를 배양한다. 조직원들은 항상 공부하는 자세로 자기 일에 임해야 한다. 학습하는 방법을 배우면 자신이 하는 일을 조직의 목표와 어떻게 일치시키는가를 터득하게 된다. 높은 성과를 내는 사람은 수준 높은 기술을 연마하여 보유하고 있다.

조직은 사람에 관한 것이다. 제품이나 서비스에 관한 것이 아니다. 성장하는 조직의 관리자는 부하들과 함께 정기적으로 하고 있는 일을 다음과 같이 검토한다[20]. 먼저 부서원들이 잘한 일에 대해 이야기를 시작하고 그다음으로는 노력에 비해 성과가 높지 못한 일을 토의한다. 그리고 충분히 노력하지 않았던 일을 검토한다. 마지막으로 조직원들이 부족했거나 실수한 일을 비판한다. 이 토론이 전부 끝나면 부서에서 앞으로 6개월간 할 일을 오늘 중 계획한다. 이때 주제는 집중해야 할 일은 무엇인가 우리가 개선해야 할 일은 무엇인가 우리가 배워야 할 일은 무엇인가 등에 대해 논의한다.

변화는 사업을 제약하는 조건 중의 하나이다. 변화를 지켜보든 껴안든 거부하든 결코 피할 수 없다. 기존 행동에서 새로운 행동으로 옮기는 데에 필요한 접근방법을 고려해야 한다. 예컨대, 현장에 있는 것처럼 상상하면서 새로운 이미지에 집중하고 느껴본다. 다음으로 결과를 정의해본다. 이를 바탕으로 목적 달성에 도움이 되는 계획을 개발하고, 실행에 필요한 활동을 리스트로 만든다. 그리고 변화에 대한 헌신 의지를 다지고 필요한 행동을 지금 취한다.

끝으로, 자기 자신을 사랑함으로써 자신에게 충분히 보상해주어라. 항상 즐거워하고 자존감을 높여라. 자신에게 투자하라. 기술을 자기 몸에 습득시켜라. 건강에 좋은 음식도 먹고, 좋은 책도 읽고, 여유 있게 휴식도 취하고, 여행도 하라. 영혼이 깨어 있는 사람들과 좋은 관계를 유지하라. 순전한 이기심으로 자신을 배려하고 조직공동체 사람들을 사랑하라. 몸과 마음 그리고 영혼이 균형을 이루면 행복한 삶을 살 것이다.

더 생각해보기

1. 나는 인생에서 어떤 변화를 추구한 적이 있는가?

2. 나는 인생에서 어떤 성과를 얻고 있는가?

3. 우리 조직의 지속가능 성장의 지표는 무엇인가?

4. 우리 조직은 변화에 어느 정도 적극적인가?

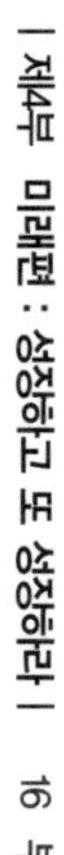

■■■ 후기

삶이 점차 녹록지 않아 보인다. 사회 제반 분야에서 이 세상은 당황스러울 정도로 선악의 판단 기준과 상식이 무너지고 있는 것 같다. 의식 있는 사람들은 지식의 문제를 신중하게 다루기를 원한다. 얼굴은 보여주지만 마음을 보여주는 거울이 없다. 각자 자기성찰이라는 거울을 지녀야 한다. 우리는 내면의 성정을 관찰해야 한다. 이렇게 함으로써 자기 자신을 아는 방법을 마련할 수 있다. 자신의 현재 기질을 파악하고 예상하며, 지적 수준과 판단력, 감정 상태 등을 인식해야 한다.

본서는 자기 성찰을 위해 롤모델을 선정하고 그 사상을 본받는 것을 목적으로 한다. 그 모델로서 예수 그리스도를 전면에 내세운다. 이 거울을 봄으로써 내면의 자질을 효과적으로 개선해 나갈 수 있다. 다시 말해서, 성경을 바탕으로 인생과 사업에서 꽃피울 수 있다. 성경은 우리들의 기존 지식에 새로운 통찰력을 줄 수 있다. 자신에게 어떤 일이 일어나고 있는지 이해시켜주며 공동체를 향한 신뢰감을 열어준다. 성경의 예수를 인격적으로 체험함으로써 지식 그리고 나아가서 지혜를 얻을 것이다.

성경을 소개하는 이유는 무엇보다도 영성을 이해하는 데 적합하기 때문이다. 종교는 길이며, 믿음을 공유하는 제도이다. 종교적인 어프로치는 우리의 영혼을 인식하는 데 귀중한 방법론이다. 기도는 절대자와의 대화이며, 명상은 아무것도 하지 않으면서 홀로 있는 것이다. 이 모두 자신을 성장시킨다. 그리고 사랑은 타인을 성장시키는 덕목이다. 성경은 기도와 명상 그리고 사랑하는 방법을 가르쳐준다.

성경은 구약과 신약의 합본이며 전체 66권으로 구성되어 있다. 신약의 중심 인물은 예수이고, 그의 탄생 전후로 기준해서 구·신약으로 나뉜다. 신약 중에서 본서에 적용된 마가복음은 예수 사후 1세기에 그의 제자인 마가에 의해 최초로 기술된 복음서이다. 이 복음서에는 새로운 하나님 나라 운동을 펼치는 예수의 행적이 힘차고 박진감 넘치게 서술되어 있어 흥미롭다.

비록 마가복음은 성경을 대표하지 않지만, 신약 복음서 중에서 가장 먼저 쓰여진 것으로 학자들의 의견이 모아진다. 문체도 간결하여 비교적 읽기 쉽다. 그리고 각 장마다 독특하고 다양한 내용을 담고 있어 흥미롭다. 예수께서 인류 구원의 사명을 가지고 혜성과 같이 나타나 3년 동안 사역하시다가, 마지막에 십자가에서 돌아가시고 그리고 부활의 과정까지 한 편의 서사시처럼 기술되어 있다. 이것은 마치 조직이 새로운 사업을 시작해서 탁월함으로 성장 발전하는 모습과 같다. 이른바 해피엔딩이다. 마가복음 읽기는 인생이 이기심에 머무르지 않고 사랑의 단계로 승화되는 귀중한 순간임을 깨닫는 기회가 될 것이다.

간단히 마가복음의 저자 마가에 대해 서술해보자. 세상에 성공한 사람들 모두가 처음부터 화려하게 시작하는 것은 아니다. 평범한 일반인들처럼 작은 호기심으로 무엇인가를 하다가 성장하면서 주요 인물로 변화된다. 아마도 마가가 복음서를 쓰지 않았더라면 각광을 덜 받았으리라. 마가는 극적인 요소를 도입하면서 간략하고 알기 쉽게 서술하였고 일반인들이 예수의 역량과 사역 활동을 잘 이해하게 해준다. 마가와 다른 제자들은 예수께서 체포당할 당시 그 자리에서 도망갔다. 게다가 벌거벗은 채 도망간 것으로 후대 성경학자들은 추정한다.

예수께서 승천하신 후 마가는 바울과 바나바와 함께 전도여행을 수행하였다. 그러나 얼마 못 가서 그들과 헤어지고 자신이 살던 예루살렘으로 되돌아갔다. 그 다음에 바울은 두 번째 전도 사역에서 마가 동반을 거부하였다. 왜냐하면 첫 번째 전도 사역에서 인내심과 용기 부족으로 도망쳤기 때문이다. 당시는 오늘날처럼 치안이 안전하지 못하였다. 마가는 자신의 안전과 안위를 위하여 위험스런 전도여행을 거부하였던 같다.

그러나 얼마 안 가서 마가는 회개하고 변하였다. 신심이 깊어지고 가치 있는 리더로 바뀌었다. 바울은 자신을 성실하게 돕는 그를 재평가하고 전도 사업을 위해 파송하면서 디모데에게 마가의 변화에 대한 칭찬의 편지를 함께 보냈다. 디모데에게 마가를 데리고 사역하라고 부탁하였다.

어떤 사람들은 사업에서 지나친 야심으로 인하여 중간 단계에서 넘어지며 좌절감을 맛본다. 환경을 탓하며 능력 부족으로 자신을 포기해 버린다. 그러나 다른 어떤 사람들은 마가처럼 한 번 더 뒤돌아보고 일어나 새로운 목표를 세운다. 마가는 마가복음 1장에서 10번 이상 사용했던 단어인 '곧' 일어나서 그가 겪었던 시련을 극복하고 새로운 목표를 세우고 달성하였다.

■■■ 참고문헌

[1] 강두식 · 박병덕 옮김, 『군중과 권력』(개정판 2쇄), 엘리아스 카네티 저, 바다출판사, 2012.

[2] 강병서, 『신경영론』(제3판), 무역경영사, 2013.

[3] 강병서, 『허버트 켈러허』, 김영사, 2013.

[4] 공혜진 옮김, 『회사가 당신에게 알려주지 않는 50가지 비밀』, 신시아 샤피로 저, 서돌, 2007.

[5] 김근영 외, 『강한 기업의 저성장기 극복 전략』, CEO Information, 삼성경제연구소 862호, 2012. 8. 15.

[6] 김성현 옮김, 『마음으로 읽는 지혜』, 그라시안 · 라 로슈푸코 저, 지성문화사, 2014.

[7] 김순현 · 윤종석 · 이종태 옮김, 『메시지 신약』(18쇄), 유진 피터슨 저, 복 있는 사람, 2019.

[8] 김우열 옮김, 『the Secret』(203쇄), Lohnda Byrne 저, 살림Biz, 2010.

[9] 김철수 옮김, 『무경계』, 켄 윌버 저, 정신세계사, 2012.

[10] 김한영 옮김, 『질서너머』(13쇄), 조던 피터슨 저, 웅진 지식하우스, 2021.

[11] 노진선 옮김, 『창조적 습관』, 트와일라 타프 저, 문예출판사, 2003.

[12] 대한성서공회, 『성경전서』(개역개정판, 9판), 2007.

[13] 박영미 옮김, 『의식혁명』, 데이비드 호킨스 저, (주)민음인, 2011.

[14] 박종성 옮김, 『생각의 탄생』, 로버트 루트번스타인 · 미셸 루트번스타인 저, 에코의 서재, 2007.

[15] 신선명 · 신현복 옮김, 『영혼의 어두운 밤』, 제랄드 메이 저, 아침 영성지도연구원, 2006.

[16] 심세광 옮김, 『주체의 해석학』, 미셸 푸코 저, 동문선, 2001.

[17] 양혜원 옮김, 『모든 사람을 위한 마가복음』, 톰 라이트 저, IVP, 2011.

[18] 이경식 옮김, 『플랫폼 제국의 미래』(17쇄), 스콧 갤러웨이 저, 비즈니스북스, 2020.

[19] 이덕임 옮김, 『의지력의 재발견』, 바우마이스터 · 티어지 저, 에코리브르, 2013.

[20] 이재규 옮김, 『프로페셔널의 조건』, 피터 드러커 저, 청림출판, 2000.

[21] 임정재 옮김, 『사람을 얻는 지혜』(9쇄), 발타자르 그라시안 저, 타커스, 2021.

[22] 장석훈 옮김, 『감성의 리더십』, 다니엘 골먼 · 리처드 보이애치스 · 애니 맥키 저, 청림출판, 2003.

[23] 정재훈, 『이기적인 착한 기업』, LG Business Insight, 2011. 8. 3.

[24] 정태연 · 신기훈 옮김, 『부정성 편향』, 존 티어니 · 로이 F. 바우마이스터 저, 에코리브르, 2020.

[25] Csikszentmihalyi, Mihaly. *Flow*, Harper Perennial, 1991.

[26] Evans, James R. *Quality Management, Organization, and Strategy*, 6th ed., South Western, 2008.

[27] Osho. *Compassion : The Ultimate Flowering of Love*, St. Martin's Griffen, New York, 2007.

[28] Porter, M. *On Strategy*, Harvard Business School Publishing Corporation, 2011.

[29] Sisodia,R.S.&Wolfe, D. B.&Sheth,J.N. *Firms of Endearment*, Wharton School Publishing, 2007.

▪▪▪ 찾아보기

ㄷ

ㄹ

ㅁ

ㅂ

ㅅ

ㅇ

ㅈ

ㅊ

ㅋ

ㅌ

플랫폼적 사고를 펼쳐라

성경과 경영을 연결하는 16가지 이야기

초판 1쇄 인쇄 · 2022년 9월 16일
초판 1쇄 발행 · 2022년 9월 23일

지은이 · 강병서
펴낸이 · 김화정
펴낸곳 · 푸른생각

편집 · 지순이 | 교정 · 김수란, 노현정 | 마케팅 · 한정규
등록 · 제310-2004-00019호
주소 · 서울시 마포구 토정로 222 한국출판콘텐츠 402호
대표전화 · 02) 2268-8707
이메일 · prun21c@hanmail.net / prunsasang@naver.com
홈페이지 · http://www.prun21c.com

ⓒ 강병서, 2022

ISBN 979-11-92149-21-9 03320
값 25,000원

• 저자와의 합의에 의해 인지는 생략합니다.
• 이 도서의 전부 또는 일부 내용을 재사용하려면 사전에 저작권자와 푸른생각의 서면에 의한 동의를 받아야 합니다.
• 이 도서의 표지와 본문 디자인에 대한 권한은 푸른생각에 있습니다.